SV

Robert B. Pippin

Kunst als Philosophie

Hegel und die moderne Bildkunst

Frankfurter Adorno-Vorlesungen 2011

Aus dem Amerikanischen
von Wiebke Meier

Suhrkamp

Sofern nicht anders angegeben, stammen die Fotografien der Abbildungen von Robert B. Pippin

Bibliografische Information der Deutschen Nationalbibliothek
Die Deutsche Nationalbibliothek verzeichnet diese Publikation in der Deutschen Nationalbibliografie; detaillierte bibliografische Daten sind im Internet über http://dnb.d-nb.de abrufbar.

Erste Auflage 2012

Druck: Druckhaus Nomos, Sinzheim
Printed in Germany
ISBN 978-3-518-58584-9

Inhalt

Kapitel 1

Einführung

> Für den, der es in der Kunst nicht zur freien, zugleich leidenden und thätigen, fortgerissenen und überlegten Beschauung bringt, sind alle Wirkungen der Kunst bloße Naturwirkungen; er selbst verhält sich dabei als Naturwesen, und hat die Kunst als Kunst wahrhaft nie erfahren und erkannt.
>
> Schelling, *Philosophie der Kunst*[1]

I

Der folgende Text befaßt sich mit einem sehr kleinen Ausschnitt aus der heute für gewöhnlich als »modern« bezeichneten europäischen und amerikanischen Bildkunst, die ihrerseits wiederum nur einen Teilbereich der Moderne, der als modern klassifizierten Lyrik, der Romane, Dramen, Musik, des Tanzes und der Architektur ausmacht. Diese Charakterisierung ist hoch umstritten, viel mehr als andere Periodisierungen wie »Mittelalter«, »Barock« oder auch »Romantik« es sind.[2] Selbst wenn die meisten Wissenschaftler sicherlich zustimmen würden, daß ein großer Teil der sich selbst als »avanciert« begreifenden Kunst seit

---

1 Friedrich Wilhelm Joseph Schelling, *Philosophie der Kunst*, in: ders., *Ausgewählte Schriften*, Bd. 2, Frankfurt/M. 1985, S. 141.

2 Eigentlich sollte man wahrscheinlich sagen: »war umstritten«. Die Frage, der man summarisch manchmal als »Was war die Moderne?« begegnet, steht schon seit einiger Zeit nicht mehr im Vordergrund der ästhetischen Theorie, auch wenn weiterhin Interesse an nicht-europäischen »Modernismen« besteht.

der Mitte des neunzehnten Jahrhunderts radikal anders, manchmal schockierend anders als die gesamte frühere Kunsttradition »aussieht«, »klingt«, sich »anfühlt« und sich »liest« – so sehr anders, daß schließlich sogar die Unterscheidung zwischen Kunst und Nicht-Kunst unter Druck geriet –, sind die genaue Natur und die Gründe der Differenz noch immer Gegenstand intensiver Auseinandersetzung. Die am wenigsten kontroverse (doch keineswegs unumstrittene) Charakterisierung bestünde vielleicht einfach darin zu sagen, moderne Kunst sei unter dem Druck einer Zeit entstanden, in der die Kunst für sich selbst zu einem Problem geworden war, als der Kern und die Bedeutung der Kunst nicht mehr fraglos Geltung besitzen konnten. Es ist nicht bloß so, daß die Kunst unserer unmittelbaren Vergangenheit ihre Überzeugungskraft verloren hatte und daher einer Erneuerung bedurfte, sondern daß die Fragen nach der Glaubwürdigkeit, der Überzeugungskraft, der Integrität der Kunst, insbesondere der Staffeleimalerei, die nun in das Zeitalter des Kunstmarkts eintrat, in der Kunst selbst auf einer fundamentalen Ebene angesprochen werden mußten und nicht länger ignoriert werden konnten.[3]

Der hier mit Blick auf diese Wendung der Ereignisse eingenommene Standpunkt ist ein »hegelscher« Stand-

---

3 Vgl. Stanley Cavell, *Must We Mean What We Say?*, Cambridge 1969, S. 189ff., zu den Problemen von »Betrug« und »Vertrauen« in der modernen Kunst. Siehe hier besonders die Erörterung der modernen Dramatiker, S. 210ff. Die Fragen scheinen mir dem zu entsprechen, was Fried als Problem einer Vereitelung von »Theatralität« bezeichnet, und in anderer Weise dem, was Clark als eine Repräsentation bezeichnet, die den »Test« der »gesellschaftlichen Praxis« nicht besteht. Siehe die Diskussion in Kapitel 3. Ein wertvoller Führer in dieser Frage (besonders hinsichtlich der Formfrage in Romantik und Moderne) ist David Wellbery, »Romanticism and Modernity: Epistemological Continuities and Discontinuities«, in: *European Romantic Review* 21, 3 (2010), S. 275-289.

punkt; er ist als eine imaginierte »Projektion in die Zukunft« von Hegels Position zu verstehen, wie dieser sie in den *Vorlesungen über die Ästhetik* in Berlin 1820 dargelegt hatte, projiziert auf die Bewertung einer Bildkunst, die erst nach 1860 hervorgebracht wurde. Das bedeutet schlicht, eine Interpretation anzubieten, die sich auf die von Hegel bei seiner Betrachtung der Kunst und ihrer Bedeutung verwendeten grundlegenden Begriffe stützt und davon ausgehend Bedeutung und Fruchtbarkeit seines Ansatzes herausarbeitet, um die frappierenden, von Édouard Manet in die Malerei eingeführten Innovationen zu verstehen. Darin wird die Aufgabe des nächsten Kapitels bestehen. Neben dem zugegebenermaßen anfechtbaren Wert eines Versuchs, mit einem Philosophen eine Zeitreise zu unternehmen, insbesondere mit einem Philosophen, der sich ganz bewußt an die eigene Zeit gebunden sah, sind damit noch zwei weitere kontroverse Thesen verbunden. Die erste ergibt sich unmittelbar aus Hegels Ansatz, nämlich die Behauptung, daß die Errungenschaften der modernen Kunst (meine wichtigsten Beispiele hierfür sind Manet und Cézanne) als *philosophische Errungenschaften eigener Art* verstanden werden sollten, auch wenn Bildwerke selbst weder diskursive Behauptungen sind noch philosophisch deswegen relevant wären, weil sie philosophische Behauptungen »enthalten« oder »implizieren« würden.[4] Es wird also nicht behauptet, daß Kunstwerke »philosophische

4 Zur Erörterung der Frage nach der Beziehung zwischen Philosophie und Literatur, wie sie Hegels Ansatz in seiner Jenaer *Phänomenologie des Geistes* enthält, siehe Robert Pippin, »The Status of Literature in Hegel's Phenomenology of Spirit«, in: Richard T. Gray, Nicholas Halmi, Gary J. Handwerk, Michael A. Rosenthal, Klaus A. Vieweg (Hg.), *Inventions of the Imagination. Romanticism and Beyond*, Seattle 2011, S. 102-120.

Werke« oder eine verhinderte Philosophie *sind*, sondern daß sie eine bestimmte Form ästhetischer Intelligibilität verkörpern, einen ästhetischen Weg, verschiedene Fragen von größter Bedeutung für die Philosophie intelligibel und überzeugend zu machen[5] (dann nämlich, wenn diese Werke »gelingen«; eine Bedingung, die ihrerseits eine Reihe von Problemen aufwirft).

Damit wird nicht gesagt, daß dieser Ansatz (der Kunstwerke so behandelt, als machten sie Dinge, die es sonst nicht wären, für uns zugänglich und in einer bestimmten sinnlich-affektiven Weise »intelligibler«) Kunstwerke als Beispiele für bestimmte *Wissensbehauptungen* behandelt und schon gar nicht als eine Ansammlung oder als Beweis oder Rechtfertigung solcher Behauptungen, zumindest nicht in der Weise, wie wir empirische, mathematische oder wissenschaftliche oder, wenn es so etwas gibt, moralische, politische oder philosophische Wissensbehauptungen begreifen. Verstanden als Errungenschaften der »Selbsterkenntnis des Geistes« haben diese Formen des Intelligibel-Machens nicht die gleiche Gestalt wie andere kognitive

---

5 Die stärkere Behauptung wäre, daß zwar für die Philosophie essentiell ist, was auch immer die Kunst intelligibel macht, daß die Philosophie das aber nicht selbst bewerkstelligen kann; die *noch* stärkere Behauptung wäre: die Kunst macht intelligibel, was die Philosophie zu enthüllen versucht, tut das aber besser als die Philosophie. (Siehe das Schelling-Zitat unten S. 29.) Diese Behauptungen werde ich nicht weiter verfolgen, es ist aber verblüffend, daß es bei Hegel Abschnitte gibt, welche die Grenzen des »Denkens« und die Vorteile der Kunst im Hinblick auf philosophische Vorhaben zu bemerken scheinen. Vgl. Georg Wilhelm Friedrich Hegel, *Vorlesungen über die Ästhetik III*, in: ders., *Werke in zwanzig Bänden*, Bd. 15, Frankfurt/M. 1970, S. 243, wo Hegel eindeutig über eine begrenzte Form des Denkens, den *Verstand*, spricht, der aber die Grundlage für die Behauptung einer tiefen »Verwandtschaft« zwischen Dichtkunst und spekulativer Philosophie herstellt. Siehe auch Stellen in ebd., S. 282 und S. 437.

Behauptungen, sondern eher die Gestalt von Behauptungen über uns selbst und andere wie etwa: »Ich hätte nicht gedacht, daß mich das beschämen würde«, oder: »Ich sah, daß er das nicht tun würde, obwohl er eindeutig daran glaubte«, oder: »Ich war überrascht festzustellen, daß ich ihm nicht vertraute«, oder: »Das alles bedeutete ihr sehr viel mehr, als sie sich eingestehen konnte«. Wir gehen davon aus, daß die gesellschaftliche Existenz des Menschen ohne »Einsichten« wie diese nicht möglich wäre, Einsichten, die alle falsch sein könnten, die aber in der streng epistemologischen Begrifflichkeit der modernen Philosophie keinen festen oder eindeutigen Status haben.[6] Man kann sich einen empirischen Beweis für derartige Behauptungen ebensoschwer vorstellen wie die Entwicklung von Experimenten, um herauszufinden, wer besonders gut darin ist, solche Behauptungen aufzustellen. Die logischen Besonderheiten der Selbsterkenntnis und die tiefe Verbindung zwischen der Selbsterkenntnis und der Erkenntnis dessen, was im Geist anderer vor sich geht, sowie die Relevanz von beidem für ein Verständnis von Kunstwerken wird im folgenden Kapitel erörtert werden.[7]

---

6 Eine nützliche Zusammenfassung des unterschiedlichen Gebrauchs der Periodisierung »modern« findet sich bei James Elkins, *Master Narratives and Their Discontents*, New York 2005, S. 39 ff. Auch Cavell ist hier wieder relevant, sowohl hinsichtlich der Frage, wie wichtig es ist, unsere Beziehung zu Kunstwerken nach dem Modell unserer Beziehung zu Personen zu verstehen (was seine Hegelsche Entsprechung im nächsten Kapitel findet, nämlich in der Verbindung zwischen der Fähigkeit, einige körperliche Bewegungen als Handlungen zu verstehen und andere nicht, und der sinnlich verkörperten Bedeutung von Kunstwerken als Werken und nicht als Objekten), als auch hinsichtlich seiner Unterscheidung zwischen »Erkennen« und »Anerkennen«.

7 Im Fall der Bildkunst kann die Fähigkeit eines Bildes, die Zeit anzuhalten und dadurch »gegenwärtig zu *machen*«, Aspekte menschlichen Handelns erhellen, die das Drama, das literarische Narrativ

In vollem hegelschen Glanz lautet die offizielle Formulierung des Ansatzes, dem wir uns mit aller Vorsicht nähern müssen, jedoch so: Die Kunst verkörpert einen bestimmten Modus der Intelligibilität des »Absoluten«, vorläufig als vollständiger und zufriedenstellender Ausdruck philosophischer Weisheit verstanden.[8] Diese Weisheit wird

---

oder die poetische Beschreibung nicht verdeutlichen kann. Das bezeichnet Gehlen (*Zeitbilder. Zur Soziologie und Ästhetik der modernen Malerei*, Frankfurt/M. 1960) als »Vergegenwärtigung« und Fried (»Art and Objecthood«, in: ders., *Art and Objecthood. Essays and Reviews*, Chicago 1998, S. 148-172) als »presentness«. Zusammenfassend kann man Hegels Aussage auch als »Vergegenwärtigung des Absoluten« bezeichnen. Siehe Dieter Henrich, »Zerfall und Zukunft: Hegels Theoreme über das Ende der Kunst«, in: ders., *Fixpunkte. Abhandlungen und Essays zur Theorie der Kunst*, Frankfurt/M. 2003, S. 65-125, S. 78-79.

8 Das ist eine mit Bedacht gewählte extrem allgemeine Formulierung. Streng logisch formuliert: Wenn Hegel zum Beispiel »das Absolute« im Abschnitt über »Wirklichkeit« in seiner *Logik* einführt, dann wird das, was in »dem Absoluten« aufgehoben und als Moment einer *Wesenslogik* betrachtet wird (wie das Unbedingte bei Kant), so formuliert: »Das Absolute ist nicht nur das Seyn, noch auch das Wesen. Jene ist die erste unreflectirte Unmittelbarkeit, diese die reflectirte; jedes ist ferner Totalität an ihm selbst; aber eine bestimmte.« Georg Wilhelm Friedrich Hegel, *Wissenschaft der Logik. Die objektive Logik*, in: ders., *Hauptwerke in sechs Bänden*, Bd. 3, Hamburg 1999, S. 370. Ich werde die »erste unreflectierte Unmittelbarkeit« zusammen mit dem reflektierten (oder »gedachten«) Sein behandeln, Sein gedacht als Wesen, als logische Formulierung des allgemeinen Natur-Geist-Problems, das die gesamte *Enzyklopädie* strukturiert. An dem Punkt, an dem die Intelligibilität dieser Einheit in ihrer vollen logischen Form, als die »absolute Idee«, in einer *Begriffslogik* ausgedrückt wird, macht Hegel deutlicher, was der fundamentalen Dualität zugrunde liegt. Er sagt, *die absolute Idee* »[…] ist der einzige Gegenstand und Inhalt der Philosophie. Indem sie *alle Bestimmtheit* in sich enthält, und ihr Wesen diß ist, durch ihre Selbstbestimmung oder Besonderung zu sich zurückzukehren, so hat sie verschiedene Gestaltungen, und das Geschäft der Philosophie ist, sie in diesen zu erkennen. Die Natur und der Geist, sind überhaupt unterschiedene Weisen, ihr *Daseyn* darzustellen […]; die Philosophie hat mit Kunst und Religion denselben Inhalt und denselben Zweck; aber sie

von Hegel als umfassende Form der Selbsterkenntnis des *Geistes* begriffen, wobei *Geist* als kollektives Subjekt, als eine gemeinschaftliche oder gemeinsame Gleichgesinntheit verstanden wird, welche die Bestrebungen einer bestimmten künstlerischen, religiösen und philosophischen Tradition übernommen hat und letztlich diese Bestrebungen erfüllt (eine Behauptung Hegels, die ich später erörtern werde). Und da diese Selbsterkenntnis vor allem verlangt, daß man versteht, wie der *Geist* sowohl ein natürliches Wesen als auch ein für die Vernunft zugänglicher Denkender und Handelnder sein kann, muß eine solche umfassende Selbsterkenntnis auch ein Verständnis der allerschwierigsten Frage enthalten: Wie ist es möglich, daß der *Geist* zur selben Zeit einen natürlichen und einen »geistigen« Status haben kann? Hegel zufolge ist Kunst eine affektiv-sinnliche Modalität dieser Selbsterkenntnis, die ihre Rolle zusammen mit dem repräsentationalen Vokabular der Religion und der begrifflichen Artikulation oder Logik der Philosophie spielt, kategorial aber von beiden verschieden ist. Es wäre zu einfach zu sagen, die Kunst gebe uns damit zunächst zu verstehen, wie es sich »anfühlt«, einen solchen unversöhnten Status in verschiedenen Stadien ein-

---

ist die höchste Weise, die absolute Idee zu erfassen, weil ihre Weise die höchste, der Begriff, ist.« Georg Wilhelm Friedrich Hegel, *Wissenschaft der Logik. Die subjektive Logik*, in: ders., *Hauptwerke in sechs Bänden*, Bd. 4, Hamburg 1999, S. 236. Um die verschiedenen Beziehungen zwischen dem zu verstehen, was Hegel das Absolute-Allgemeine, die absolute Erkenntnis, das Absolute, die absolute Idee und den absoluten Geist nennt, wären mehrere eigenständige Untersuchungen nötig. Wenn wir uns aber an der grundlegenden Struktur der *Enzyklopädie* – Logik – Natur – Geist – orientieren oder daran, daß eine logische Position, eine begriffliche Klärung der Vereinbarkeit von Natur und Geist möglich ist, dann wird das für diese Darstellung von Hegels *Vorlesungen über die Ästhetik* ausreichen.

zunehmen, und danach, was es bedeutet, einen erreichten Status zu »leben«, das heißt, immer mehr »mit sich selbst versöhnt« zu leben, wie Hegel das formuliert. Aber diese einfache Charakterisierung befände sich auf der richtigen Spur, wenn wir erkennen, daß das affektiv-sinnliche Selbstverständnis auch eine bestimmte Form von »Einsicht« (in der besonderen Weise, in der Selbsterkenntnis und unmittelbare Erkenntnis dessen, was im Geist anderer vor sich geht, eine Einsicht ist) und nicht lediglich »reagierend« ist und daß das heißt, die Artikulation ihres Gehalts oder ihrer Bedeutung unterliegt philosophischen und historischen Veränderungen.

Und selbst hier, auf einer so allgemeinen und ganz abstrakten Ebene der Zusammenfassung, bricht sofort Streit aus, weil Hegel offenbar für die Behauptung bekannt ist, die Kunst (der *Geist*) sei während des größten Teils der menschlichen Geschichte ein notwendiger, das absolute Wissen ergänzender Modus *gewesen*, sie sei dies nun aber, in der beginnenden Moderne, nicht mehr und sei zu etwas »Vergangenem« geworden. Im zweiten Kapitel werde ich eine Interpretation von Hegels Ästhetik und seiner Behauptung der Vergänglichkeit der Kunst vorlegen, die hoffentlich – selbst wenn ich seine Vorstellung vom »Ende der Bedeutung der Kunst« aufgebe – dem Geist von Hegels grundlegender Position gegenüber der Natur der Kunst treu bleibt und trotzdem von Relevanz für die neue Form der Kunst ist, die mit Manet begann und die Hegel nicht vorausahnen konnte. Unmittelbar einleuchten sollte jedoch, daß Hegels vielleicht übertriebene These von der Kunst als einem »Vergangenen« ihn ganz nah an die historische Situation, die Krise der modernen Kunst führt, wenn nicht sogar unmittelbar in sie hinein, und daß sie sich mit der fortdauernden Möglichkeit und Wichtigkeit der Kunst auseinandersetzen muß und diese nicht einfach hinnehmen kann.[9]

Eine solcher Ansatz impliziert zweitens, daß die kritische Beschäftigung mit Kunstwerken selbst philosophisch gespeist sein und den gestellten philosophischen Fragen Beachtung schenken muß, wenn die Bedeutung des modernen Experiments verstanden werden soll. Selbstverständlich waren viele moderne »Bewegungen« genau das: philosophisch ehrgeizige und von Manifesten befeuerte Bewegungen, die sich recht selbstbewußt explizit philosophischen Fragen der Wahrnehmung, der Werte und auch der Ontologie zuwandten. (Ja, von einer solchen »philosophischen Kunst« behauptete Hegel aus verschiedenen, hier genauer zu untersuchenden Gründen, daß wir sie »jetzt« – in einem modernen Kontext – sogar zu erwarten hätten.) Doch die erforderliche philosophische Kritik muß ganz und gar nicht von expliziten programmatischen Verkündungen eingeschränkt oder gar geleitet werden. Sie könnte unter solchen Voraussetzungen sogar fehlgehen. Im dritten Kapitel werde ich das sachkundige Werk zweier zeitgenössischer Kunsthistoriker erörtern, deren Arbeiten mir die richtige Tonlage oder Modulierung einer philosophischen Aufmerksamkeit zu verkörpern scheinen und die, wie ich zu zeigen versuche, als »Linkshegelianer« zu verstehen sind und den von mir verteidigten Ansatz fortsetzen: die Arbeiten von T. J. Clark und Michael Fried (die als komplementär und nicht als inkompatibel anzusehen sind, wie ich behaupte).

9 Vgl. Henrichs Behauptung, nur Hegel sei damals in der Lage gewesen, richtig einzuschätzen, daß in der modernen Situation die Kunst mit einer solchen Krise konfrontiert war, daß sie am Ende ein bedeutsames Vehikel für die Selbsterkenntnis sein und sich in einem »Endstadium der Kunstproduktion« sehen konnte (Henrich, »Zerfall und Zukunft«, S. 70 und S. 72).

Schließlich gibt es besonders hinsichtlich der modernen Kunst Kritik an Hegels Konstruktion, Kritik an seiner Behauptung, das Zentrum des Ganzen bilde die mögliche Verwirklichung von Freiheit. Diese Kritik teilt aber Hegels Voraussetzungen zur Geschichtlichkeit der Kunst und zu ihrem philosophischen Wert und steht deswegen in einem expliziten Dialog mit Hegels Position. Es handelt sich dabei um Heideggers enorm einflußreiche Vorlesung von 1936, die später als Essay unter dem Titel »Der Ursprung des Kunstwerkes« publiziert wurde. Unter Berücksichtigung der gemeinsamen Voraussetzungen und der gegensätzlichen Schlußfolgerungen kann der von Hegel entwickelte, philosophisch ambitionierte und historisch-diagnostische Ansatz stärkere Konturen gewinnen.

II

Hegels Ansatz läßt sich jedoch nur in seinem eigenen Kontext angemessen verstehen, auch wenn dieser Kontext im nachfolgenden nur kurz skizziert werden kann. Der Grund ist folgender: Die Periode im frühen neunzehnten Jahrhundert, als Hegels philosophisches Werk seine größte Ausgereiftheit erreichte, war eine Zeit, in der von der deutschen gelehrten Welt größere philosophische und auch gesellschaftliche und zivilisatorische Hoffnungen in die Leistung der Kunst und die richtige Einschätzung dieser Leistung gesetzt wurden als je zuvor oder danach in der abendländischen philosophischen Tradition. (Dieses Faktum ist selbst von großem diagnostischem Wert. Wir können fragen: Was war dafür verantwortlich, daß man solche enormen historischen und zivilisatorischen Hoffnungen an die schönen Künste heftete? Auf welchen Aspekt der entstehenden modernen Welt reagierte diese Sehnsucht?) Auf einer gewissen Ebene machte sich Hegel diesen Enthusiasmus zu eigen, auch wenn er das Bestreben einzuschränken und zu zügeln versuchte, das er als Gefahr für die besondere Aufgabe der Philosophie ansah, als Gefahr einer Abwendung von der Philosophie und einer Hinwendung zur Kunst, insbesondere zur Literatur, um hoch spekulative Gegenstände zu erhellen. Wie so viele andere Entwicklungen in der Philosophie der damaligen Zeit begannen auch diese Bestrebungen und hitzigen Diskussionen als Reaktion auf Kants kritische Philosophie.

Auf viele Zeitgenossen Kants wirkte seine *Kritik der reinen Vernunft* (1781, 1787) in verheerender Weise negativ. Weit mehr als seine komplizierte »deduktive« Demonstration der Möglichkeit eines apriorischen Wissens über alle Objekte der Erfahrung erregten seine skeptischen Behauptungen, daß die menschliche Vernunft niemals das »Ding an sich« erkennen könne und daß wir insbesondere nie wissen könnten, ob der Mensch an sich ein freies, selbstbestimmtes Subjekt sei, ob es einen Gott oder eine unsterbliche Seele gebe, die stärkste Aufmerksamkeit und die heftigste Reaktion. Kant schien uns auf ewig von dem Wissen abzuschneiden, dessen wir als Menschen am meisten bedürfen; vor allem mit seiner verwirrenden Aussage, daß wir als die freien und vernunftbegabten Wesen, für die wir uns halten, unfähig sein sollten, die Realität unseres Anspruchs auf absoluten Wert und den Respekt aller anderen Subjekte durchzusetzen.

In diesem Kontext rief das Erscheinen der *Kritik der Urteilskraft* im Jahr 1790 für viele nachfolgende Generationen eine ganz andere und weitaus positivere und hoffnungsvollere, ja revolutionäre Reaktion hervor, und zwar besonders in dem Strang der europäischen Tradition, welcher die

Werke von Schelling, Schiller, Schlegel, Hegel, Schopenhauer, Nietzsche, Heidegger, Adorno, Benjamin und vielen anderen umfaßt und sich an ihnen orientiert.[10] Obwohl man weithin annimmt, Kant habe für eine »subjektive« Ästhetik argumentiert und das Schöne wieder dem spezifischen Charakter der ästhetischen Erfahrung des Subjekts zugeordnet (und nicht wie im Klassizismus »der Welt«), war für viele seiner ersten Leser wichtiger, was Kant in seiner »Analytik des Schönen« zu begründen schien, daß es überhaupt eine besondere Weise menschlicher Intelligibilität, eine ästhetische, affektive und weithin sinnliche Intelligibilität gebe, und daß ein solcher Bewußtseinsmodus in einem gewissen, wenn auch kognitiv ungewöhnlichen und schwierig zu kategorisierenden Sinn tief erhellend war. Das schloß auch das ein, was zum Status der menschlichen Freiheit gezeigt oder, genauer, beispielhaft veranschaulicht wurde.[11]

Das heißt, Kant verdient seine »subjektivistische« Reputation in hohem Maße. Für ihn war ästhetische Erfah-

---

10 Die Frage nach den Gründen für die besondere Bedeutung der Kunst in der nachkantischen europäischen Tradition ist Gegenstand einer wichtigen Diskussion bei Jay M. Bernstein, *The Fate of Art: Aesthetic Alienation from Kant to Derrida and Adorno*, University Park 1992.

11 Das war sicherlich eine Lesart Kants, die dessen eigene explizite Absichten sehr aufblähte (die nach dem »Geist« und nicht nach dem »Buchstaben« sucht), doch sie war nicht ganz unbegründet. Siehe Henrich zum Ursprung ästhetischer Urteile in der »Vernunft selbst« und wie Kant »[...] als erster die Werkzeuge bereitstellte, um die ästhetische Haltung als eigenständig und autonom und damit als Fundament für eine Kunstkonzeption zu etablieren, die Kunst als eine ursprüngliche Weise der Beziehung zu unserer Welt und der Verortung in ihr begreift, eine Weise, die durch andere Leistungen der rationalen Fähigkeiten des Menschen weder ersetzt noch übertroffen werden kann.« Dieter Henrich, »Kant's Explanation of Aesthetic Judgment«, in: ders., *Aesthetic Judgment and the Moral Image of the World*, Stanford 1992, S. 29-56, S. 29-30.

rung wesentlich lustbetont; seine Kriterien für empirisches oder apriorisches Wissen vorausgesetzt, bestand dieselbe in Wohlgefallen und nicht in Wissen. Doch handelte es sich bei diesem Wohlgefallen um etwas wesentlich anderes als das empirische Wohlgefallen, so anders, daß Kant behauptete, man solle es als das ungewöhnlichste aller Wohlgefallen ansehen – nämlich als »interesselos« – und von einer Art, die ein ästhetisches Urteilen erlaubt (zum Beispiel »Das ist schön«), um anderen eine Art verbindlicher Feststellung vorzulegen, der sie zustimmen sollen. Solche Urteile sollten »allgemeine subjektive Gültigkeit« haben. Das war eine Feststellung oder die Annahme eines »Gültigkeitsstatus«, wie er in Kants Werk vor 1790 an keiner Stelle aufgetaucht war, und sie führte die Vorstellung (oder was man dafür halten könnte) einer distinkten Form ästhetischer Intelligibilität ein, die mit ungewöhnlichen universalen Forderungen an andere hinsichtlich deren Zustimmung verbunden war. (Stimmte jemand nicht zu, daß »dies schön ist«, obwohl es schön *ist*, dann würde ihm *etwas fehlen*, er würde nicht wertschätzen, was man wertschätzen sollte, selbst wenn er immer noch etwas Wahres über die Welt wüßte. Man könnte vielleicht sagen: Er scheitert daran, »einer von uns« zu *sein*, auf einer Ebene, die für unsere Fähigkeit, die zu sein, die wir sind, und es zu bleiben, entscheidend ist.)[12]

12 Vgl. noch einmal Stanley Cavell, »Aesthetic Problems of Modern Philosophy«, in: ders., *Must We Mean What We Say?*, Cambridge 1969, S. 73-96: »Doch dieser Plural ist noch immer die erste Person: Sie ›postuliert‹ nicht, um eine Formulierung Kants zu verwenden, daß ›wir‹, du und ich und er, zusammen sagen und wollen und uns vorstellen und fühlen und leiden. Wenn wir das nicht tun, dann sind die Bemerkungen des Philosophen für uns nicht relevant. Selbstverständlich glaubt er nicht, daß sie irrelevant seien, doch impliziert ist, daß die Philosophie wie die Kunst machtlos ist und das auch sein sollte und ihre Relevanz

Wenn auch die ästhetische Erfahrung in ihrem Kern die Erfahrung des Subjekts von *sich selbst* umfaßt, vom Spiel mit den eigenen Vermögen der Erfahrung, so sollten diese doch von recht allgemeiner *Bedeutung* für unser höchstes Verständnis von unserem besonderen Schicksal als Menschen sein, für unser moralisches Schicksal als autonome Handelnde und für den von allen Menschen geteilten Charakter dieses Status. Die Bedeutung der Möglichkeit eines solchen »freien« Spiels der Vermögen, das durch die formalen Eigenschaften natürlicher Objekte und nicht durch die Anwendung eines Begriffs oder einer Norm veranlaßt wird, liegt in einer nicht-kognitiven, aber doch wirklichen und glaubwürdigen Erfahrung (in einem »Intelligibel-Werden«, könnte man allgemeiner sagen) der Zweckmäßigkeit der *Natur*. Letztlich ging es also in der ästhetischen Erfahrung um die Kompatibilität zwischen der Natur (zumindest in einem »ästhetischen *Verstande*«, muß man sagen) und unserer moralischen Natur als freie Wesen. *Daß* die Natur schön *ist* und daß wir imstande sind, diese Schönheit nicht *bloß* lustbetont oder standardmäßig kognitiv zu würdigen, alles dies *bedeutete* etwas, war gar von entscheidender Bedeutung und schloß eine Bestätigung unseres gemeinsamen Schicksals als freie Wesen in einer Welt ein, die mit diesem Schicksal kompatibel war und sich in Harmonie mit ihm befand.[13] (Und der Aufmerksamkeit von

---

nicht *beweisen* kann; und das sagt etwas über die Art von Relevanz aus, die sie sich wünscht. Alles, was der Philosoph, diese Art von Philosoph, tun kann, ist, seine Welt, so umfassend er kann, auszudrücken und unsere ungeteilte Aufmerksamkeit auf unsere eigene Welt zu lenken.« Ebd., S. 96.

13 In der Analytik des Schönen erscheint das alles als ein ziemliches Gewirr von Textfäden, die in § 9 der dritten *Kritik* offensichtlich alle (jedenfalls zu Kants Zufriedenheit) ineinander verwoben sind. Eine Interpretation zur Beziehung zwischen ästhetischer Erfahrung und ihrer

Philosophen wie Schiller entging nicht, daß diese Behauptung über die Bedeutung des Schönen, wenn sie sich denn als wahr erweisen sollte, zu einer neuen Betrachtung der menschlichen Freiheit führen müßte derart, daß ihr »Ort in der Natur« durch die Würdigung des Schönen ästhetisch »zugänglich« werden würde. Damit mußte vielleicht auch die Vorstellung der Moral als einer »Pflicht« neu durchdacht werden.)[14]

Auch Kant hatte grundlegende Aspekte seiner kritischen Philosophie neu zu durchdenken, um das, was er über die Bedeutung des Schönen sagen wollte, zu rechtfertigen. Insbesondere mußte er ein Kernelement seiner

---

Bedeutung verteidige ich in Robert Pippin, »The Significance of Taste: Kant, Aesthetic and Reflective Judgments«, in: *The Journal of the History of Philosophy*, 34, 4 (1996), S. 549-569. Schiller nimmt bei seiner Suche nach einer »objektiven Ästhetik« mit seiner letzten Darstellung zum Erscheinen der Freiheit in den *Kallias-Briefen* (Friedrich Schiller, *Kallias oder Über die Schönheit*, in: *Schillers Werke. Nationalausgabe*, Bd. XXVI, hg. v. Julius Petersen, Weimar 1943 ff.) Hegels Verständnis von der sinnlichen Erscheinung der Idee vorweg, auch wenn er einräumt, daß die ästhetische Erfahrung keine kognitive Erfahrung ist. Man könnte sogar sagen, daß die allgemeine Idee – objektiv, aber nicht kognitiv oder mimetisch – zwar die moderne Idee des »Realismus« vorwegnimmt, nicht aber die eines »mimetischen Realismus«. Siehe die Diskussion von Manet im nächsten Kapitel. Eine gute Zusammenfassung und Analyse des ehrgeizigen Projekts der *Kallias-Briefe* bietet Frederick Beiser, *Schiller as Philosopher: A Re-Examination*, Oxford 2005, Kapitel 2.

14 Siehe besonders den elften und dreizehnten Brief von Friedrich Schiller, *Letters on the Aesthetic Education of Man / Über die aesthetische Erziehung des Menschen in einer Reihe von Briefen*, hg. v. E. M. Wilkinson, L. A. Willoughby, Oxford 1983. Die zusammenfassende Feststellung im 25. Brief lautet: »Und eben weil sie dieses beides zugleich ist, so dient sie uns also zu einem siegenden Beweis, daß das Leiden die Tätigkeit, daß die Materie die Form, daß die Beschränkung die Unendlichkeit keineswegs ausschließe – daß mithin durch die notwendige physische Abhängigkeit des Menschen seine moralische Freiheit keineswegs aufgehoben werde.« Ebd., S. 658.

gesamten Konzeption zur Möglichkeit von Intelligibilität neu konfigurieren, seine Theorie der Urteilskraft. (Urteilskraft war für Kant der wesentliche Träger von Intelligibilität, obwohl dieser Bereich nicht ausschließlich und paradigmatisch der Bereich assertorischer Aussagen ist, wie das Beispiel Schönheit ihm deutlich machte.) Denn ein Urteil wie: »Das ist schön« war trotz seiner Oberflächenlogik nicht die Anwendung einer empirischen Prädikation auf ein Besonderes oder das, was er jetzt als ein »bestimmendes« Urteil bezeichnete. Und trotz des essentiell lustbetonten Charakters der ästhetischen Erfahrung besteht die tiefere Logik ästhetischer Urteile nicht in einem bloß expressiven Bericht über ein bestimmtes (»interesseloses«) Wohlgefallen mit einer ungewöhnlichen universalen, normativen Kraft. Sie besitzen eine eigene Logik, im wesentlichen die Logik oder die Form dessen, was Kant als Vermögen der »reflektierenden« Urteile einführte, der Urteile, die bei der »Suche« nach Universalien und nicht nach ihrer Anwendung, bei der Suche nach der systemerrichtenden Integration wissenschaftlicher Gesetze und der Zuschreibung einer teleologischen Ordnung an die Natur beteiligt waren. Solche Vermögen beschworen den älteren Sinn eines politisch oder praktisch weisen »Urteils« herauf, worin eine nicht formalisierbare *Phronesis* und Pascals *Esprit de finesse*, das Vermögen zu unterscheiden und zu entscheiden, nachklingen, die nicht das Befolgen einer Regel oder die Beherrschung einer lehrbaren Methode einschlossen, nicht einschließen konnten. (Da seither vielen Philosophen diese Einführung auch einen »rückwirkenden« Effekt auf die Kerndoktrinen der ersten *Kritik* zu haben schien, sollte heute vor allem auf der Agenda stehen, Kants Epistemologie mit seinen Aussagen über reflektierendes Urteilen und insbesondere über dessen Bedeutung insgesamt in Übereinstimmung zu bringen.) Im Hinblick auf die folgende Diskussion sei hier hervorgehoben, was das Entscheidende an Kants Idee ist: Es gibt gleichsam einen distinkten Weg, um das intelligibel zu machen, was die offizielle Lehre der ersten *Kritik* auszuschließen schien, einen Weg (der einer skeptischen Anfechtung standhalten könnte), um zu verstehen, daß wir, ohne inkonsistent zu sein, sowohl natürliche Körper in der Welt als auch praktisch freie, verantwortlich Handelnde sind. Es gibt einen »Standpunkt«, von dem aus die Kompatibilität, ja die Einheit einer solchen Dualität (auf einer, wie Kant es nennt; »übersinnlichen« Ebene) ausgemacht sowie intelligibel und glaubwürdig gemacht (wenn auch nicht in einem strengen Sinn gewußt) werden kann, und dieser Standpunkt oder diese Position ist das »Ästhetische«, unsere Erfahrung des Schönen.

Das Erbe dieses ungewöhnlichen und unerwarteten Kantischen Arguments bestand, besonders angesichts der entmutigenden Einschränkungen, die Kants theoretische Philosophie formulierte, darin, die ästhetische Dimension der menschlichen Erfahrung, und zwar vor allem die Annahme eines besonderen ästhetischen Modus der Selbsterkenntnis, mit weit größerer Bedeutung zu versehen, als sie es jemals zuvor gehabt hatte.[15] Man nahm an, daß das tiefste Problem der idealistischen Tradition – das Problem des »Absoluten« (weder Subjekt noch Objekt) – nur »äs-

15 Möglicherweise mit Ausnahme der »politischen« Kunst der Griechen, ein Umstand, der bekanntlich zum tiefgreifenden Philhellenismus der nachkantischen Ästhetik beitrug. Zu Hegels Rolle dabei siehe die sehr hilfreiche Diskussion bei Martin Donougho, »Hegel's Art of Memory«, in: John McCumber, Rebecca Comay (Hg.): *Endings: Questions of Memory in Hegel and Heidegger*, Evanston 1999, S. 139-159, S. 149-154.

thetisch« angesprochen und verständlich gemacht werden kann. Kants Beschränkung auf das Schöne in der Natur als primäre oder »reinste« Art ästhetischer Erfahrung war schnell aufgehoben und die Kantische Idee von der Bedeutung des Schönen auf alle schönen Künste ausgedehnt. Im allgemeinsten Sinn verstand eine Legion von Philosophen, Dichtern und Kritikern, die sich im breiten und turbulenten Kielwasser der *Dritten Kritik* abmühte, Kant so, als habe er Kunst zu den wichtigsten Elementen des menschlichen Versuchs, die Freiheit zu verwirklichen, gezählt. Durch Schönheit und Kunst (und noch einmal: für einige nur in dieser ästhetischen Dimension) können wir die Wirklichkeit von Freiheit und die Möglichkeit ihrer Verwirklichung in der natürlichen Welt, in der wir leben, verstehen.

Kants Erbe war kompliziert, da er, wie man bemerkt hat und wie sich aus seinem »subjektivistischen« Vermächtnis klar ergibt, die primäre Bedeutung der ästhetischen Erfahrung im freien Spiel der Vermögen des Subjekts und damit in der subjektiven Bedeutung der Schönheit verortet hat.[16] Das schien zu besagen, daß, was auch immer diese Erfahrung in der Natur veranlaßte, nicht selbst das intentionale Objekt einer solchen Erfahrung sein konnte, sondern, den formalen Merkmalen nach, bloß der Anlaß und nichts weiter. Und im Grunde blieb die ästhetische Erfahrung unbestimmt, so bedeutsam sie in dieser neuen Fassung auch sein mochte. Sie blieb eine sehr allgemeine Anerkennung der Zweckmäßigkeit der Natur, aber die Anerkennung einer »Zweckmäßigkeit ohne (bestimmten) Zweck«, wie

16 Wie oben bemerkt liegt darin Schillers Unzufriedenheit mit Kant begründet, die in seinen frühen Briefen *Kallias oder Über die Schönheit* ihren Niederschlag findet.

Kants berühmte Formulierung lautet. Im Gegensatz zur perfektionistischen oder klassizistischen Ästhetik erfährt Kants ästhetisches Subjekt noch immer vor allem *sich selbst* und nicht die ästhetischen Eigenschaften in der Welt und damit keinen intentionalen Gehalt in einem Kunstobjekt. Andererseits war die Geschichte der *Bedeutung* ästhetischer Erfahrung – warum sie besonders jetzt wichtig wurde, in der entzauberten Welt der Naturwissenschaften und nach der überzeugenden Beschränkung der Philosophie durch Kant – letztlich eine Geschichte *über* die Wirklichkeit, und die Kompatibilität unserer moralischen Berufung als freie Wesen mit der natürlichen Welt konnte als natürliche Wirklichkeit in der ästhetischen Erfahrung gewürdigt werden.

Hinter dieser Ambiguität (den subjektiven und objektiven Seiten von Kants Ansatz) stand auch eine sehr komplizierte Geschichte über das Schicksal des Kantischen Verständnisses der Beziehung zwischen Sinnlichkeit und Verstand, zwischen unseren sinnlichen, verkörperten, rezeptiven und den spontanen, aktiven Kräften der Erfahrung, und damit über den angemessenen Weg, die Ergebnisse einer derartigen Kooperation, die »Objekte der Erfahrung« oder die »Erscheinungen«, zu verstehen. Für den »deutschen Idealismus« wurde die Debatte über diese Beziehung zur zentralen Frage, und sie erstreckt sich immer noch bis in die wichtigsten Debatten der modernen Epistemologie zu Themen wie dem »Mythos des Gegebenen«, dem »nicht-begrifflichen Gehalt«, dem Skeptizismus, begrifflichen Schemata, Theorie und Beobachtung, normativen Revolutionen und vielen anderen. Die *offizielle* Kantische Position scheint zu sein, daß die Vermögen der Sinnlichkeit und des Verstandes nicht nur verschieden sind, sondern daß sie unabhängig voneinander zur Erfahrung beitragen und daß die direkten und unmittelbaren

Gehalte der Sinnlichkeit erst danach durch einen spontanen Verstand in Begriffe gefaßt werden (in einer Art zweistufigem Prozeß). Aus diesem Bild folgte für Kant, daß die ästhetische Intelligibilität, wie wir das nennen, vor allem sinnlich und rein subjektiv sein muß, da sie nicht Ergebnis einer Begriffsanwendung ist, und das mußte für ihn bedeuten, daß sie nicht diskursiv, ohne einen bestimmten intentionalen Gehalt ist, ungeachtet dessen, daß die ästhetische Erfahrung etwas verständlich machen kann. (Ein ästhetisches Urteil wie »Das ist eine *schöne Rose*« verkündet in diesem Sinne keine *Rosen*schönheit, sondern meint »Die Rose ist schön«, und zwar nicht schön »für eine Rose«, sondern eher unbestimmt schön, selbst wenn sie einem sehr gefällt.)[17] Noch immer war die ästhetische Erfahrung reizvoll und signifikant, weil sie, trotz ihres vor allem sinnlichen Charakters, Harmonie und Einheit in einem begrifflich ungerichteten freien Spiel besaß, als ob (aber eben nur *als ob*) es eine begrifflich organisierte Einheit wäre. Und das deutete auf eine natürliche Zweckmäßigkeit hin, ihre Paßgenauigkeit für uns. Ein solches Verständnis bedeutete, daß Kant den Kern einer derartigen ästhetischen Erfahrung als eine nicht-diskursive und damit unbestimmte Erfahrung des Subjekts von *sich selbst* sehen muß, das heißt, als eine vor allem subjektive Erfahrung, die deswegen eine vorwiegend subjektive Bedeutung hat (und, um die von ihm erfundene Formulierung zu verwenden, eine bloß »subjektive Gültigkeit« hat, selbst dann, wenn sie gleichzeitig »universal« ist).

Ein großer Teil der deutschen Philosophiegeschichte nach Kant umfaßt nicht nur die Erweiterung seines An-

---

17 Eine klare Darstellung dieser Unterscheidung findet sich bei Anthony Savile, *Kantian Aesthetics Pursued*, Edinburgh 1993.

satzes, um die schönen Künste mit einzuschließen (bis bei Hegel das Schöne in der Natur *keinerlei* Bedeutung mehr hat), und eine große Intensivierung der Bemühungen, Kunst als wichtigen Faktor der Selbsterkenntnis heranzuziehen, welche für die Verwirklichung der menschlichen Freiheit notwendig ist, sondern auch eine ambitionierte und weitreichende Differenzierung der *offiziellen* Position Kants[18] zur Beziehung zwischen Sinnlichkeit und Verstand, die deren strenge Trennbarkeit leugnet und damit die Kunst als etwas viel Komplexeres neu bewertet, die nun für das, was sie konkret intelligibel macht, viel wichtiger ist, als das ein streng nicht-diskursives und sinnlich-lustbetontes Modell je wiedergeben könnte. Wenn man zeigen könnte, daß Begriff und Anschauung wirklich logisch zu unterscheiden sind, so daß der Beitrag des einen nicht mit dem Beitrag des anderen zu verwechseln wäre, wie Kant das gesehen hat, diese in der Erfahrung aber tatsächlich nicht zu trennen wären, wenn es tatsächlich keine begrifflich unvermittelte sinnliche Erfahrung (das heißt bewußte Erfahrung) und *auch lustbetonte Erfahrung geben könnte*, dann müßten Status und Bedeutung der ästhetischen Intelligibilität neu durchdacht und ihre Bedeutung neu bewertet werden.[19] Sobald Kant die Idee einer distinkten Modalität der ästhetischen Intelligibilität, wenn auch vorsichtig und zögerlich, eingeführt hatte und sobald er diese insbesondere mit der Möglichkeit des Selbstverständnisses verbun-

18 Ich verwende hier den Ausdruck »offiziell«, weil ich nicht davon überzeugt bin, daß es sich um Kants eigentliche Position handelt. Vgl. Kapitel 2 in Pippin, Cambridge 1989.

19 In Robert Pippin, »Concept and Intution: On Distinguishability and Separability«, in: *Hegel-Studien* 40 (2005), S. 25-39 erörtere ich die Frage von Unterscheidbarkeit – Trennbarkeit ausführlicher. Vgl. auch Kapitel 2 in Pippin, *Hegel's Idealism.*

den hatte, was er mit Recht als die entscheidende Frage für die ganze moderne Philosophie betrachtete – die Beziehung zwischen (dem modernen Verständnis) der Natur und unseren durch Normen ansprechbaren Vermögen, unserer Freiheit –, gab es bald ein wildes Durcheinander postkantischer Alternativen.

Viele folgten vermeintlich Kants Vorbild, eilten ihm aber tatsächlich weit voraus. Im Bereich der Ästhetik stand nun in der Tat etwas von *sehr* großer Bedeutung auf dem Spiel, und das war das Versprechen, eine Art Versöhnung zwischen den unweigerlich endlichen, beschränkten, natürlichen, verkörperten Merkmalen der menschlichen Existenz und dem praktisch nicht zu leugnenden, durch Bedeutung und Normen ansprechbaren, reflektierenden, selbstbestimmenden Merkmal derselben verstehen (in einem neuen ästhetischen Sinn von »verstehen«) zu können. (Das wurde gelegentlich, zum Beispiel von Friedrich Schlegel, als Beziehung zwischen dem »Endlichen« und dem »Unendlichen« in der Kunst verstanden, die beide zusammen ausschließlich durch literarische Ironie zu verstehen sind, einer Art »Schwebezustand« im Sinne eines Weder-noch.)[20] Das wäre eine echte Versöhnung

20 Siehe das Athenäums-Fragment 121 in Friedrich Schlegel, *Charakteristiken und Kritiken I* (1796-1801), hg. v. Hans Eichner, in: *Kritische Friedrich-Schlegel-Ausgabe*, Bd. II, hg. v. Ernst Behler, München 1967: »Eine Idee ist ein bis zur Ironie vollendeter Begriff, eine absolute Synthesis absoluter Antithesen, der stete sich selbst erzeugende Wechsel zwei streitender Gedanken.« Zwei sehr hilfreiche Diskussionen des Ironiebegriffs in der deutschen Romantik und im deutschen Idealismus enthalten Judith Norman, »Squaring the Romantic Circle: Hegel's Critique of Schlegel's Theories of Art«, in: William Maker (Hg.), *Hegel's Aesthetics*, Albany 2000, S. 131-144, und Rüdiger Bubner (2003), »The Dialectical Significance of Romantic Irony«, in: ders., *The Innovations in Idealism*, Cambridge 2003, S. 201-215.

(oder die ästhetisch intelligible sinnliche Verkörperung eines solchen versöhnten Zustands), keine Reduktion und keine »Unterordnung« des einen unter das andere oder die Eliminierung des einen zugunsten des anderen wie in einem reduktionistischen Naturalismus oder subjektiven Idealismus. Die Möglichkeit einer sinnlich verkörperten Bedeutung in Kunstwerken und unser sinnliches und reflektierendes Vermögen, eine solche Bedeutung zu schätzen und zu verstehen, war sowohl für den frühen Schelling um 1800 (im *System des transzendentalen Idealismus* und in der *Philosophie der Kunst*) wie für beide Schlegel-Brüder von solcher Wichtigkeit, daß die künstlerische Bezeugung und das Begreifen einer solchen Einheit für sie *wichtiger* war als jede philosophische Artikulation. Hier folgt eine typische Passage aus Schellings *System* von 1800:

> Es läßt sich aber eben daraus auch einsehen, daß und warum Philosophie *als* Philosophie nie allgemeingültig werden kann. Das eine, welchem die absolute Objektivität gegeben ist, ist die Kunst. Nehmt, kann man sagen, der Kunst die Objektivität, so hört sie auf zu sein, was sie ist, und wird Philosophie; gebt der Philosophie die Objektivität, so hört sie auf Philosophie zu sein, und wird Kunst. – Die Philosophie erreicht zwar das Höchste, aber sie bringt bis zu diesem Punkt nur gleichsam ein Bruchstück des Menschen. Die Kunst *bringt den ganzen Menschen*, wie er ist, dahin, nämlich zur Erkenntnis des Höchsten, und darauf beruht der ewige Unterschied und das Wunder der Kunst.[21]

Das heißt, die Fichte, Schelling und Hegel gemeinsame Behauptung von der Untrennbarkeit von Begriff und

---

21 Friedrich Wilhelm Joseph Schelling, *System des transzendentalen Idealismus*, Hamburg 1957, S. 299.

Anschauung,[22] entweder als eine Revision Kants (als Versuch, den Geist und nicht den Buchstaben seines Textes einzufangen) oder als eine Ausweitung seiner (wahren oder tiefen) Position verstanden, verändert den Status und die Bedeutung der Kunst in umfassender Weise. Sie bedeutete, daß Kunstwerke in der ihnen eigenen bestimmten Art und Weise als (begrifflich) gehaltvoll verstanden werden konnten und damit als Modi, den *Geist* für sich selbst intelligibel zu machen, auch wenn man sie nicht als Urteile irgendeiner Art oder als in Begriffe gefaßte Anschauungen, die als Objekte empirischer Erfahrung gelten, verstehen konnte. In diesem Sinn mußte man die Werke so verstehen, als strebten sie nach »Objektivität«, wie Schelling das im oben angeführten Zitat bezeichnet, und Kants Flirt mit der universalen Bedeutung des Ästhetischen konnte damit von ganzem Herzen bejaht und seine Einschränkung des Ästhetischen auf die subjektive Bedeutung überwunden werden. Wie wir gerade sahen, glaubten Philosophen wie Schelling, daß man selbst die Überlegenheit von Kunstwerken gegenüber der Philosophie anerkennen konnte, sobald man ihren einzigartigen Modus des Intelligibelmachens verstanden hatte.

Was diese einzigartige Weise des Intelligibelmachens (begrifflich gehaltvoll, doch nicht wie gewöhnliche Objekte der Erfahrung) letztlich bedeutete und *was* »objektiv« durch die Kunst und die ästhetische Erfahrung erschlossen wurde, hat die postkantische Tradition der Ästhetik auf vielfältige Art und Weise erläutert, zu vielfältig, um

22 Oder anders formuliert: Das Leugnen der Möglichkeit eines nicht-begrifflichen Gehalts in der bewußten Erfahrung und der nachfolgende Versuch, die besondere ästhetische Dimension einer solchen begrifflich vermittelten Intelligibilität davon zu unterscheiden, konnte jetzt auf die philosophische Agenda gesetzt werden.

das hier zusammenzufassen. Ich werde versuchen, im nächsten Kapitel den Beziehungsreichtum, die Stärke und die Grenzen von Hegels Beitrag darzulegen. Hier werde ich nun mit einigen allgemeineren Bemerkungen über die Rolle der Kunst in seiner Position insgesamt abschließen.

III

Mir geht es vor allem um Hegels wichtigste Innovation in seiner Darstellung der Kunst, eine Dimension in seinem Ansatz, die auch zu seinen wichtigsten Innovationen in der Philosophie im allgemeinen zählt. Denn Hegel war der erste Philosoph, der der Philosophie eine historisch-diagnostische Aufgabe stellte; berühmt ist seine Behauptung, daß Philosophie »*ihre Zeit in Gedanken erfaßt*«.[23] Tatsächlich insistierte Hegel, daß die Bedeutung und der normative Status aller schönen Künste – wie die Bedeutung und der normative Status des Staates, der Religion oder der Philosophie selbst – notwendig historisch seien, daß keinerlei Aspekt, den die schönen Künste intelligibel machen, ohne die richtige Einschätzung des Aspektes *zur jeweiligen Zeit* angemessen erfaßt werden könne, das heißt sowohl im Verlauf der Kunstgeschichte als auch, noch ambitionierter, im Rahmen eines angemessenen Verständnisses des langen historischen Ringens des *Geistes*, sich selbst zu verstehen. Das bedeutete, die Kunstgeschichte innerhalb des grundlegenden Hegelschen Narrativs über das Ringen um ein kollektives Verstehen zu verorten, welches selbst das entscheidende Element in der Verwirklichung der mensch-

23 Georg Wilhelm Friedrich Hegel, *Grundlinien der Philosophie des Rechts*, in: ders., *Hauptwerke in sechs Bänden*, Hamburg 1999, S. 16.

lichen Freiheit war, in dem Bemühen, zu dem kollektiven Subjekt zu *werden*, für das wir uns halten – und zwar immer mehr, wie Hegel zu zeigen versuchte.

Dieser systematische Ehrgeiz erfordert einen Flug in weit, weit höhere spekulative Gefilde, als ihn heute irgend jemand wagen würde. Doch Hegels Ansatz enthält immer noch einige wertvolle Elemente. Da ist zunächst die enorm wichtige und einflußreiche Idee, daß Kunstwerke am besten im Rahmen einer »Kunstgeschichte« verstanden und untersucht werden, dem organisierenden Prinzip akademischer Kunstforschung. Kein Geringerer als Ernst H. Gombrich schrieb Hegel das Verdienst an dieser Entwicklung zu und bezeichnete ihn als »Vater der Kunstgeschichte«. (Auch wenn Gombrich Hegels Fortschrittsdenken immer scharf kritisierte, war er doch bereit, sich selbst als einen »entlaufenen Hegelianer« zu bezeichnen.)[24]

Aber ein kunsthistorischer Ansatz erfordert ein Narrativ, oder man berichtet lediglich, was nacheinander geschah, ohne zu erklären, warum etwas geschah. Der Kern von Hegels Narrativ ist die »Verwirklichung der Freiheit«, und in diesem Ansatz finden sich immer noch einige innovative und philosophisch fruchtbare Aspekte, die wertvoll bleiben und für das Folgende wichtig sind. Zum einen verfügt er über einen Ansatz, der verschiedene Begriffe der Natur der Freiheit umfaßt, die freie Person, den freien Bürger und dergleichen, welche die westliche Einbildungskraft im Verlauf der Geschichte beschäftigt haben. Dieser

24 Ernst H. Gombrich, »The Father of Art History«, in: ders.: *Tributes: Interpreters of our Cultural Tradition*, Ithaca 1984, S. 51-70, S. 9. Siehe auch David Summers Auseinandersetzung mit Gombrich und Hegel in »E. H. Gombrich and the Tradition of Hegel«, in: Paul Smith, Caroline Wilde (Hg.), *A Companion to Art Theory*, Oxford 2007, S. 139-149, S. 139 ff.

Ansatz versucht zu verstehen, warum es diese verschiedenen Begriffe gegeben hat, welche Beziehungen unter ihnen bestanden, welche Gesellschaftsformen oder Formen des ethischen Lebens oder religiösen Selbstverständnisses die verschiedenen Begriffe inspirieren halfen oder von ihnen gelenkt wurden, und somit auch, welchen Status der moderne Begriff des freien, reflektierenden, vernünftigen und verantwortlichen Individuums unter diesen Alternativen hat.

Vielen Philosophen ist ein solcher Ansatz von vornherein verdächtig, weil er ihrer Ansicht nach wie die »Soziologie des Wissens« oder die »Kritische Theorie« die sogenannte »Logik der Entdeckung« oder der »Entwicklung« oder die Frage nach der richtigen sozialhistorischen Erklärung, welche Alternativen wann, für wen und warum (in einem gesellschaftlichen und psychologischen Sinn des »warum«) attraktiv waren, mit der »Logik der Rechtfertigung«, mit dem angemessenen (und mutmaßlich gesellschaftlich unabhängigen, autonomen) philosophischen Argument für die Wahrheit eines solchen alternativen Freiheitsbegriffs vermengt. Hegels Argument lautet, daß diese Disjunktion eine Wahl zwischen falschen Alternativen ist, und er beharrt darauf, daß ohne ein Verständnis der Untrennbarkeit von Historischem und Normativem Ideale wie das liberaldemokratische Ideal in einer Weise dargestellt werden, die den Bezug zur tatsächlichen, praktischen Welt verliert, die das Ideal doch speisen und inspirieren soll. Vermeintlich reine oder apriorische idealistische Argumente zu Verantwortlichkeit, Handlungsfähigkeit, Pflicht, Verpflichtung, Legitimität usw. sind sehr wahrscheinlich nur Ausdruck nicht erkannter historisch spezifischer Voraussetzungen und Annahmen und laufen auf nichts weiter als verschiedene Züge in einem sterilen Spiel hinaus. Es liegt auf der

Hand, daß es sich hierbei um eine gewichtige Frage handelt, doch ich werde einfach davon ausgehen, daß Hegels historischer Ansatz, das Problem der Freiheit zu erfassen, zumindest wert ist, ernst genommen und untersucht zu werden.[25]

Doch warum sollten die schönen Künste Teil *dieser* Geschichte sein? Um das zu verstehen, müssen wir noch weitere Einzelheiten zu Hegels Theorie der Freiheit kennen und warum die Geschichte der schönen Künste darin involviert ist. Obwohl Hegels Position eine Reihe von Elementen mit einem »klassischen«, paradigmatisch Sokratischen Freiheitsbegriff (Freiheit als Selbsterkenntnis, vor allem als das Wissen verstanden, was es heißt, ein Mensch zu sein und wie man gut lebt) sowie mit christlich-kantischen Begriffen (auch Hegel beharrt auf der Gesinntheit des Menschen, seiner Intention als Kriterium für eine Tat, um überhaupt eine Tat zu sein – »intentional nach einer bestimmten Beschreibung« –, und als wesentlich für die Zuschreibung von Verantwortlichkeit) und auch mit empiristischen Ansätzen (wenn die Tat mich widerspiegeln soll, meine Tat sein soll, dann muß sie meine Anliegen und Wünsche, das, was mir wichtig ist, reflektieren) gemeinsam hat, hat er keinen sokratisch-philosophischen Begriff von Selbsterkenntnis (der seiner Meinung nach das konkrete Individuum und die vom Individuum geforderte Selbsterkenntnis nicht »erreicht«), und er hat keine

25 Ausführlicher diskutiere ich diese Frage in Robert Pippin, »Philosophy is its Own Time Comprehended in Thought«, in: *Topoi*, 25, 1-2 (2006), S. 85-90, ders., »Hegel on Political Philosophy and Political Actuality«, in: *Inquiry*, 53, 5 (2010), S. 401-416 und ders., »The ›logic of experience‹ as ›absolute knowledge‹ in Hegel's Phenomenology of Spirit«, in: Dean Moyar, Michael Quante (Hg.), *Hegel's Phenomenology of Spirit: A Critical Guide*, Cambridge 2010, S. 210-227.

kausale Handlungstheorie, nach der ein inneres Ereignis körperliche Bewegungen verursachen soll, und er ist nicht der Meinung, daß eine reflektierte Selbstbefragung der Weg ist, um zu verstehen, wie wir zu dem Wissen über das kommen, was für uns wichtig ist, was er als eine kompliziertere und schwierigere Frage als die Empiristen behandelt. Die gängigen Etiketten für seinen Ansatz sind in etwa zutreffend: er hat eine »expressive«, eine »soziale« und eine »Selbstverwirklichungs«-Theorie der Freiheit. Im allgemeinsten Sinn ist eine freie Handlung eine solche, die mich vollkommen so ausdrückt, wie ich mich selbst verstehe, so daß ich mich in den Taten, die ich ausführe, vollkommen wiedererkennen kann, und damit stellt sie die Verwirklichung einer Intention in meinen Körperbewegungen in der Zeit dar und letztlich die Verwirklichung des *Geistes*, der sich in der Zeit selbst herausbildet. (Negativ ausgedrückt: Ich bin frei, wenn ich in einer nicht entfremdeten Beziehung zu dem stehe, was ich bewirkt habe; ein Maßstab, der großes Gewicht auf das Erreichen des richtigen Verständnisses der Frage, »wer ich *wirklich* bin«, legt.) Doch für Hegel muß noch eine andere entscheidende Bedingung erfüllt sein: Die Körperbewegungen zählen nur dann als von mir intendierte Tat, wenn die Beschreibung der Tat für das Gemeinwesen, in dem ich mich »ausdrücke« und »verwirkliche«, auch als eine solche erkennbar ist. (Ich kann X nicht *tun*, wenn das Gemeinwesen, in dem ich agiere, das, was ich *tue, für Y hält*.) Aber nicht *jede* gesellschaftliche Anordnung von Normen und kollektivem Selbstverständnis ist dafür relevant, daß die Tat wahrhaft meine eigene und daher frei ist. Das fundamentale Netzwerk gesellschaftlicher Beziehungen, die als Bedingungen für die kollektive Intelligibilität meiner Tat fungieren, stellt das Ringen und die Ergebnisse eines umfangreichen gesellschaftlichen und historischen Wettstreits um den relativen Status von Unabhängigkeit und Abhängigkeit in einer sozialen Welt dar, die in einer bestimmten Weise organisiert ist; es sind Beziehungen, die in den Machtverhältnissen einer bestimmten Zeit verwirklicht sind. (Dabei handelt es sich im wesentlichen um Beziehungen, in denen es darum geht, wer imstande ist, andere dem eigenen Willen zu unterwerfen, wer imstande ist, jemandem etwas wegzunehmen, einzuschränken, was andere sonst zu tun in der Lage wären, usw.) Nur in einer sozialen Welt, die eine »*Wechselseitigkeit*« der Anerkennung oder eine Wechselseitigkeit in Form eines institutionalisierten Anerkennungsstatus erreicht hat, kann die Verwirklichung gesellschaftlicher Normen die angemessene konstitutive Rolle spielen, die sie bei den eigenen Versuchen spielt, eine Tat für eine bestimmte Tat zu halten, in der das eigene Selbstverständnis das zu einer bestimmten Zeit erreichte kollektive Selbstverständnis widerspiegelt.

Es folgt eine Zusammenfassung der wichtigsten Punkte der Freiheitslehre, die Hegel in den einführenden Bemerkungen zu seinen *Vorlesungen über die Ästhetik* für seine Studenten eingefügt hat:

> Die Freiheit ist die höchste Bestimmung des Geistes. Zunächst ihrer ganz formellen Seite nach besteht sie darin, daß das Subjekt in dem, was demselben gegenübersteht, nichts Fremdes, keine Grenze und Schranke hat, sondern sich selber darin findet. Schon dieser formellen Bestimmung nach ist dann alle Not und jedes Unglück verschwunden, das Subjekt mit der Welt ausgesöhnt, in ihr befriedigt und jeder Gegensatz und Widerspruch gelöst. Näher aber hat die Freiheit das Vernünftige überhaupt zu ihrem Gehalte: die Sittlichkeit z. B. im Handeln, die Wahrheit im Denken. Indem nun aber die Freiheit selbst zunächst nur subjektiv und nicht ausgeführt ist, steht dem Subjekt das Unfreie,

> das nur Objektive als die Naturnotwendigkeit gegenüber, und es entsteht sogleich die Forderung, diesen Gegensatz zur Versöhnung zu bringen.[26]

Eine meiner Thesen, die ich im nächsten Kapitel zu erläutern versuche, lautet, daß Hegel von einer tiefen Verbindung (einer Beziehung, die enger als eine Analogie ist) ausgeht zwischen den Bedingungen der Möglichkeit eines richtigen Verständnisses von manchen Körperbewegungen als Taten, nicht als bloßen Ereignissen (ich hebe den Arm und nicht: mein Arm erhebt sich, wie in Wittgensteins berühmtem Beispiel), und den Bedingungen, die für das Begreifen von Kunstwerken als Kunstwerke und nicht als rein empirische Objekte (ein Vermeiden des bloßen »Objektseins«, wie Fried das nennt) notwendig sind.[27] Der wesentliche Kontaktpunkt ist die von ihm so genannte »Logik« der »Innen-Außen«-Beziehung, die für beide Möglichkeiten entscheidend ist, oder genauer, die identische »Logik« in den beiden Fällen. Körperbewegungen tragen als Taten in der gleichen Weise Bedeutung (sie haben eine »innere« Bedeutung), in der sinnliche Objekte wie Bilder Bedeutung als Kunstwerke tragen – nicht aufgrund der subjektiven Projektion von Beobachtern und Betrachtern und nicht durch mentale Zustände verursacht, auf die man sich beziehen muß, um die intentionale Bedeutung zu erklären. In beiden Fällen ist die Intention nur *verwirklicht* als die Intention, als die sie *in* der Tat oder in dem Werk bestimmt ist, da die Tat oder das Werk für ein Gemeinwesen dieses oder jenes nur zu einer bestimmten Zeit bedeuten; vor der Verwirklichung ist die bestimmte

---

26 Georg Wilhelm Friedrich Hegel, *Vorlesungen über die Ästhetik I*, in: ders., *Werke in zwanzig Bänden*, Bd. 13, Frankfurt/M. 1970, S. 134.

27 Fried, »Art and Objecthood«.

Intention oder Bedeutung nur vorläufig und vermutet. (In seiner *Phänomenologie* verwendet er als Fachbegriff für eine Tat häufig »Werk«[28] und betont damit die Gemeinsamkeit mit dem Kunstwerk.) Er beginnt seine Vorlesungen sofort mit diesem Thema und steigt auf einem hohen Abstraktionsniveau ein:

> Dieser Auffassung nach haben wir also als die Elemente des Schönen ein Inneres, einen Inhalt, und ein Äußeres, welches jenen Inhalt bedeutet, charakterisiert; das Innere scheint im Äußeren und gibt durch dasselbe sich zu erkennen, indem das Äußere von sich hinweg auf das Innere hinweist. In das Nähere können wir jedoch nicht weiter eingehen.[29]

Das Beharren auf der Kunst als der Leistung einer spekulativen »Identität« von Innerem und Äußerem spielt für Hegel eine entscheidende Rolle, wenn er seine Behauptung verteidigt, daß die spätromantische Kunst sich in einem Prozeß befindet, in dessen Verlauf sie die erhellende Kraft der Kunst überhaupt transzendiert:

> Dadurch erhalten wir als Endpunkt des Romantischen überhaupt die Zufälligkeit des Äußeren wie des Inneren und ein Auseinanderfallen dieser Seiten, durch welches die Kunst selbst sich aufhebt und die Notwendigkeit für das Bewußtsein zeigt, sich höhere Formen, als die Kunst sie zu bieten imstande ist, für das Erfassen des Wahren zu erwerben.[30]

---

28 Siehe unter anderem Georg Wilhelm Friedrich Hegel, *Phänomenologie des Geistes,* in: ders., *Hauptwerke in sechs Bänden.* Hamburg 1999, S. 278-316.

29 Hegel, *Vorlesungen über die Ästhetik I*, S. 37. Siehe auch: »das zweckmäßige Entsprechen des Inneren und Äußeren soll die immanente Natur des schönen Gegenstandes sein.« Ebd., S. 87.

30 Georg Wilhelm Friedrich Hegel, *Vorlesungen über die Ästhetik II*, in: ders., *Werke in zwanzig Bänden*, Bd. 14, Frankfurt/M. 1970, S. 142.

Dieser ganze theoretische Rahmen ist für Hegels Verständnis der Malerei besonders wichtig (für Hegel ist die Malerei wesentlich eine »romantische« Kunst; der »eigentliche Inhalt« der Malerei ist die »empfindende Subjektivität«, worunter er die sinnliche Verkörperung der Subjektivität in dem von ihm gemeinten Sinn, als sich selbst verwirklichende Freiheit, versteht[31]). Dahin gelangt er aufgrund der Art und Weise, in der er malerische Bedeutung mit »Liebe« verbindet. In den Vorlesungen von 1828 bestimmt er sogar den *Grundzug* der Malerei als »Liebe«.[32] Er meint nicht nur, daß der angemessenste Gegenstand für gelingende Gemälde (wobei gelingend wiederum etwas mit der sinnlichen oder unmittelbaren Glaubwürdigkeit, Stärke, Überzeugungskraft, der Vereitelung von Theatralität zu tun hat) die Liebe ist (Liebe wie bei der Venus, einer Madonna mit Kind oder in der Tradition der Aktmalerei), sondern auch, daß gelingende Bilder auf der Ebene der *Innigkeit* eine Aufmerksamkeit und Beteiligung verlangen, die nicht von einer Beziehung zu trennen ist, welche die »Selbstsein-im-anderen«-Dynamik der Liebe hervorruft. (Das alles wäre auch dann relevant, wie wir gleich sehen werden, wenn ein Bild nicht scheitert, sondern wenn es ihm gelingt, die immer schwierigere Verwirklichung, vielleicht die Unmöglichkeit dieses Ideals anzudeuten.) Und die Malerei, als romantische Kunst und Hinwendung zum anderen verstanden, muß ein Bestreben nach Gemeinsamkeit und Reziprozität verkörpern,

---

31 Hegel, *Vorlesungen über die Ästhetik III*, S. 26.

32 Zitiert in Benjamin Rutter, *Hegel on the Modern Arts*, Cambridge 2010, S. 72. Rutters Kapitel über Hegels Aussagen zur Malerei gehört zu den besten Darstellungen des Themas. Zur späteren Diskussion Frieds siehe besonders seine Erläuterung von Hegels »Lebendigkeit« als »absorption« (Versunkenheit), S. 92 ff.

das in seinem reinsten oder paradigmatischsten Ausdruck Liebe ist.

Während er uns noch einmal daran erinnert, daß Kunst den »absoluten Geist«, das tatsächliche Erreichen einer solchen Versöhnung oder den Griff nach der Versöhnung (was nur die Philosophie vermag), nicht wahrhaft verkörpern kann, fährt er in einer Passage, die wiederum von besonderer Relevanz für die Malerei ist, fort:

> Soll nun aber der Geist in seiner affirmativen Versöhnung durch die Kunst eine *geistige Existenz* erhalten, in welcher er nicht nur als reiner Gedanke, als ideell gewußt ist, sondern *empfunden* und *angeschaut* werden kann, so haben wir als einzige Form, welche die gedoppelte Forderung der Geistigkeit auf der einen, der Erfaßbarkeit und Darstellbarkeit durch die Kunst auf der anderen Seite erfüllt, nur die Innigkeit des Geistes, das Gemüt, die Empfindung übrig. Diese Innigkeit, welche dem Begriff des in sich befriedigten freien Geistes allein entspricht, ist die *Liebe*.[33]

Und danach folgt seine bekannte Darstellung dieses Bestrebens und seiner Verwirklichung (in einem Abschnitt mit der Überschrift »Begriff des Absoluten als der Liebe«).

> Das wahrhafte Wesen der Liebe besteht darin, das Bewußtsein seiner selbst aufzugeben, sich in einem anderen Selbst zu vergessen, doch in diesem Vergehen und Vergessen sich erst selber zu haben und zu besitzen. Diese Vermittlung des Geistes mit sich und Erfüllung seiner zur Totalität ist das Absolute [...].[34]

Wie die moderne Malerei mittels ihrer besonderen Ästhetik der Intelligibilität das historische Schicksal gesellschaftlicher Subjektivität in der Moderne herausarbeitet, die in

---

33 Hegel, *Vorlesungen über die Ästhetik II*, S. 154.

34 Ebd., S. 155.

der Adressierung der Bilder an den Betrachter notwendig zur Debatte steht, wird im folgenden ein wichtiges Thema sein.

Das ist auch der Anfang vom »Endpunkt« seines gesamten Narrativs der Kunstgeschichte, das im wesentlichen durch seine Auffassung von Innen und Außen gerahmt wird. In der vorgriechischen Kunst, den Statuen und der Architektur Ägyptens zum Beispiel, wurde die äußere Form – Stein und Marmor – als widerständig gegenüber einem Ausdruck des menschlichen »Inneren« empfunden; daher rührt das Steife und die Kälte dieser Kunst. Die griechische Kunst, in der Hegel die Vollkommenheit der Kunst als Kunst verkörpert sah, ist beherrscht von einer Innen-Außen-Harmonie, ja Identität, ohne jeden Rest, ohne Spannung, sie ist vollkommen und umfassend verkörperte Bedeutung, das Innere als gänzlich Äußeres, das Äußere als vollständige Verwirklichung des Inneren. Die romantische Kunst versteht er als Beginn der Erkenntnis, daß der Geist keine materielle Verkörperung erfordert, um als Geist vollkommen verwirklicht zu sein, er muß nur »mit sich selbst« versöhnt sein.[35] Im nächsten Kapitel will ich zeigen, daß diese Schlußfolgerung nicht durch einen wesentlichen Punkt in Hegels Theorie begründet wird,

35 Terry Pinkard, »Symbolic, Classical, and Romantic Art«, in: Stephen Houlgate (Hg.), *Hegel and the Arts*, Evanston 2007, S. 3-28, ist ein wertvoller Führer zu diesem historischen Narrativ. Die Innen-Außen-Formel strukturiert auch die Diskussion der Unterschiede zwischen den verschiedenen Künsten, wenn sie systematisch und nicht nur historisch betrachtet werden. Gehlen bindet das Problem der Entzweiung oder Zerrissenheit zwischen Innerem und Äußerem, das er in der modernen Kunst abgebildet sieht, an die besonderen Eigenschaften einer industrialisierten Massengesellschaft (*Zeitbilder,* S. 94). Bei meiner Erörterung Clarks im dritten Kapitel werde ich auch auf diese Thesen eingehen.

sondern einen Fehltritt darstellt. Sie ist keine mit Hegels Gesamtprojekt konsistente Folgerung.

Doch hier geht es darum zu bemerken, wie ähnlich seine Darstellungen in Handlungen verkörperter Bedeutung sind. In der *Phänomenologie des Geistes* gibt es mehrere Abschnitte, welche dieselben Begriffe verwenden.

> Das Individuum kann daher nicht wissen, was *es ist*, ehe es sich durch das Tun zur Wirklichkeit gebracht hat.[36]

Und dann gibt es die folgenden beiden Bemerkungen:

> Die entwickelte Natur des *wirklichen* Handelns erfährt nun das sittliche Selbstbewußtsein an seiner Tat, ebensowohl wenn es dem göttlichen, als wenn es dem menschlichen Gesetze sich ergab.[37]

> Der Mensch, wie er äußerlich, d. i. in seinen Handlungen [...] [ist], ist er innerlich; und wenn er *nur* innerlich, d. i. *nur* in Absichten, Gesinnungen, tugendhaft, moralisch u.s.f. und sein Äußeres damit nicht identisch ist, so ist eins so hohl und leer als das Andere.[38]

Die ganze spekulative Formulierung, die beide Erläuterungen dieser »Logik« abdeckt, findet sich, wie zu erwarten, in der *Enzyklopädie*: »Was daher *nur* ein *Innerliches* ist, ist auch damit *nur* ein *Äußerliches*; und was *nur* ein Äußerliches ist, ist auch *nur* erst ein *Innerliches*.«[39]

---

36 Hegel, *Phänomenologie des Geistes,* S. 356.

37 Hegel, *Phänomenologie des Geistes*, S. 421.

38 Georg Wilhelm Friedrich Hegel, *Enzyklopädie der philosophischen Wissenschaften*. Bd. I, *Die Wissenschaft der Logik*, in: ders., *Werke in zwanzig Bänden*, Bd. 8., Frankfurt/M., § 140.

39 Ebd., § 140. Eine ausführlichere Aussage aus der »Lehre vom Wesen« lautet: »Man pflegt so namentlich zu sagen, es komme bei den Menschen nur auf ihr Wesen an und nicht nur auf ihr Tun und ihr Betragen. Darin liegt nun zwar das Richtige, daß dasjenige, was ein

Der vielsagendste Abschnitt über die Wichtigkeit dieser Formulierung stammt aus der Erörterung über die klassische Kunst und wird im nächsten Kapitel ausführlicher diskutiert:

> Und zwar nicht in der Art, daß diese Vorstellungen und Lehren bereits *vor* der Poesie in abstrakter Weise des Bewußtseins als allgemeine religiöse Sätze und Bestimmungen des Denkens vorhanden gewesen und von den Künstlern sodann erst in Bilder eingekleidet und mit dem Schmuck der Dichtung äußerlich umgeben worden wären, sondern die Weise des künstlerischen Produzierens war die, daß jene Dichter, was in ihnen gärte, *nur* in dieser Form der Kunst und Poesie herauszuarbeiten vermochten.[40]

Schließlich soll diese Vorstellung einer »Identifikation« mit Taten und Praktiken sich nicht auf nüchterne psychologische oder sozialpsychologische Errungenschaften stützen. »Eine Zeit in *ihrem Denken* verstehen« (das Ringen um Identifikation verstehen) bedeutete für Hegel in etwa »die *Rationalität* der autoritativen Normen einer Zeit bewerten«, wobei »Rationalität« heißt: »rationaler« (oder nicht) als *wir bisher gehandelt haben* und nicht an den Idealen Platons oder Kants gemessen. Die wahre Identifikation ist eine rationale Identifikation, und das Scheitern sozialer Normen, das Hegel interessiert, besteht im historischen Zusammen-

---

Mensch tut, nicht in seiner Unmittelbarkeit, sondern nur als vermittelt durch sein Inneres und als Manifestation seines Innern zu betrachten ist. Nur darf dabei nicht übersehen werden, daß das Wesen und dann weiter das Innere sich eben nur dadurch als solche bewähren, daß sie in die Erscheinung heraustreten; wohingegen jener Berufung der Menschen auf ihr von dem Inhalt ihres Tuns unterschiedenes Wesen nur die Absicht zugrunde zu liegen pflegt, ihre bloße Subjektivität geltend zu machen und sich dem, was an und für sich gültig ist, zu entziehen.« (Ebd., § 112A)

40 Hegel, *Vorlesungen über die Ästhetik I*, S. 141.

brechen des Vermögens der Subjekte, das zu rechtfertigen, was sie anderen antun, denn ihre Handlungen betreffen das, was andere sonst hätten tun können. An diesem Punkt ist Hegels Ansatz am besten als eine zweispurige Analyse anzusehen. Einerseits verfügt er über eine großartige philosophische Theorie zu Entwicklungen, Zusammenbrüchen und Erholungsphasen, eine retrospektive Darstellung, wie unser Verständnis von Natur, Religion, Autorität usw. ein Ganzes bildet, das aufgrund der – aus diesem philosophischen Blickwinkel – spezifischen Beschränkungen des Selbstverständnisses des *Geistes* zu einer bestimmten Zeit eine innere Krise erleiden kann (wiederum von einer späteren, mutmaßlich privilegierteren Beurteilungsposition her gesehen, die den selbstformenden oder selbstgesetzgebenden Charakter des *Geistes* angemessen würdigt). Die paradigmatische Erklärung des erlebten Scheiterns irrationaler Institutionen (Institutionen, welche die Ausübung von Macht mit dem Anspruch auf Autorität verwechseln) enthält wahrscheinlich die berühmteste Stelle bei Hegel, die »Herr-und-Knecht«-Dialektik in der *Phänomenologie des Geistes* von 1807 und die dortige Darstellung der »Paradoxie des Herrn«, der Anerkennung von jemandem verlangt, den er selbst nicht anerkennt, und damit wiederum paradox darin scheitert, (*für sich selbst*) der Herr zu sein.[41]

Doch wenn die an einer bestimmten Praxis *Beteiligten* versuchen, sich voreinander zu rechtfertigen, dann berufen sie sich offenkundig nicht auf ihr Verständnis *dieser*

41 Eine umfangreichere Diskussion findet sich bei Robert Pippin, *Hegel on Self-Consciousness. Desire and Death in the Phenomenology of Spirit*, Princeton 2011, und eine Veranschaulichung anhand eines literarischen Beispiels in ders., »The Paradoxes of Power in the Novels of J.M. Coetzee«, in: Peter Singer, Anton Leist (Hg.), *J.M. Coetzee and Ethics*, New York 2010, S. 19-41.

Theorie Hegels über die historische Vernunft; damit befinden wir uns also auf der anderen »Spur«.[42] Für die Beteiligten gibt es Erwägungen aller Art, auf die sie sich als Rechtfertigung gegenüber anderen berufen können. Praktische Vernunft in diesem Sinn wird von Hegel als eine historische soziale Praxis verstanden, nicht als eine formale Methode, als reine Entscheidungstheorie, als Kalkulation oder, wie bei Kant, als »die Form der reinen praktischen Vernunft«. Und zu einer gegebenen Zeit genügen den Beteiligten diese substantiellen Erwägungen als Rechtfertigung in der gesellschaftlichen Welt, in der ihnen eine bestimmte normative Kraft von welcher Art auch immer zukommt. Das sind Erwägungen wie: »Weil er der Fürst ist«, oder: »Weil die Ahnen zornig wären«, oder: »Weil ich seine Schwester bin«, oder: »Weil du kein Bürger meines Landes bist«. Vielen Kritikern Hegels schien seine Behauptung, daß »*unsere*« Erwägungen wie: »Weil ich das Recht dazu habe«, oder: »Weil das keine faire und gleiche Behandlung vor dem Gesetz wäre«, *denselben Status* haben wie die zuvor genannten, potentiell relativistisch und philosophisch verworren zu sein, doch für Hegel drückt sich darin nur das Zutrauen aus (welches er teilt), daß wir Modernen bei dieser Praxis besser abschneiden als unsere Vorfahren, und zwar nicht deswegen, weil wir schließlich in das ewige Land der wahren normativen Richtigkeit hineingestolpert wären.

Um das Gesagte noch einmal kurz zusammenzufassen: Alle Behauptungen, die ich formuliert habe, schließen sehr

42 Das Paradigma ist wiederum die *Phänomenologie des Geistes* und die dortige Unterscheidung zwischen dem, was die Erfahrung der *Phänomenologie* »für« das Bewußtsein und »für uns« Beobachter und dem, was »wir« verstehen, bedeutet. Siehe Pippin, »The ›logic of experience‹ as ›absolute knowledge‹ in Hegel's *Phenomenology of Spirit*«.

kontroverse Interpretationen Hegels und ehrgeizige philosophische Behauptungen ein, deren Klärung und Verteidigung vieler Bücher bedürfte: daß die Philosophie eine historisch diagnostische Aufgabe hat, daß diese Aufgabe das »Begreifen« der Vernünftigkeit normativer Praktiken zu einer bestimmten Zeit ist, daß die zentrale, die Hauptnorm in einem solchen Ansatz das Streben nach Freiheit beinhaltet und er daher eine Geschichte der Versuche, die Freiheit zu verwirklichen, umfaßt, daß es gesellschaftliche Bedingungen – öffentliche, institutionelle Errungenschaften – gibt, die für eine solche Verwirklichung notwendig sind, daß diese letzten Bedingungen das Erreichen eines Status wechselseitiger Anerkennung einschließen, daß die Vernünftigkeit, auf der diese Wechselseitigkeit beruht, als eine historische soziale Praxis praktischer Rechtfertigung zu verstehen ist.

Wir benötigten ein Bild des »Hegelschen Projekts«, wie kontrovers, wie vorläufig, wie abstrakt und unvollständig es auch sein mochte, um das folgende zu verstehen, und ich hoffe, daß es hinreichend ist. Das größere Bild ist notwendig, weil in Hegels Theorie der Kunst so viele Elemente mitspielen. Denn meine Absicht ist, Hegel zu folgen und Kunstwerke als Elemente eines solchen kollektiven Versuchs der Selbsterkenntnis im Verlauf der Geschichte zu sehen, und diese Selbsterkenntnis als wesentliches Element im Ringen um die Verwirklichung von Freiheit, wobei Freiheit in einem identifikatorischen, expressivistischen Sinne verstanden wird, als abhängig von einer bestimmten, kollektiv errungenen Form der Rationalität, die eine nicht-entfremdete Beziehung zu Handlungen ermöglicht, wie es das Ideal fordert. Das Regime der Kunst, seine Produktion und seine Rezeption, schließt einen entscheidenden Aspekt dieses Ringens – in vielerlei Hinsicht *den* in der Moderne entscheidenden Aspekt – mit ein: das richtige Begreifen unseres Status als natürliche Wesen, die als solche natürlichen Geschöpfe fähig sind, in ihren Handlungen und sinnlichen Kunstwerken Bedeutung zu verkörpern. Kunstwerke werden in einer Gemeinschaft zu einer bestimmten Zeit hervorgebracht. Diese Gemeinschaft muß so verstanden werden, daß sie Freiheit in einem gewissen Maß verwirklicht und damit ein gewisses Maß an Selbstverständnis errungen hat, das für vernünftige gesellschaftliche Beziehungen notwendig ist; und Kunstwerke müssen als unverzichtbare Komponenten dieser Errungenschaft verstanden werden. Besonders Gemälde (nach Hegel eine echte schöne Kunst erst in der Moderne) setzen eine bestimmte Beziehung zum Betrachter voraus, die ein kollektives Verständnis der gesellschaftlichen Beziehungen im allgemeinen widerspiegeln muß (im Kern für Hegel ein Ringen um Anerkennung), und sie implizieren durch ihre bloße Existenz eine Annahme über ihre mögliche Bedeutung (die Gemeinsamkeit solcher verkörperter sinnlicher Bedeutung), ihre Bedeutsamkeit und ihre Wichtigkeit für ein kollektives Selbstverständnis.

Es gibt keinen Grund, und schon gar keinen apriorischen Grund, anzunehmen, daß diese elaborierte Interpretationsstruktur für das Verständnis von Bildkunstwerken von Nutzen sein könnte, die nicht nur erst nach Hegel, sondern auch nach einem Bruch, nach einer schwerwiegenden Diskontinuität in der Geschichte der Kunst hervorgebracht worden sind, denn so pflegt man die moderne Kunst zu charakterisieren (der Zyklus von »Manet zur abstrakten amerikanischen expressionistischen Kunst«). Es gibt auch keinen Grund anzunehmen, daß Hegels Ansatz fruchtbarer ist als damit konkurrierende Ansätze zur Erschließung der philosophischen Bedeutung der Bildkunst wie der Heideggers. Aufgabe des folgenden Textes wird sein, die Richtigkeit dieser Behauptungen zu erweisen.

Kapitel 2

Philosophie und Malerei: Hegel und Manet

… vous n'êtes que le premier dans la décrepitude de votre art.[1]

Baudelaire, *Brief an Manet vom 11. Mai 1865*[2]

I

Im Jahr 1863 löste der französische Maler Édouard Manet einen öffentlichen Skandal aus, als er im Salon des Refusés sein großes Gemälde *Frühstück im Grünen* ausstellte. Noch gewaltiger war der Skandal, als er zwei Jahre später im Pariser Salon die aufsehenerregende *Olympia* präsentierte (Farbtafel 1 und 2). Art und Grund des dadurch ausgelösten Streits sind von renommierten Kunsthistorikern mehrfach und unter verschiedenen Gesichtspunkten dargestellt worden. Im nachhinein herrschte bei vielen (wenn auch sicher nicht bei allen) Wissenschaftlern der Eindruck vor, daß in der Geschichte der Malerei mit Manet etwas vorher nicht Dagewesenes und Revolutionäres begonnen hatte, eine Entwicklung, in deren Verlauf schließlich alle Künste zu einer Bewegung oder einer Epoche verschmolzen, die man dann als »Moderne« bezeichnete. (Bei genauerer Untersuchung beginnt die Geschichte der

1 »Sie sind nur der Erste in dem Zerfall Ihrer Kunst.« In: Charles Baudelaire, *Sämtliche Werke*, München 1985, Bd. 8, S. 85.

2 Vgl. Frieds Erörterung der Beziehung zwischen Baudelaire und Manet in *Manet's Modernism, or the Face of Painting in the 1860s*, Chicago 1996, S. 164-168.

modernen Malerei allerdings bereits mit der Reaktion auf das Rokoko um 1750 und wird unter der Wucht des Impressionismus in den siebziger Jahren des 19. Jahrhunderts richtig explosiv. Doch das ist eine lange Geschichte, und kaum jemand wird bestreiten, daß es sich in jedem Fall bei Manet um eine zentrale Figur handelt.)[3] Ob man nun viel auf derartige Klassifizierungen gibt oder nicht, Inszenierung, Technik und etwas, was man als Stimmung oder Ton bezeichnen könnte, sind in jedem der beiden genannten Bilder so merkwürdig, daß etwas Unheimliches und noch nicht Dagewesenes vor sich zu gehen scheint, etwas, das das Malen selbst betrifft und eine Herausforderung an das Malen und konventionelle Bedeutungen in der Staffeleimalerei darzustellen scheint. Die normale sinnliche Wahrnehmung und das repräsentationale Verstehen werden nicht so intensiviert, wie wir das von einem großen Kunstwerk erwarten, vielmehr wird beides aus Gründen, die zur damaligen Zeit fast niemandem klar waren, gestört und auf die Probe gestellt.[4] Die Herausforderung wird in den erschreckten Blicken der beiden Frauen verblüffend deut-

---

3 Viele verschiedene Wissenschaftler haben die These der zentralen Bedeutung Manets vertreten. Vgl. hierzu die Zitate am Anfang des folgenden Kapitels. Fried hat in *Manet's Modernism* ein überzeugendes Argument zum Verhältnis zwischen Courbet, Manet und den Impressionisten hinsichtlich der Herausbildung der Moderne (oder der »formalistischen Moderne«) vorgelegt: sie waren alle zusammen für ihre Herausbildung nötig – was von ihm als »komplexe rekursive, dreiteilige scharnierähnliche Struktur« bezeichnet wird.

4 Siehe Arnold Gehlens Bemerkung von 1960, daß Künstler »Anschauungen« zu produzieren scheinen, für die es keine »Begriffe« gibt, was sich mit der zentralen Frage zur Beziehung zwischen Kant und Hegel verbinden läßt, der ich im folgenden nachgehen werde (*Zeitbilder*, S. 8). Auch in Gehlens Beschreibung seines eigenen Vorhabens hinsichtlich der Moderne klingt Hegel nach – im Begriff der »Bildrationalität«. Siehe auch ebd., S. 63-64, zur Frage der Wahrnehmung.

lich (Victorine Meurent, Manets Lieblingsmodell; Abb. 2.1 und 2.2). Blicke, die die Konvention des Illusionismus in der Malerei plötzlich zerstören (die Illusion, daß wir in einen dreidimensionalen Raum und nicht auf ein flaches, bemaltes Rechteck blicken), die sich in einer herausfordernden Konfrontation (als fragten sie: »Wonach schaust du bloß?«) an den Betrachter (des Bildes, nicht der Szene) zu wenden scheinen und damit auch das direkte Ansprechen des Betrachters durch das *Bild* zum Thema machen[5] sowie Fragen nach der Psychologie eines sinnvollen Betrachtens und nach dem Status gesellschaftlicher Konventionen aufwerfen, die für das Verständnis der Staffeleimalerei vorausgesetzt werden.[6] Es ist eine Art ursprünglicher Befragung, die Manet bereits in *Der alte Musikant* von 1862 (Abb. 2.3) sehr wirkungsvoll einsetzte und der auch andere Maler wie zum Beispiel Fantin-Latour in der *Hommage an Delacroix* nachgingen (wo fast jeder aus dem Bildrahmen heraus- und niemand zu Delacroix hinschaut; Abb. 2.4).

---

5 Damit wird die Frage angeschnitten, die das Zentrum von Frieds Interpretation in *Manet's Modernism* bildet – die »direkte Ansprache« des Bildes – und auf die ich im nächsten Kapitel ausführlich eingehen werde.

6 Nehamas bemerkt, daß Olympias Blick dem Blick des Betrachters nicht ganz direkt begegnet, ihre »Augen sind fast unmerklich zur Seite gerichtet und nicht direkt auf den Betrachter« (*Only a Promise of Happiness: The Place of Beauty in a World of Art*, Princeton 2007, S. 117). Er zieht daraus eine Reihe von Schlüssen über die Rolle der Photographie im Bild und ihre Beziehung zum Bild und fährt dann mit dem Hinweis fort, daß diese Anspielung (auf Olympia, die »photographiert wird«) erklären hilft, warum die narrative Kohärenz des Bildes *im Bild* scheitert. Ich gehe davon aus, daß es beim inszenierten Scheitern der narrativen Kohärenz um viel größere Fragen geht, und zwar um die Bedingungen gesellschaftlicher Subjektivität, die für eine wechselseitige Intelligibilität notwendig sind. (Mir ist auch unklar, was es heißen könnte, daß Manet »photographisch« malt, und – wenn das zuträfe – was das für die Hermeneutik bedeutete.)

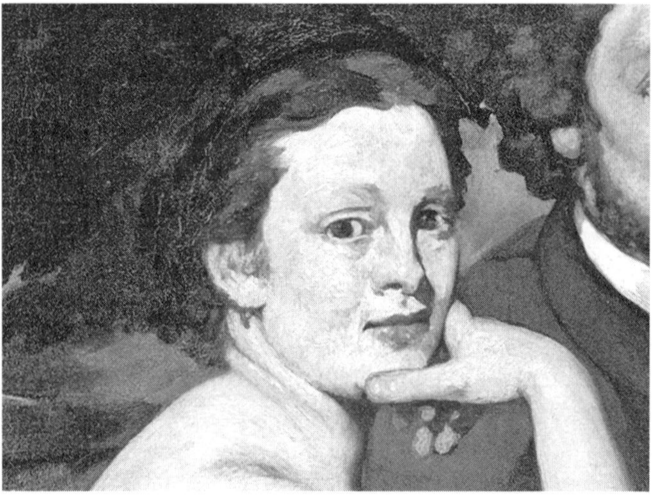

Abb. 2.1: Édouard Manet, *Frühstück im Grünen*, Detail (1863)

Ich bin weder Kunsthistoriker noch Kunstkritiker und will auch nicht so tun, als wäre ich einer; meine Aufmerksamkeit richtet sich jedoch aus einem bestimmten philosophischen Interesse auf Kunstwerke, insbesondere auf Werke der bildenden Kunst und auf die Bedeutung normativer Veränderungen in der bildenden Kunst. Dieses Interesse ist sehr eng mit einem Ansatz verknüpft, den Hegel in einer Vorlesungsreihe zur Ästhetik verwendete, die er in Berlin in den 1820er Jahren bei vier verschiedenen Gelegenheiten hielt. Wie im vorangehenden Kapitel dargestellt, war Hegel der Meinung, die Produktion oder »Entäußerung« unserer Ideen in Kunstwerken stelle eine bestimmte und bis vor gar nicht langer Zeit unverzichtbare Form der Selbsterkenntnis dar. Seine ungewöhnliche Formulierung lautet, daß der Mensch, verstanden als Geist, sich »verdoppeln« müsse, um sich in seinen Taten und Objekten selbst erfahren und verstehen zu können. (Und mit dieser Cha-

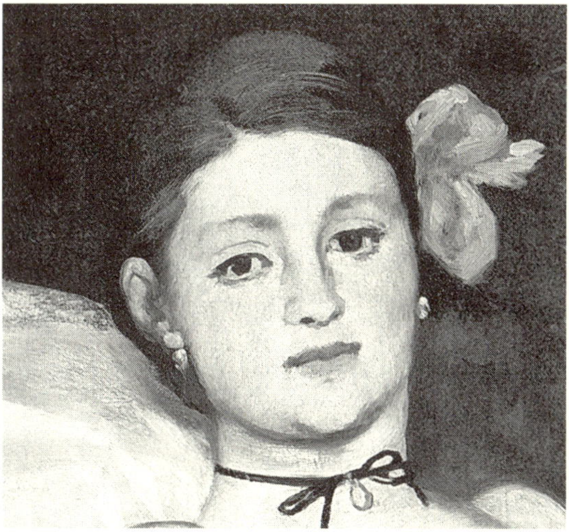

Abb. 2.2: Édouard Manet, *Olympia*, Detail (1863)

rakterisierung befinden wir uns bereits in unbekannten Gewässern; die Kunst verdoppelt die Realität nicht und imitiert sie auch nicht, sondern vielmehr verdoppelt der Geist sich selbst in der Kunst.) Das geschieht im Verlauf der Geschichte in einem ständigen und kontinuierlichen kollektiven Bemühen um Selbsterkenntnis,[7] einem Projekt, das man im Licht von miteinander verknüpften Bemühungen um eine solche Erkenntnis in der Religion, der Philosophie und auch in den sozialen und politischen Praktiken einer Zeit zu verstehen hat.[8]

7 Hegel meint das Wissen des Geistes um die Frage, was es heißt, Geist zu sein, und das heißt vor allem, was es heißt, auf Gründe zu reagieren, und also auch, in welchem Sinn und mit welcher rationalen Autorität wir Ansprüche aneinander stellen und Rechenschaft voneinander verlangen.

8 Cf. Hegels Bemerkung: »Das allgemeine und absolute Bedürfnis, aus dem die Kunst (nach ihrer formellen Seite) quillt, findet seinen Ursprung darin, daß der Mensch *denkendes* Bewußtsein ist, d.h. daß er,

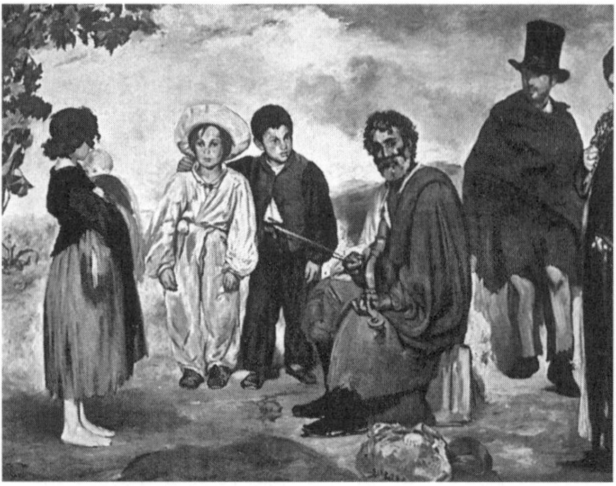

Abb. 2.3: Édouard Manet, *Der alte Musikant* (1862)

Obwohl Hegel sehr klar zwischen der begrifflichen Artikulierung dieser Selbsterkenntnis auf einem bestimmten philosophischen Niveau und der anschaulichen Repräsentation einer solchen Selbsterkenntnis in der Kunst unterschied, hatte seine Position auch Konsequenzen für die Betrachtung von Kunstwerken, und zwar nicht nur von Epen und großen Tragödien, sondern auch von Malerei, Plastik und musikalischen Werken, indem sie diese als begrenzte Formen von Philosophie und eng mit ihr verbunden, als eine historisch flektierte »Philosophie mit anderen Mitteln«, wie man sagen könnte, betrachtete. Oder anders formuliert: Die Kunst hatte für Hegel eine Art

---

was er ist und was er überhaupt ist, aus sich selbst für sich macht. Die Naturdinge sind nur *unmittelbar* und *einmal*, doch der Mensch als Geist *verdoppelt* sich, indem er zunächst wie die Naturdinge *ist*, sodann aber ebensosehr *für sich* ist, sich anschaut, sich vorstellt, denkt und nur durch dies tätige Fürsichsein Geist ist.« *Vorlesungen über die Ästhetik I*, S. 50 f.

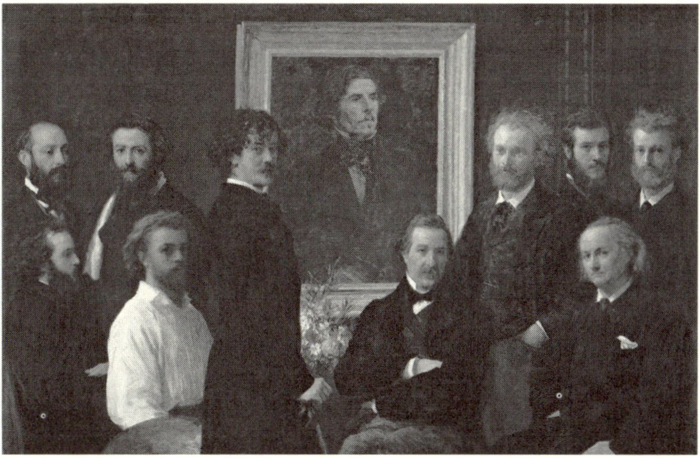

Abb. 2.4: Henri Fantin-Latour, *Hommage á Delacroix* (1864), Paris, Musée d'Orsay, Foto: bpk/RMN/Gérard Le Gall

philosophischer Tätigkeit zu erfüllen. Diese Tätigkeit war eine besondere Form des, wie er es nannte, »Herausarbeitens« von verschiedenen Formen des Selbstverständnisses mit Rücksicht auf ein grundlegendes Problem, das man damals als Frage des »Absoluten« zu bezeichnen begann, das »Subjekt-Objekt«-Problem. Die Anerkennung dieser großen Differenz bei gleichzeitiger Leugnung jedes metaphysischen Dualismus war der Heilige Gral der damaligen Zeit, und das Problem umfaßte alles, angefangen bei der Frage, wie Subjekte Objekte erkennen können, inwiefern man von materiellen Zuständen und Ereignissen, insbesondere von Kunstgegenständen und Körperbewegungen, sagen kann, sie besäßen Bedeutung (eine bereits durch die direkten Blicke Manets implizit gestellte Frage), bis hin zur Frage, wie vernunftbegabte Subjekte in Raum und Zeit auch materielle Objekte *sein* können.

Mithin scheint er schon früh daran beteiligt gewesen zu

sein, die Frage zu stellen, die im Hinblick auf Manet und die ganze Epoche offenkundig eine Hegelsche Frage ist: Kann man im Sinne Hegels etwas über die Art der Selbsterkenntnis sagen, die von der modernen, etwa eine Generation nach Hegels Tod 1831 verwirklichten Kunst hervorgebracht worden ist, etwas, das, wenn schon nicht dem Buchstaben nach, zumindest in einem weiteren Sinn mit dem Geist von Hegels Theorie des »Absoluten« übereinstimmt? Könnte die sehr abstrakte Problematik, ein Erbe von Kants dritter Antinomie, Schillers *Briefen*, Schellings *System* von 1800 und Schlegels Reflexionen über die Ironie und das »Unendliche«, von Nutzen sein, um die Werke der urbanen französischen Kultur im Paris der Mitte des neunzehnten Jahrhunderts zu verstehen? Zweifellos zeigte Hegel, daß er seinen theoretischen Rahmen in ungewöhnlichen ästhetischen Kontexten auf brillante Weise nutzen konnte. Wenn zum Beispiel die klassischen attischen Tragödien wirklich das *bedeuteten*, was Hegel von ihnen behauptete, daß nämlich in den wichtigsten Institutionen der damaligen Gesellschaft eine große Krise aufgetreten war, die nicht gelöst werden konnte, daß einander widersprechende Rechtfertigungen des Handelns irgendwie alle *richtig* geworden waren, was sagt das entsprechend über jene Gesellschaften aus, in denen Maler beginnen, Bilder zu malen, deren Objekte sich im Lauf der Zeit, über Generationen hinweg, zu entmaterialisieren scheinen?[9] Zuerst sind sie bloße Sinneseindrücke, dann Gelegenheit zur

9 Ein sehr hellsichtiger Kommentar dazu findet sich in Schellings Vorlesungen zur *Philosophie der Kunst* von 1802/1803: »Das Material löst sich allmählich ins Ideale aus: – in der Malerei schon ins relative-Ideale, in dem Licht, in der Musik, und dann noch mehr in Rede und Poesie in das wahrhaft Ideale, in die vollkommene Erscheinung des absoluten Erkenntnisaktes.« *Philosophie der Kunst*, S. 457.

artistischen und häufig elaborierten geometrischen Rekonstruktion, und schließlich fehlen sie in völlig gegenstandslosen Experimenten ganz. Was sagt das über eine Gesellschaft aus, die selbstbezügliche und ironische literarische Werke hervorbringt, eine Kunstmusik ohne traditionelle Harmonie und schließlich eine Architektur, in der die Architektur einfach nur »Struktur« ist?[10] Ist es plausibel, den normativen Wandel in der Kunstpraxis zu verstehen zu suchen, indem man die Veränderungen im Rahmen eines umfassenden gesellschaftlichen, religiösen und philosophischen Wandels versteht? Könnte ein solcher Ansatz der entschieden ästhetischen Bedeutung dieser Innovationen gerecht werden oder grenzt das bereits an eine Art thematischen Reduktionismus?

II

Es gibt viel Anlaß zu Skepsis hinsichtlich der Frage, ob sich aus diesem Versuch, Hegel in die Zukunft zu projizieren, etwas von Wert ergeben könnte.[11] Schließlich hat

10 Jedes Narrativ zur Moderne, selbst eines, das die inzwischen konventionelle Periodisierung Manet – abstrakter Expressionismus akzeptiert, ist zwangsläufig extrem kontrovers. Schon die Vorstellung von einem Narrativ einer kunsthistorischen Bewegung ist kontrovers, gar nicht zu reden von den Einzelheiten. Und meine Frage lautet gewiß nicht: Was hätte der historische Hegel eigentlich zur Kunst des neunzehnten Jahrhunderts gesagt? Das ist eine Frage, die sich nicht beantworten läßt, auch wenn sehr wahrscheinlich ist, daß er entsetzt gewesen wäre. (Seine Malerhelden waren Raffael, Tizian und die modernen holländischen Maler.) Ich will lediglich fragen, ob in dem bahnbrechenden Ansatz Hegels, mit dem er seine Epoche zu verstehen suchte, etwas von Wert enthalten war.

11 Trotz der überzeugenden Versuche Dieter Henrichs dazu, und auch wenn er für strenge Grenzen bei einer solchen Möglichkeit plä-

jeder, der überhaupt etwas von Hegel weiß, wahrscheinlich zweierlei über ihn gehört: zum einen, daß Philosophie ihre eigene Zeit in Gedanken gefaßt sei, und zum anderen eine Zusammenfassung der folgenden Bemerkungen:

> In allen diesen Beziehungen ist und bleibt die Kunst nach der Seite ihrer höchsten Bestimmung für uns ein Vergangenes. Damit hat sie für uns auch die echte Wahrheit und Lebendigkeit verloren und ist mehr in unsere *Vorstellung* verlegt, als daß sie in der Wirklichkeit ihre frühere Notwendigkeit behauptete und ihren höheren Platz einnähme. Was durch Kunstwerke jetzt in uns erregt wird, ist außer dem unmittelbaren Genuß zugleich unser Urteil, indem wir den Inhalt, die Darstellungsmittel des Kunstwerks und die Angemessenheit und Unangemessenheit beider unserer denkenden Betrachtung unterwerfen. Die *Wissenschaft* der Kunst ist darum in unserer Zeit noch viel mehr Bedürfnis als zu den Zeiten, in welchen die Kunst für sich

---

diert. Siehe Henrich (Hg.), *Subjektivität und Metaphysik. Festschrift für Wolfgang Cramer*, Frankfurt/M.,1966, ders., »Formen der Negation Hegels Logik«, in: Hegel-Jahrbuch 1974, S. 245-256, ders., *Versuch über Kunst und Leben. Subjektivität – Weltverstehen – Kunst*, München 2001, ders., *Fixpunkte. Abhandlungen und Essays zur Theorie der Kunst*, Frankfurt/M. 2003, ders., »Subjektivität und Kunst«, in: Gottfried Boehm, Gerhard Seel (Hg.), *End of Art – Endings of Art*, Basel 2006, S. 61-91, ders., »The Contemporary Significance of Classical German Aesthetics, eine Diskussion mit Arthur Danto«, in: *Internationales Jahrbuch des Deutschen Idealismus* 4 (2006), S. 21-56.

Interessant ist Rutters Behauptung (*Hegel on the Modern Arts*), daß die holländische Kunst des siebzehnten Jahrhunderts, die Hegel so sehr bewunderte, ein weiteres Beispiel für eine möglicherweise nachromantische Kunst sein könnte, die Hegel als Kunst anerkennen würde, und er versucht, Hegel gegen Henrichs Behauptung von Hegels »biedermeierlichem« Geschmack zu verteidigen, siehe S. 78 ff. Ebenfalls unverzichtbar sind die Arbeiten von Donougho, »Hegel's Art of Memory«, ders., »Must It Be Abstract? Hegel, Pippin, and Clark«, in: *Bulletin of the Hegel Society of Great Britain*, Bd. 55/56, S. 87-106, ders., »Art and History: Hegel on the End, the Beginning, and the Future of Art«, in: Stephen Houlgate (Hg.), *Hegel and the Arts*, Evanston 2007, S. 179-243.

> als Kunst schon volle Befriedigung gewährte. Die Kunst lädt uns zur denkenden Betrachtung ein, und zwar nicht zu dem Zwecke, Kunst wieder hervorzurufen, sondern, was die Kunst sei, wissenschaftlich zu erkennen.[12]

Betrachtet man die Geschichte der modernen Kunst nach Hegel, dann wirken seine Bemerkungen einerseits seltsam prophetisch, andererseits aber doch auch eindeutig vorschnell. Der pessimistische Ton seiner Bemerkungen scheint einfach naheliegend zu sein, ist es doch eine triviale Wahrheit, daß die schönen Künste für »uns« nicht in derselben Weise wichtig sind, wie sie es in den Festspielen der Dionysien im klassischen Athen oder in religiösen Praktiken oder in den Träumen der Frühromantik waren. Und Hegel hatte nicht einmal an zwei weitere Gefahren für die Vitalität und Autonomie der Kunst gedacht: daß eine Kunst erwerbende Schicht bürgerlicher Müßiggänger zum wichtigsten Förderer der Künste werden würde und wie radikal die Massenkonsumgesellschaften die Bedingungen für die Produktion und Wertschätzung von Kunst verändern würden. Auf der anderen Seite ist jedoch die revolutionäre Vitalität des modernen Moments und die fortbestehende Vitalität von Kunstformen wie Film und Photographie Beweis genug dafür, daß Kunst nicht zu etwas Vergangenem geworden ist.

Wie dem auch sei, hier können wir das Einfallstor erkennen, das uns den Weg zu einer Antwort auf die He-

12 Hegel, *Vorlesungen über die Ästhetik I*, S. 25-26. Eine weitere oft zitierte Passage lautet: »Dadurch erhalten wir als Endpunkt des Romantischen überhaupt die Zufälligkeit des Äußeren wie des Inneren und ein Auseinanderfallen dieser Seiten, durch welches die Kunst selbst sich aufhebt und die Notwendigkeit für das Bewußtsein zeigt, sich höhere Formen, als die Kunst sie zu bieten imstande ist, für das Erfassen des Wahren zu erwerben.« Hegel, *Vorlesungen über die Ästhetik II*, S. 142.

gelsche Frage nach der modernen Kunst eröffnet, wenn wir uns daran erinnern, daß die Behauptung ihres Endes in Hegels Büchern und Vorlesungen nicht isoliert dasteht. Schließlich ist Hegel auch nicht der Meinung, es gelte für die Philosophie noch eine welthistorische Aufgabe zu erfüllen; ihr Inhalt ist zugleich ihre Vergangenheit, die jetzt in einem umfassenden philosophischen System richtig verstanden wird. In der Religion gibt es ebenfalls keine welthistorischen Entwicklungen mehr jenseits des doktrinal dünnen, humanistischen Protestantismus, für den Hegel eine Vorliebe hatte. Und die Institutionen der modernen »Sittlichkeit«, die Unterscheidung zwischen Staat und bürgerlicher Gesellschaft sowie die grundlegenden Strukturen der modernen bürgerlichen Gesellschaft repräsentieren für ihn insgesamt das Erreichen versöhnter Beziehungen in einem Zustand echter wechselseitiger Anerkennung.[13] Das heißt, Hegel glaubt an die Endgültigkeit der Leistung der romantischen Kunst, *weil* er von allen anderen genannten Behauptungen ebenfalls überzeugt ist und nicht aufgrund eines bestimmten Merkmals der spätromantischen Kunst, das eine solche eingeschränkte Bedeutung erforderlich macht. (Hegel zufolge inszeniert die spätromantische Kunst, wie sehr sie auch immer Selbsttranszendenz der Kunst sein mag, als Kunst immer noch Transzendenz.) Paradigmatisch geht er davon aus, daß die grundlegende Struktur der modernen Gesellschaft zumindest in ihrem anfänglichen Verlauf vernünftig war. Schon die romanti-

13 Hegel war auch nicht der einzige Zeitgenosse von Bedeutung, der die Meinung vertrat, es gebe eine Verbindung zwischen der Art von Gesellschaft, in der man lebt, und der Qualität der Kunst, die hervorgebracht werden kann, daß die erstere eine Art Bedingung für das letztere sei. Beide Schlegels, besonders Friedrich, waren hinsichtlich der Implikationen einer solchen Abhängigkeit pessimistisch.

sche Kunst hatte den Sachverhalt verkörpert, daß wir uns von unserer natürlichen Heimat »befreit« und eine neue geschaffen haben. Die moderne Gestalt des Geistes war eine Welt der verwirklichten Freiheit oder versöhnter gesellschaftlicher Beziehungen von Personen, die frei sind, weil sie in einer Beziehung zueinander stehen, in der die wechselseitige Anerkennung zumindest institutionell gesichert ist. Wir haben eine Form des Selbstverständnisses und des Verständnisses anderer erreicht, wo nichts Substantielles mehr »herausgearbeitet« werden muß, wo in der Art, wie wir Ansprüche aneinander und an die Welt erheben, kein Rest einer fundamentalen Irrationalität mehr vorhanden ist.

Mit einem Wort – und ich setze einfach voraus, daß das nicht weiter begründet werden muß –: dies alles ist als Behauptung über die europäische Moderne im ersten Drittel des neunzehnten Jahrhunderts einfach falsch, und falsch heißt, daß das *spezifische* Mißlingen und das teilweise Gelingen des modernen Versuchs einer Verwirklichung der Freiheit *immer noch*, im Sinne Hegels, nach einem Versuch zu verstehen der eben genannten Art verlangt: einer objektiven Verkörperung und Selbsterkenntnis oder der Welt der Kunst. Das wäre sowohl eine Verkörperung von noch ungelösten Dualitäten (erforderliche, doch inkompatible Überzeugungen, könnte man verkürzt sagen) als auch von einer Vorahnung ihrer Überwindung, aber in einer ästhetischen »Form«, die auf eine durch Hegel begrifflich nicht angemessen erfaßte historische Situation antwortet. Mit anderen Worten: Es sollte uns nicht allzusehr überraschen, wenn zwischen Hegels Theorie unserer sinnstiftenden Praktiken hinsichtlich der Erzeugnisse des Geistes (menschliches Tun und von Menschen erzeugte Objekte) und seiner Theorie der bestimmten Art von Intelligibilität, die ästhetische Objekte verlangen, eine Verbindung besteht. Und da der Kern dieser allgemeinen Theorie eine soziale Theorie der Bedeutung einschließt (der Bedeutung intentionalen Handelns zum Beispiel), ist es ebenfalls nicht überraschend, wenn diese Theorie auch für die sozialen Dimensionen ästhetischer Bedeutung relevant wird, besonders hinsichtlich der *Beziehung zum Betrachter* – die in der bildenden Kunst zu verschiedenen Zeiten unterschiedlich gesehen wurde –, hinsichtlich der Deutungsmöglichkeit von *in Bildern dargestellten menschlichen Handlungen* und hinsichtlich des Kunstwerks selbst, das als Ergebnis eines Handelns des Malers aufgefaßt wird. Und alles dies ist nur historisch flektiert, für ein bestimmtes Gemeinwesen zu einer bestimmten Zeit von Bedeutung. Daher lautet meine Hypothese: Wenn man das Fortdauern von miteinander in Konflikt stehenden Überzeugungen im intellektuellen, kulturellen und politischen Leben der rasch sich modernisierenden europäischen Gesellschaften verstehen kann, Überzeugungen, die Hegel überwunden glaubte, dann wird man besser imstande sein, das mit Manet beginnende ästhetische Experiment zu begreifen. Hegel könnte also mit anderen Worten die Ressourcen für eine Analyse der Moderne ebenso erschlossen haben wie einen Weg, um ihre Beziehung zum Problem der Selbsterkenntnis zu verstehen, ohne das Potential (und die Grenzen) seines eigenen Ansatzes verstanden zu haben.

Gewiß weisen diese Ausführungen lediglich auf die theoretischen Ressourcen hin, und mehrere Bücher wären nötig, um das alles ausführlich darzulegen.[14] Doch

14 Zwei Versuche in dieser Absicht: Pippin, *Hegel's Idealism*, und ders., *Hegel's Practical Philosophy: Rational Agency as Ethical Life*, Cambridge 2008.

der Kern der Sache, die zentrale Behauptung von Hegels Idealismus, nimmt in ihrer Formulierung bereits die Frage nach den Bedingungen für eine mögliche Intelligibilität der schönen Künste im allgemeinen und angesichts des zunehmenden Drucks, den die moderne Kunst auf die begriffliche Artikulierung oder auf das, was wir jetzt als Kritik bezeichnen, ausübt, auch für die moderne Kunst im besonderen vorweg. Es handelt sich um das im vorangehenden Kapitel eingeführte elementare Problem. Die zentrale Behauptung erfordert sowohl die Unterscheidbarkeit als auch, radikaler, die Untrennbarkeit von Begriff und Anschauung in der Erfahrung und entsprechend eine Form von praktischer Gesinntheit, von Intentionen und körperlicher Bewegung *im* Handeln. Hegel bestritt, daß die grundlegenden Vermögen, die wir brauchen, um zu verstehen, was wir erfahren und was wir tun, aktive und passive Vermögen, sich mit den Begriffen Spontaneität und Rezeptivität decken. Er behauptete insbesondere, daß jede Passivität bereits durch eine spontane Diskriminierung bestimmt ist. Diese Behauptung erforderte eine umfassende nochmalige Überprüfung der Möglichkeit von Intelligibilität in Erfahrung und Handlung überhaupt – was nach meinem Verständnis Hegels großes Projekt ist –, und sie enthielt einen wichtigen Widerspruch zu den ursprünglichen Argumenten Kants (auch wenn Hegel ungeheuer stark von ihm beeinflußt war) hinsichtlich der Frage, wie das Denken die Sinnlichkeit beeinflussen kann und wie das Denken in Körperbewegungen, die wir als zuschreibbare Handlungen ansehen, sein beziehungsweise in ihnen am Werk sein könnte. Ästhetisch gesprochen erfordert diese Position von Hegel eine Ablehnung der rationalistischen, klassizistischen und perfektionistischen Ästhetik (in der »trennbare« Ideale in der sinnlichen Erfahrung zwar irgendwie als angenehm, aber bloß vage angedeutet werden), der empiristischen Ästhetik (wo das sinnliche Wohlgefallen als ein unmittelbar reaktives Phänomen angesehen wird) und von Kants und Schillers Ästhetik, in der die Harmonie oder das freie Spiel der Vermögen eine Zweckmäßigkeit andeutet, die nicht begrifflich bestimmt wiedergegeben werden kann. Wie wir bereits im vorherigen Kapitel bemerkten, verbindet diese Position die Intelligibilität von Kunstwerken mit der Intelligibilität von Körperbewegungen, die wir Handlungen nennen, wobei erfolgreich zirkulierende gesellschaftliche Normen notwendig sind, um Inhalt und Zuschreibbarkeit der Handlungen festzulegen. Also wird eine Frage, die in unserer kontrafaktischen Erkundung eines möglichen Hegelschen Ansatzes zum Verständnis von Manet auftaucht, die Frage sein, wie ein solches Erfordernis »aussieht«, wenn die Normen in sich zusammenfallen und ihren Einfluß verlieren.

III

Damit wollen wir zu der erstaunlichen Behauptung zurückkehren, Kunst sei für uns »ein Vergangenes« geworden, das seine Funktion für uns nicht mehr mit derselben Kraft und Bedeutung erfüllen könne, wie das früher einmal der Fall war. Selbstverständlich meinte Hegel mit seiner Behauptung nicht, daß keine Kunst mehr hervorgebracht würde oder daß sie irgendwie diskreditiert sei wie die Astrologie oder die Alchimie oder daß sie wie eine primitive Version von Philosophie erscheine.[15] Um zu verste-

15 Zum Beispiel: »Man kann wohl hoffen, daß die Kunst immer mehr steigen und sich vollenden werde, aber ihre Form hat

hen, was er wirklich meint, müssen wir uns daran erinnern, daß Hegel in seiner Behandlung der Kunst diverser Epochen schon in allen *Vorlesungen* traditionelle ästhetische Kategorien weitgehend vermeidet. Wenn er zum Beispiel den Begriff »wahre Schönheit« diskutiert, sagt er so unübliche Dinge wie: »Je vortrefflicher in diesem Sinne die Kunstwerke werden, von desto tieferer innerer Wahrheit ist auch ihr Inhalt und Gedanke.«[16] Das ist keine Form von »Klassizismus«, weil Hegel Kunstwerke nicht als Repräsentationen eines unabhängigen, objektiven Ideals, einer »Wahrheit« im gewöhnlichen Sinn sieht, sondern als Vehikel für die praktische Verwirklichung der relevanten Wahrheit in einem spekulativen Sinn. Das hängt teilweise mit seiner Überzeugung vom besonderen logischen Status der Selbsterkenntnis zusammen, auch auf einer kollektiven oder kulturellen Ebene. Und darin liegt eine weitere entscheidende theoretische Voraussetzung seiner *Vorlesungen*, die eine – wenn auch leider allzu kurze – Erläuterung erfordert. Die Selbsterkenntnis, einerlei ob kollektiv oder individuell, faßt ein Objekt nicht im gewöhnlichen intentionalen Sinn auf. Wofür wir uns halten, ist zugleich ein Bekenntnis oder eine Verpflichtung, ein Versprechen, das wir halten wollen, und nicht einfach eine Selbst-Anerkenntnisnahme. Selbsterkenntnis ist selbstkonstituierend, wie Hegel meint, da wir gemeinsam darum kämpfen, tatsächlich die zu werden, für die wir uns selbst halten.[17]

---

aufgehört, das höchste Bedürfnis des Geistes zu sein.« Hegel, *Vorlesungen über die Ästhetik I*, S. 142.

16 Ebd., S. 105.

17 Die Tatsache, daß Hegel von der allmählichen »Verwirklichung« der Wahrheit spricht, ist ein weiterer Gegenstand, der ein eigenes Buch verdient hätte. Eine typische Formulierung lautet: »Uns gilt die Kunst nicht mehr als die höchste Weise, in welcher die Wahrheit sich Existenz verschafft.« Ebd., S. 141.

Dieses Merkmal der Selbsterkenntnis hat noch eine wichtigere Implikation. Ich zitiere im folgenden den Passus, in dem Hegel sich mit den allerdeutlichsten Worten vom traditionellen Klassizismus absetzt. Er diskutiert die klassische Kunst, naturgemäß die beliebteste Epoche für klassizistische Theorien, und macht eine Bemerkung dazu, auf welche Weise die klassische Kunst die Wahrheit offenbarte. Das hier Gesagte ist *ungemein* wichtig, denn er macht hier nicht nur den Unterschied zwischen seiner Position und dem traditionellen Klassizismus deutlich, sondern er stützt sich bei seinem Verständnis der expressiven und »aktualisierenden« Funktion von Kunstwerken auch auf dieselbe logische Struktur wie bei seiner Auffassung von der Beziehung zwischen subjektiver Gesinntheit und Tat, eine Verbindung, die, wie wir bald sehen werden, für seinen Ansatz entscheidend und mit dem oben als idealistisches Problem des »Absoluten« beschriebenen Problem verknüpft ist. Hier folgt der entscheidende, bereits im vorhergehenden Kapitel zitierte Abschnitt:

> Und zwar nicht in der Art, daß diese Vorstellungen und Lehren bereits *vor* der Poesie in abstrakter Weise des Bewußtseins als allgemeine religiöse Sätze und Bestimmungen des Denkens vorhanden gewesen und von den Künstlern sodann erst in Bilder eingekleidet und mit dem Schmuck der Dichtung äußerlich umgeben worden wären, sondern die Weise des künstlerischen Produzierens war die, daß jene Dichter, was in ihnen gärte, *nur* in dieser Form der Kunst und Poesie herauszuarbeiten vermochten.[18]

Über die interessante Formulierung »herauszuarbeiten« wäre sehr viel mehr zu sagen. Zum einen macht Hegels Redeweise deutlich, warum er denkt, daß die Entäußerung

---

18 Ebd.

unserer Vorstellungen über uns selbst in Kunstwerken essentiell ist und keine bloße Veranschaulichung. Wir kennen kein bestimmtes oder »lebendiges« Detail, in dem wir uns selbst sehen, außer *in* einer derartigen Entäußerung. Wie er sagt, gibt es keine »Ideen« oder »Lehren« vor der Kunst, es gibt sie (zuerst) nur *in* der Kunst. Wie eben bemerkt, ist diese Erkenntnis im Fall individueller Selbsterkenntnis inhärent eine der ersten und nicht der dritten Person und sie *konstituiert das Selbst*, sie kann keine bloße Selbstentdekkung und kein Selbstbericht sein. In jeder Selbsterkenntnis in einem signifikanten Sinn, jenseits eines Berichts empirischer Fakten, *sind* wir in einem für unsere praktische Identität relevanten Sinn (»was ich bin« ist ein praktizierender Christ, ein Atheist, ein politischer Liberaler, ein hingebungsvoller Vater), zumindest in einem vorläufigen Sinn das, *wofür wir uns selbst halten.* Ich sage »in einem vorläufigen Sinn«, weil Hegel diesem Begriff der Selbstkonstituierung die Behauptung hinzufügt, daß solche Bekenntnisse nur dann wirklich sind, wenn sie zu einer bestimmten Zeit in der Welt verwirklicht werden. Er stimmt mit Goethe darin überein, daß »im Anfang die Tat« war, daß die Tat der Maßstab für Authentizität und den wahren Gehalt der Überzeugungen eines Subjekts ist. Diesem Bild der Selbsterkenntnis fügt Hegel auch die umstrittene Behauptung hinzu, daß unsere *kollektive* Identität, der *Geist*, sich von der bloßen Summe solcher individueller Bekenntnisse unterscheidet und keine Funktion davon ist. Das Allgemeine und das Individuelle sind für ihn bekanntlich dialektisch miteinander verwoben, und dieses gemeinsame Projekt ist derselben Logik unterworfen. Das heißt, jede individuelle, sich selbst konstituierende Identität ist nur innerhalb des fortgesetzten Bemühens um eine gemeinsam erreichte Selbsterkenntnis und damit Selbstverwirklichung möglich.

Und das umfassendste Projekt einer gemeinsam verwirklichten Selbsterkenntnis, das hier zur Debatte steht, ist die Moderne. Dieser Punkt wäre noch sehr viel ausführlicher darzustellen, doch wir werden ohnehin mehrfach darauf zurückkommen, da es sich dabei um den wichtigsten Beitrag Hegels handelt.[19]

Zum zweiten: Wenn Hegel bemerkt, daß die Kunst »uns [in unserer Zeit] zur denkenden Betrachtung ein[lädt], und zwar nicht zu dem Zwecke, Kunst wieder hervorzurufen, sondern, was die Kunst sei, wissenschaftlich zu erkennen«,[20] dann untergräbt er damit nicht nur seinen eigenen eng umgrenzten Ansatz zur Würdigung der Kunst, die ihrem Wesen nach unmittelbar und affektiv ist, sondern man könnte das auch leicht so verstehen, als führe er die Möglichkeit einer anderen *Form von Kunst* ein, die dieser neuen Erwartung gerecht wird und nicht lediglich unsere unterschiedlichen Erwartungen und Bedürfnisse aufführt, eine Kunst, die explizit selbstreflexiv ist, so wie man sie mit Manet beginnen sieht, eine Kunst, die vom Betrachter eine *interpretierende Befragung in einer neuen Qualität* verlangt. (Eine solche Befragung von einer neuen Qualität, wie zum Beispiel Manet sie fordert, ist das Ziel unserer Untersuchung, nun bestimmter gefaßt mit Hilfe der Begriffe vorläufiges Selbst-Bekenntnis, Entäußerung und Verwirklichung.) Das wird in vielen reichhaltigen, aber nicht richtig ausgearbeiteten Behauptungen wie der folgenden angedeutet: »In dieser Weise ist die romantische Kunst das Hinausgehen der Kunst über sich selbst, doch innerhalb ihres eigenen

19 Vgl. meine Erörterung in Robert Pippin, »The Absence of Aesthetics in Hegel's Aesthetics«, in: Frederick C. Beiser (Hg.), *The Cambridge Companion to Hegel and Nineteenth Century Philosophy*, Cambridge 2008, S. 394-418.

20 Hegel, *Vorlesungen über die Ästhetik I*, S. 26.

Gebiets und in Form der Kunst selber«,[21] und ebenso in seiner Behauptung, daß die Kunst jetzt »für uns« eine Philosophie der Kunst fordert, eine »wissenschaftliche Behandlung«, und nicht so sehr ein bestimmtes ästhetisches, sinnliches Wohlgefallen.

Überdies bemerkt Hegel auch, daß der moderne Künstler (womit er vor allem die spätromantische Kunst meint) sich in einer Situation befindet, in der er von der Last der Abhängigkeit von einer überlieferten nationalen oder künstlerischen Tradition befreit ist. Es gibt weder in dem einen noch in dem anderen Sinn irgend etwas, was der Künstler aufgreifen *muß* bei Strafe des Herausfallens aus der allgemein anerkannten Norm, der Kunst. So bemerkt Hegel in seinen Vorlesungen häufig (und das klingt dort fast wie eine Feier der Postmoderne), dem zeitgenössischen Künstler stehe die ganze Vergangenheit zur Verfügung, jeder Stil, jede Tradition, jede Technik, jedes Thema und jeder Gegenstand.

IV

Zugegeben, diese Annahmen zu Hegels Relevanz machen es nötig, einige seiner Ausführungen neu zu konfigurieren. Es gibt zwei schwerwiegende Divergenzen, und beide haben mit Spannungen zu tun, die Hegels Ansatz inhärent und letztlich nicht auflösbar sind.[22] Die erste betrifft einen

21 Ebd., S. 113.

22 Es gibt noch ein sehr umfangreiches drittes Problem, mit dem ich mich hier nicht auseinandersetzen kann. Es betrifft Hegels eigene »Wiedergewinnung« der Kunst (für ihn offenbar nur in den späten *Vorlesungen zur Kunst* ein ernstzunehmendes Problem), was er als »objektive Komödie« mit dem *Humanus* als Zentrum bezeichnet. Sein Paradigma

meiner Meinung nach großen Vorzug seines Ansatzes: das Fehlen einer essentialistischen und die Beförderung einer historistischen Herangehensweise. Kunst ist, mit anderen Worten, nichts dem Menschen Natürliches, nicht mehr als es die Oper oder der Film sind. Sie ist eine unter bestimmten Bedingungen erfundene Praxis, die mit anderen ähnlichen Praktiken wie der Dekoration, der politischen Selbstglorifizierung, den religiösen Ritualen usw. bestimmte Merkmale teilt. Hegel will sie aber als eine distinkte Praxis ansehen. Ihre Normen werden im Lauf der Zeit kollektiv festgelegt, das heißt mit anderen Worten: auf dieselbe fundamentale Weise, wie Regeln für ein Spiel im Wandel der Zeiten kollektiv formuliert werden können. (Eine der faszinierendsten Behauptungen in Hegels *Vorlesungen* lautet zum Beispiel, daß die Malerei, so wie wir sie verstehen, als eine schöne Kunst, die nicht dekorativ, kein Kunstgewerbe und keine religiöse Steigerung des Gottesdienstes ist, nur in der christlichen Kultur möglich sei.) Solche Regeln werden nicht willkürlich formuliert, und man kann sogar sa-

---

einer solchen Möglichkeit ist Goethes *West-östlicher Divan*. Das Problem könnte man folgendermaßen umschreiben: Wie versuchte Hegel seine eigene Charakterisierung des modernen Zeitalters zu durchdenken, das er als »prosaisch« betrachtete und das daher als Gegenstand der Dichtung, eine bestimmte Art der Komödie ausgenommen, ungeeignet war? Wie gewöhnlich ist die beste Darstellung der verschiedenen Dimensionen von Hegels Gedanken über die »Kunstproduktion in der Endzeit der Kunst«, Henrich, »Zerfall und Zukunft«, S. 90-111. Eine wertvolle, ergänzende Analyse anderer Art, vom Standpunkt des *Divan* aus, ist David Wellbery, »›Geist‹ as Medium of Art in Goethe's West-östlicher Divan«, unveröffentlichtes Manuskript 2009. Henrich scheint bei seiner Neuformulierung der elementaren Prinzipien von Hegels Projekt, die Hegel aus der Sackgasse helfen sollten, selbst in diese hineinzugeraten; vgl. hierzu besonders »Kunst und Kunstphilosophie der Gegenwart«, in: ders., *Fixpunkte. Abhandlungen und Essays zur Theorie der Kunst*, Frankfurt/M. 2003, S. 126-155, hier S. 135 ff.

gen, sie besäßen angesichts des vorher Hegel zugeschriebenen, großangelegten Projekts der Selbsterkenntnis und angesichts der Unverzichtbarkeit einer Form »anschaulichen« Verstehens (oder vielleicht einer von der Anschauung geleiteten begrifflichen Interpretation) eine Art innerer Notwendigkeit. Das heißt, Hegel mag glauben, es gebe apriorische Gründe für das *Vorhandensein* von Kunst, nämlich den eben zitierten Grund: Ein adäquates Verständnis des Absoluten muß ein auf Anschauung beruhendes Verstehen einschließen. Doch im Geist seines Unternehmens sollte das heißen, daß es einen solchen Grund, die nachromantische Kunst aus der Kunsttradition auszuschließen, apriori nicht geben kann. Offenkundig wäre es konsistenter zu sagen, daß die Kunst unter den neuen historischen Bedingungen der Moderne etwas ganz Neues *werden könne*, möglicherweise so neu, daß sie für einen Angehörigen der früheren Kunsttradition vielleicht gar nicht als Kunst zu erkennen wäre. Die Tatsache, daß Hegel der Meinung ist, man solle jede Kunst, die nicht dem entspricht, was als Aufgabe einer sinnlichen Manifestation des Absoluten *begriffen worden war*, nicht mehr als Kunst ansehen, verrät nicht nur einen sonderbaren Essentialismus, sondern verhindert auch die Betrachtung des ganz natürlichen Weges, den seine Bemerkungen zum Schicksal der romantischen Kunst auf die bestimmten Merkmale der modernen Kunst hin eröffnen und den seine eigenen Bemerkungen über eine neue »philosophische Behandlung« nahelegen.[23] (Die

23 Ich versuche diese Affinitäten am extremsten und nach der traditionellen Hegelauffassung unwahrscheinlichsten Fall, der Abstraktion in der modernen Malerei, zu zeigen. Siehe Robert Pippin, »What Was Abstract Art?«, in: *Critical Inquiry* 29, 1 (2002), S. 1-24. Eine Antwort auf diesen Vorschlag (und eine interessante Kritik) findet sich bei Donougho, »Must It Be Abstract? Hegel, Pippin, and Clark«.

außergewöhnliche Schwierigkeit dieser stärker historistischen Position besteht darin, daß wir immer noch imstande sein wollen zu sagen, es kann etwas als Kunst »auftreten« und doch keine Kunst sein, es kann als Kunst hervorgebracht und angesehen werden, kann von den relevanten Autoritäten als Kunst behandelt werden und doch keine Kunst sein. Für manch einen beginnen die Zweifel, ob man derartiges behaupten kann, lange vor Duchamp oder Warhol. Der Zweifel daran, ob wir eine solche Behauptung aufstellen können, entsteht für manch einen bereits bei Kandinsky, Malewitsch und Mondrian. Und dieser Zweifel ist durchaus berechtigt.)[24]

Die zweite Revision, die erforderlich ist, um Hegel hegelscher zu machen, schließt Abschnitte wie den folgenden ein:

> Die Kunst durch ihre Darstellungen befreit innerhalb der sinnlichen Sphäre zugleich von der Macht der Sinnlichkeit. Zwar kann man vielfach die beliebte Redensart vernehmen, der Mensch habe mit der Natur in unmittelbarer Einheit zu bleiben; aber solche Einheit in ihrer Abstraktion ist gerade nur Roheit und Wildheit, und die Kunst eben, insoweit sie diese Einheit für den Menschen auflöst, hebt ihn mit milden Händen über die Naturbefangenheit hinweg.[25]

Probleme oder Spannungen im Hinblick auf andere zentrale Punkte von Hegels Projekt bestehen nicht, wenn man sagt, Kunst sei eine Weise, mit deren Hilfe man die Vor-

---

24 Zum Beweis, daß Hegel die Unterscheidung zwischen Kunst und Nicht-Kunst aufrechterhalten wollte, insbesondere im Hinblick auf die Romane Jean Pauls, vgl. die Manuskript-Zitate von Rutter, *Hegel on the Modern Arts*, S. 20 ff. Seine Erörterung von Hegels Aussagen über schlechte Kunst, Vor-Kunst, Nicht-Kunst und Anti-Kunst ist ebenfalls sehr hilfreich.

25 Hegel, *Vorlesungen über die Ästhetik I*, S. 74 f.

stellung transzendieren kann, daß man *nichts anderes* als ein natürliches, von einem biologischen Schicksal beschwertes Geschöpf oder, wie er sagt, in einem festgelegten Wesen der Gattung »befangen« sei. Doch hier und auch in anderem Zusammenhang qualifiziert er seine Bemerkungen nicht näher und scheint statt dessen von einer Befreiung aus unserer sinnenhaften Körperlichkeit überhaupt zu sprechen. Die Vorstellung einer Befreiung aus einem natürlichen Gefängnis ist offenkundig eine durchaus undialektische Vorstellung, und die Behauptung, wir hätten eine Art von Selbstverständnis erreicht, das über unser Bedürfnis, uns selbst »ästhetisch«, als leiblich verkörpert, als sinnlich zu verstehen, hinausgeht, würde dann nicht überzeugender, aber doch verständlicher.[26] Jemand, der diese Auffassung vertritt, könnte argumentieren, daß wir angesichts dieser Leistung die ursprüngliche sinnliche Erfahrung unserer selbst – wahrnehmend, affektiv, leidenschaftlich – nicht mehr für so sehr wichtig halten. Das heißt, extremere, triumphalistische Lesarten der Behauptung vom Ende der Kunst (wir brauchen keine Kunst als solche mehr) setzen diese undialektische Vorstellung voraus. Hegels Überzeugung, daß unser heutiges Selbstverständnis keine radikal andere Form von Kunst erforderlich macht, daß die Kunst vielmehr transzendiert worden sei, ist eindeutig an derartige, nicht näher qualifizierte Bemerkungen über Befreiung gebunden. Also bedeutet das »Ausbrechen« aus dem Mythos des Gegebenen im Empirismus, dem Mythos der

26 In derselben Weise hören wir, ganz unabhängig vom Niveau unserer philosophischen Selbsterkenntnis, nicht auf, leiblich verkörperte Wesen zu sein, und die »affektiv-sinnliche« Bedeutung einer solchen leiblichen Erfahrung wäre demnach immer noch ein Anliegen. Selbst die abstrakte Malerei ist der Ausdruck von Abstraktion in einem sinnlichen Medium.

Unmittelbarkeit im romantischen Intuitionismus, dem dualistischen Mythos mentaler Zustände, die Körperbewegungen verursachen, oder einem selbst-reduktiven Naturalismus usw. nicht das Ausbrechen aus unserer eigenen sinnlichen Verkörperung. Was wir benötigen, ist ein neues anschauliches Verstehen einer derartigen Verkörperung, das mit der von uns erreichten Art von Freiheit konsistent ist.

Darin findet sich ein Hinweis auf einen blinden Fleck in Hegels Darstellung der Moderne, auf sein Unvermögen, die Unzufriedenheiten vorwegzunehmen, die diese »prosaische« Welt erzeugen würde, oder auf sein Unvermögen, richtig einzuschätzen, daß es eine grundlegende Form der Entzweiung oder Zerrissenheit geben würde, die sein Projekt nicht in Rechnung stellen konnte, für die noch keine Aufhebung am Horizont sichtbar war. Diese Entzweiung ist im Grunde dieselbe, über die er sich seit seiner Jenaer Zeit und der Differenzschrift beunruhigte.

> Die geistige Bildung, der moderne Verstand bringt im Menschen diesen Gegensatz hervor, der ihn zur Amphibie macht, indem er nun in zwei Welten zu leben hat, die sich widersprechen, so daß in diesem Widerspruch nun auch das Bewußtsein sich umhertreibt und, von der einen Seite herübergeworfen zu der anderen, unfähig ist, sich für sich in der einen wie in der anderen zu befriedigen.[27]

Es ist bemerkenswert, daß Hegel hier nicht sagt, die Menschen waren solche »amphibischen« Tiere und werden es immer sein, sondern daß »die geistige Bildung, der moderne Verstand« diese hin und her wandernde Seele »hervorgebracht« hat. Diese Behauptung führt uns erneut zu einem entscheidenden Aspekt in Hegels Behandlung des

---

27 Hegel, *Vorlesungen über die Ästhetik I*, S. 80 f.

»Problems des Absoluten« zurück, der bereits hervorgehoben worden ist. Das Problem unseres amphibischen Doppelgesichts ist kein metaphysisches Problem der Substanz, wie Materielles und Immaterielles miteinander interagieren können. Wir haben dieses Wesen hervorgebracht (»ihn zur Amphibie [ge]macht«), und damit ist das Problem, dem sich unser Subjekt gegenübersieht, nicht eines der entsprechenden philosophischen Theorien interagierender Substanzen, des Hylemorphismus, emergenter Eigenschaften oder eines anomalen Monismus, sondern eines der »Befriedigung«. Damit wendet man sich dem Problem nicht in der herkömmlichen Form zu, sondern es wird tatsächlich neu gestellt. Wie kann ein Subjekt des Denkens und Handelns, das sich immer so erfährt, als befinde es sich jenseits seines materiellen Zustandes oder sei mehr als dieser, zu einer endgültigen Entscheidung darüber kommen, wer oder was es tatsächlich »ist«, wie kann es angesichts des Fehlens eines solchen Ruheortes überhaupt Befriedigung finden?[28]

Die Voraussetzungen für diese Art der Behandlung durch Hegel sind sowohl historisch als auch systematisch ziemlich komplex. Im Grunde behandelt Hegel das Problem des Absoluten im deutschen Idealismus – die Darstellung einer möglichen Subjekt-Objekt-Identität – nicht als Problem eines vorausliegenden Grundes, den man mit verstandesmäßiger Intuition oder ästhetischer Erfahrung wieder freilegen kann. Statt dessen folgt er Schiller, indem er die Richtung der Frage »umkehrt«, sie nach vorne und nicht nach rückwärts wendet, wodurch Subjektivität als

28 Siehe umfassender zu Hegels Verständnis der Beziehung zwischen dem Bewußtsein und dessen materieller Verkörperung meine Diskussion in Pippin, *Hegel on Self-Consciousness.*

ein Status, als eine Weise des Verhaltens gegeneinander und gegenüber der natürlichen Welt, verstanden wird, den man »erreichen muß«, und wodurch ein solcher Status und eine solche Praxis unsere Erfahrung von uns selbst sowohl als eines sinnlichen, materialen Geschöpfes wie als eines geistigen und aktiven Wesens miteinander versöhnt und zusammenschließt. Schillers nützliches Beispiel wird auch von Hegel gelegentlich verwendet: die romantische Liebe und besonders die romantische Liebe in der Familie, die weder das bloße Überstülpen einer sittlichen Form über ein sexuelles Bedürfnis ist noch eine rein instrumentale Strategie zur Befriedigung eines solchen Bedürfnisses. Alles, was in dieser Tradition von philosophischem Wert ist, läuft auf das angemessene Verständnis einer solchen Form-Materie-Beziehung hinaus, doch was wir nun benötigen, ist ein allgemeines Verständnis der Auffassung eines versöhnten »Geistes« als Errungenschaft. Oder, wie Hegel häufig sagt, vom Geist als »Produkt seiner selbst«.[29]

Doch um mit anderen Worten noch einmal zu wiederholen, was ich als Hegels Hauptfehler bezeichnet habe: Hegel besteht trotz dieser »amphibischen« Bemerkungen auch darauf, daß es der Philosophie (und nur der Philosophie) *gelungen ist*, diese Spannung zu überwinden, und aufgrund dieser Annahme schreibt er der Kunst eben die Aufgabe zu, die so wenig Raum für jedes Leben in ihr oder Interesse an ihr übrigläßt:

---

29 Wie bei Georg Wilhelm Friedrich Hegel, *Hegels Philosophie des subjektiven Geistes/Hegel's Philosophy of Subjective Spirit*, Bd. 1, hg. v. Michael John Petry, Dordrecht 1978, S. 6 f.

> Hiergegen steht zu behaupten, daß die Kunst die *Wahrheit* in Form der sinnlichen Kunstgestaltung zu enthüllen, jenen versöhnten Gegensatz darzustellen berufen sei und somit ihren Endzweck in sich, in dieser Darstellung und Enthüllung selber habe.[30]

Wenn wir in dem Zitat das Schlüsselwort in »unversöhnt« verwandeln, wie wir das für jede vernünftige Theorie der Moderne tun müßten, wird ein ganz anderes Bild einer möglicherweise modernen Kunst sichtbar.[31]

V

Um aber Hegels Bedeutung angemessen zu würdigen, wollen wir noch einmal den »Manetschen Moment« betrachten, zunächst im Licht traditioneller Theorien des Schönen und der Kunst, die Hegel vorausgehen, und danach Hegels so ganz anderen Vorschlag heranziehen.

Es leuchtet unmittelbar ein, daß die philosophische Ästhetik von Platon bis Kant und Schiller Bildern wie denen von Manet und schließlich denen von Cézanne und Miró, Picasso und Pollock relativ hilflos gegenübersteht. Der Ton von Manets beiden originellen, revolutionären Bil-

---

30 Hegel, *Vorlesungen über die Ästhetik I*, S. 82.

31 Das hängt auch mit seiner Zurückhaltung zusammen, eine andere Form eines ästhetischen Ausdrucks der Verwirklichung der menschlichen Freiheit als eine figürliche Darstellung erkennbarer menschlicher Gestalten und Taten in Betracht zu ziehen, mit seiner Zurückhaltung also, einen möglicherweise nicht-figürlichen »Ausdruck« von vielleicht neuen Modi des Ringens um die Verwirklichung von Freiheit in einer natürlichen und materiellen Welt in Betracht zu ziehen. Ich will damit sagen, daß eine Aufgeschlossenheit gegenüber dieser Möglichkeit zumindest teilweise hilfreich sein kann, um unsere hegelsche Frage hinsichtlich der Moderne zu beantworten.

dern ist fern jeder Idealisierung, wenn überhaupt, dann ist er antiidealisierend, ja ironisch. Es gibt in der malerischen Darstellung der sinnlichen Qualitäten keinerlei Bemühen um Wirklichkeitstreue (Olympias Haut hat nichts von Tizians üppiger, rosiger, lebendiger Qualität, sie erscheint eher etwas schmutzig, fast tot),[32] und daher besteht keine Einladung zu einer Erfahrung sinnlich-geistiger Harmonie. In beiden Fällen gibt es in der Tat einen Bezug auf frühere Bilder, die das Ideal des Schönen eindeutig anstrebten. Für die *Olympia* ist das Tizians *Venus von Urbino* und für das *Frühstück* Marcantonio Raimondis Druck nach Raffaels verlorenem *Urteil des Paris*. Ruft man sich diese Bezüge in Erinnerung, dann wird nur noch stärker hervorgehoben, daß Manets Bild dieses Streben nach einem Ideal nicht teilt.[33] Wie wir gleich an weiteren Beispielen sehen werden, ist die Wirkung eher die einer kognitiven oder musikalischen Dissonanz, so als wären beide Bilder als eine Art Affront oder zumindest als Herausforderung gemeint, die sich in toto *an* den Betrachter richtet, in ei-

---

32 Cf. Hegels Bemerkung: »Die Wahrheit der Kunst darf also keine bloße Richtigkeit sein, worauf sich die sogenannte Nachahmung der Natur beschränkt, sondern das Äußere muß mit einem Inneren zusammenstimmen, das in sich selbst zusammenstimmt und eben dadurch sich als sich selbst im Äußeren offenbaren kann.« Hegel, *Vorlesungen über die Ästhetik I*, S. 205.

33 Im zweiten Kapitel seines Buches, »Manet's Sources Revisited«, weist Fried überzeugend eine weitere wichtige und bisher vernachlässigte (oder soweit ich weiß, bisher unbekannte) Quelle für die *Olympia* nach: die *Venus* von Jacopo del Sellaio, die man ursprünglich für eine Venus Botticellis gehalten hatte (und die von Berenson und Marle Sellaio zugeschrieben wurde, vgl. Michael Fried, *Manet's Modernism*, Chicago 1996, S. 515, Fn. 56), und er druckt eine interessante Erörterung dieser Frage von Manets Freund, dem Kritiker Zacharie Astruc, ab. Astrucs erstaunliche Bemerkungen über den Blick der Venus lassen einen sofort an Olympia denken.

ner merkwürdigen, auffallenden Indifferenz gegenüber diesem Betrachter.[34] (In einer verblüffenden Abweichung von der von Fried so genannten Tradition der Versunkenheit im achtzehnten und frühen neunzehnten Jahrhundert blicken die Subjekte in Manets Bildern sehr häufig aus dem Rahmen des Bildes auf den Betrachter und laden zu einer Art »Theatralität« ein. Aber die unheimliche Wirkung dieser Konfrontation, dieser »facingness«, wie Fried das bezeichnet, besteht darin, daß die Betrachter – *wir, die wir unmittelbar davor stehen* – wie unsichtbar oder zumindest unbedeutend erscheinen und keine wichtige Präsenz für den leeren oder amüsierten Blick des Subjekts darstellen. Das Fehlen der bloßen Möglichkeit von Gegenseitigkeit – zwischen dem Subjekt des Bildes und dem Betrachter –, die durch die Unsichtbarkeit oder Bedeutungslosigkeit nahegelegt wird – nicht einfach ein Mißlingen, nicht bloß ein Nicht-Anerkennen –, und die Aura einer dadurch geschaffenen unmißverständlichen Melancholie tragen dazu bei, die unvollständige und fragmentarische Atmosphäre vieler Bilder herzustellen.) Und obwohl es in Manets Werk Elemente von großer Schönheit gibt und so etwas wie Freude an der reinen Kühnheit der Malerei, scheinen die romantischen Kategorien, ja der Begriff des Schönen insgesamt, das Eigentliche schlichtweg zu verfehlen.

Aber was *wäre* dann das Eigentliche?

Ich bin versucht, meine ganze Verteidigung von Hegels Relevanz für diese Fragen auf eine Passage aus seinen *Vorlesungen* zu stützen.

34 Auch dies ein Punkt, der von Fried in ebd. durchgängig behauptet wird.

> […] so […] macht die Kunst jedes ihrer Gebilde zu einem tausendäugigen Argus, damit die innere Seele und Geistigkeit an allen Punkten gesehen werde. Und nicht nur die leibliche Gestalt, die Miene des Gesichts, die Gebärde und Stellung, sondern ebenso auch die Handlungen und Begebnisse, Reden und Töne und die Reihe ihres Verlaufs durch alle Bedingungen des Erscheinens hindurch hat sie allenthalben zum Auge werden zu lassen, in welchem sich die freie Seele in ihrer inneren Unendlichkeit zu erkennen gibt.[35]

Die Vorstellung, daß die bildende Kunst die Oberfläche jedes Objekts, selbst die Erscheinung von Handlungen, Ereignissen, Reden usw. in ein tausendäugiges Geschöpf verwandeln können soll, entspricht gleichzeitig der Behauptung, daß die Rezeption und die Bewertung des Werks nicht als inspirierende Andeutung eines Ideals und auch nicht als Auftreten einer inneren Harmonie oder eines ungewöhnlichen, interesselosen Wohlgefallens verstanden werden soll. Denn selbst wenn man sich einem *zwei*äugigen Geschöpf gegenübersieht, ist es schließlich keine leichte Aufgabe herauszufinden, *was* in den Augen von jemandem offenbart wird. Das kann sogar viel schwieriger sein, als zu verstehen, was sie sagen. Eine angemessene Reaktion auf den Anspruch eines Werks muß also eine Art interpretative *Leistung* sein, eine, die fragend beginnt und keine bloß rezipierende oder kontemplative Beziehung zum Objekt hat. Hegel meint, daß dieses Merkmal ästhetischer Erfahrung erheblich mehr Schwierigkeiten bietet als häufig angenommen, weil es von uns verlangt, uns ein Kunstwerk als einen tausendäugigen Argus vorzustellen. (Schon früh hatte Hegel die Kunst auf eine Weise dargestellt, die recht blechern klingt, wenn man nicht bemerkt, wie ungewöhn-

35 Hegel, *Vorlesungen über die Ästhetik I*, S. 203 f.

lich seine Formulierung ist: »Das Kunstwerk aber [...] ist wesentlich eine Frage, eine Anrede an die widerklingende Brust, ein Ruf an die Gemüter und Geister.«[36]) Ein derartiger Versuch muß sich zwar an die Tatsachen halten, ist jedoch nie aufgrund irgendeiner Tatsache zu lösen und kann am Ende immer umstritten bleiben.

Darüber hinaus legt das Bild selbst nahe, daß wir den Unterschied zwischen dem Sehen einer gemalten Oberfläche in einem Kunstwerk und dem Sehen des Objekts selbst so behandeln wie den Unterschied zwischen dem Sehen einer Person oder des Gesichts einer Person *als eines Objekts* unter anderen und einem Sehen des Gesichts einer Person als *Gesicht*, was eine völlig andere Beziehung zwischen Betrachter und Betrachtetem erfordert. Damit wird auch angedeutet, daß eine tiefe Verbindung zwischen dem Verstehen sinnvollen Verhaltens und Handelns sowie sinnvoller Äußerungen von Personen und dem Verstehen einer in Kunstwerken ausgedrückten Bedeutung besteht.

Zumindest deutet dies alles auf etwas Bestimmtes hinsichtlich der distinkten Kategorie des Sinnlichen und insbesondere der visuellen Intelligibilität hin, die Hegel von der »darstellenden« und »begrifflichen« Intelligibilität in Religion und Philosophie, wie er es nannte, zu unterscheiden versuchte. Diese Form der Unterscheidung, offenkundig von großer Bedeutung für die Intelligibilität des Bildes, ist in Hegels Ansatz sicher nicht unbegrifflich und kann es nicht sein, aber die Modalität ihrer weniger bestimmten begrifflichen Bestimmtheit spricht den Betrachter in einer besonderen und, wie er sagt, befragenden Weise an. Eine Möglichkeit, Hegels Punkt zu verstehen, besteht vielleicht darin, sich an ein Merkmal sozialer Interaktion zu erinnern,

36 Ebd., S. 102.

das interessanterweise in vielen modernen Romanen sehr prominent ist: die Annahme, daß es eine besondere Form visueller Intelligibilität im menschlichen Gesicht gibt. In Prousts Roman kann Swann »an« Odettes Gesicht ablesen, daß sie hinsichtlich eines Stelldicheins lügt. Er sieht keinen Beweis, aufgrund dessen er einen Schluß ziehen kann. Er sieht die Lüge in ihrem Gesicht. Oder in einem Roman von Henry James kann eine Figur A im Gesicht einer anderen Figur B nicht nur sehen, daß B weiß, daß A sein Vertrauen verraten hat, sondern daß B weiß, daß A weiß, daß B das weiß. Was immer diese Form von Intelligibilität sein mag, sie basiert nicht auf Schlußfolgerungen, sondern ist in einem buchstäblichen Sinn »zu sehen« und ist am Werk, wenn uns ein Bild fesselt, unsere Aufmerksamkeit erzwingt und die von Hegel angedeutete »Frage« stellt.

Nach Hegels Verständnis bringt das Herstellen und besonders das Zeigen von Kunstwerken unausweichlich eine zugrundeliegende Annahme über die Möglichkeit einer öffentlichen Bedeutung zum Ausdruck und schließt daher den Status und die Rolle des Betrachters, jedes mutmaßlichen Adressaten eines solchen Ausdrucks von Bedeutung mit ein. (Demnach bildet die Erfüllung dieser Bedingungen die Grundlage für jedes Kriterium ästhetischen Gelingens.) Diese Annahme müßte sich mit Annahmen über das Handeln decken (eine mögliche öffentliche Bedeutung, verkörpert in Körperbewegungen) und über diejenigen, an die sich ein solches Zur-Schau-Stellen richtet, zumindest wenn man davon ausgeht, daß eine performative, öffentliche Dimension der Kern von Hegels Theorie der Subjektivität im Handeln ist.[37] Im vorangehenden Kapitel habe ich

---

37 Diese Behauptung verteidige ich ausführlich in Pippin, *Hegel's Practical Philosophy*.

Belege angeführt, die diese Annahme rechtfertigen. Und angesichts der Art und Weise, wie Hegel sich derartigen Fragen nähert, müssen wir sagen, daß er die Erfüllung dieser ästhetischen und performativen Bedingungen *zu einer bestimmten Zeit* im Auge hat, das heißt in unserer Zeit, unter den Bedingungen der Moderne.[38]

Wenn das ein Merkmal der Kunst als solcher ist, dann könnte man auch sagen, daß unter bestimmten historischen Bedingungen die Fähigkeit, diese Anforderungen in ihren *beiden* Manifestationen (sozial und ästhetisch) zu erfüllen, als zutiefst problematisch erfahren werden kann oder zumindest als sehr viel schwieriger als zu anderen Zeiten, da eine ganz andere Art der Beziehung zwischen Betrachter und Betrachtetem, zwischen dem Handelnden und den anderen als je zuvor erforderlich ist, eine ganz neue Beziehung, die eher eine Bestrebung als eine Vorahnung ist. Dann kann man den Widerstand vieler moderner Werke gegenüber einer konventionellen Würdigung und Interpretation, die Fremdheit und Opakheit, die wir so oft in ihren tausend »Augen« wahrnehmen, als eine Art Kulmination dieser Schwierigkeit verstehen, die jetzt viel expliziter bewußt und insistierend wird und damit auf die veränderten Bedingungen öffentlicher Intelligibilität antwortet. Dasselbe könnte man mutatis mutandis über die Bestrebungen eines Großteils der Moderne sagen, ein neues und revolutionäres Verständnis dieser Bedingungen zu formen, zu verlangen,

38 Die Bedingungen des Handelns werden also als ein gesellschaftlicher Status verstanden, der von einem Gemeinwesen zu einer bestimmten Zeit eingeführt und aufrechterhalten wird. Diese Bedingungen – wer kann als Handelnder angesehen werden, was kann man einem Handelnden zuschreiben, wie weit reicht die Verantwortlichkeit eines Handelnden usw. – variieren ganz ähnlich wie die Bedingungen des ästhetischen Erfolgs und sind eng damit verbunden.

daß wir einander verstehen und dadurch auch die Kunst auf eine neue Weise verstehen und schätzen lernen. Das ist das Hegelsche Verbindungsstück, das wir meiner Meinung nach in einer ästhetischen Theorie selbst dann beibehalten sollten, wenn wir Hegels Triumphalismus aufgeben.

Um den Punkt noch einmal in einem eher buchstäblichen als bildlichen Sinn zu formulieren: Wohin werden denn die Augen des Betrachters in den beiden Manet-Bildern gelenkt, wenn nicht zu dem Gesicht und dem Ausdruck der beiden nackten Frauen? Beide Gesichtsausdrücke erscheinen dem Betrachter opak, sogar etwas verächtlich gegenüber seinem eigenen Blick, was den Anreiz erheblich steigert, eine Antwort auf die Frage zu suchen: »Was drücken ihre Augen aus?« Besonders im Falle von Manet ist diese Frage wichtig, weil im Ausdruck seiner Subjekte in unterschiedlichen Kontexten und in den ungewöhnlichen Umgebungen häufig eine Aura von Rätselhaftigkeit und Opakheit herrscht, eine Herausforderung, die sich dem direkten, unmittelbaren Verstehen widersetzt, als sei sie dazu bestimmt, nunmehr unangemessene konventionelle »Lesarten« zu verhindern. Einige davon sind naturgemäß besonders berühmt wie die Müdigkeit und vor allem die Leere im Ausdruck des Mädchens in der *Bar in den Folies Bergère* (Farbtafel 3, Abb. 2.5), doch solche »Augen« finden sich bei Manet überall (Abb. 2.6-2.11).[39] Ist diese

39 Sicher taucht dieses Merkmal, das der französische Kritiker Chesneau in einem Essay aus dem Jahr 1863 als »Schauen ohne zu sehen« bezeichnet, auch bei anderen französischen Realisten auf. Siehe dazu Frieds Bezug auf den Aufsatz und dessen Erörterung in *Manet's Modernism*, S. 74 ff. Ich will damit nicht sagen, daß Manet ein Copyright auf derartige Blicke hat. Man vergleiche etwa Whistlers *Weiße Frau* und später Degas' *Das Café oder Der Absinth*. Es ist die außergewöhnlich häufige Wiederholung des Themas bei Manet, die es zu einem fast mythologischen Gegenstand macht.

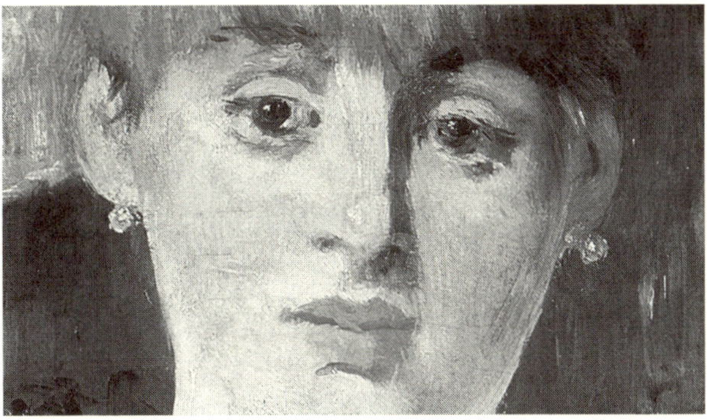

Abb. 2.5: Édouard Manet, *(Eine) Bar in den Folies-Bergère*, Detail (1881-1882)

Frage erst einmal dramatisch im Spiel, wird auch jeder andere Aspekt der Bilder zu einer Frage, mit Hegels Worten zu einem »Auge«, einem Gesicht: Warum ist sie nackt bei einem Frühstück, warum reden die Männer miteinander, und warum scheinen sie die Frau zu ignorieren, was bedeuten Position und Geste von Olympias linker Hand, welche Wirkung hat die Anwesenheit des Dienstmädchens und das Vorzeigen der Blumen, warum eine schwarze Katze, warum die Blumen?[40] Und schließlich: Unter welchen historischen Bedingungen würde dieser Bedeutungsaspekt des Bildes (eine Art verblüfften Widerstands gegen eine unmittelbare Bewertung, ja eine etwas verächtliche Herausforderung an die Erwartung des Betrachters, daß eine

40 Wir dürfen das selbstverständlich nicht *zu* wörtlich nehmen. Hegels Behauptung ist, daß die Malerei *jede* Oberfläche zu einem Auge macht. Wie wir sehen werden, kann die direkte Wendung an den Betrachter durch den Versuch, das Verständnis des Betrachters zu lenken und zu bestimmen, manchmal mehr verdunkeln als erhellen (die Begegnung wird »theatralisiert«). Mehr dazu im nächsten Kapitel.

Bedeutung zu finden ist) thematisiert und problematisch werden?

VI

Häufig liest man, das Problem der modernen Malerei habe sehr viel mit dem »Problem der Subjektivität« zu tun, und das wiederum scheint ziemlich sicher mit dem zuvor grob skizzierten deutschen Problem des »Absoluten« verbunden zu sein.[41] Dieses Problem hat (in der Malerei nach der Renaissance) wohl auch etwas mit der Frage zu tun, was es »jetzt« bedeutet, Staffeleibilder *für* Betrachter zu malen, welche Annahmen über die Haltung des Betrachters (über seine Erwartungen an Interpretierbarkeit und Bedeutung) und über das Porträt der geistigen Haltung im Bild relevant sind, jetzt, wo verschiedene institutionelle Kontexte und Annahmen die Interaktion zwischen Bild und Betrachter nicht mehr in derselben Weise bestimmen, wie das früher der Fall war, und in dem rapide sich verändernden Kontext, der sich auch im modernen Drama, in der Dichtung und der Philosophie ausdrückt. (Das ist das Gebiet, auf dem Michael Fried arbeitet, und es ist für alle genannten Fragen von großer Bedeutung. Wenn man dieses Thema nicht nur als bildliches Motiv betont – *was heißt es*, ein körperliches Wesen mit einem Geist zu sein, wie sieht das in einem jeweils bestimmten Sinn aus –, sondern wie hier betont, daß dieser Status sich ändern, ja verschiedene Grade der Vollendung aufweisen und auch verfallen kann, so stimmt das mit Frieds kunsthistorischem Projekt vollkommen überein.) Sicher hat das etwas mit einer angemessenen Darstellung der Geist-Welt- und der Subjekt-

41 Siehe Henrichs Diskussion in »Zerfall und Zukunft«, S. 70 ff.

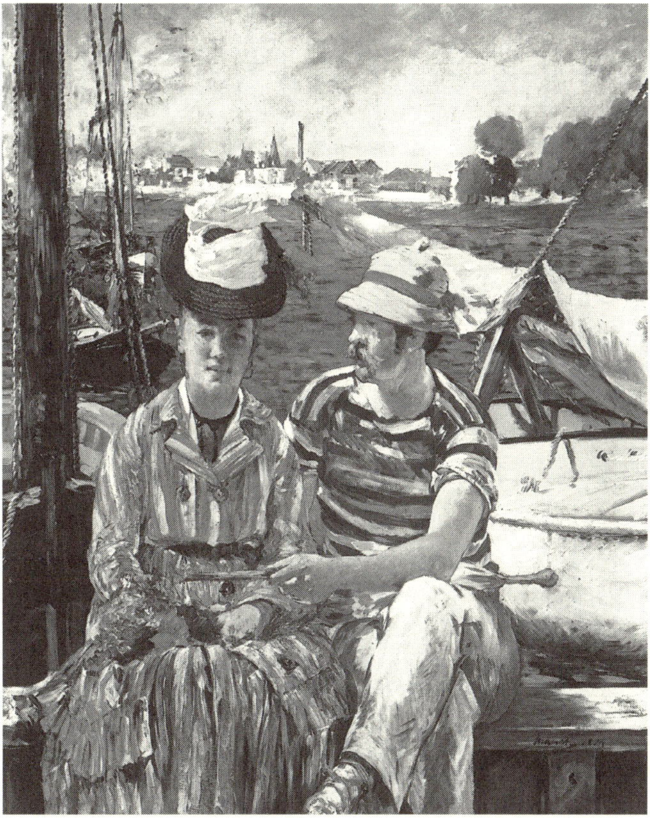

Abb. 2.6: Édouard Manet, *Argenteuil* (1874)

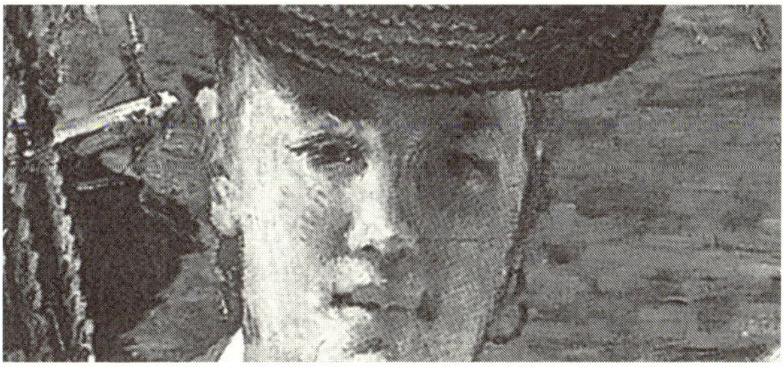

Abb. 2.7: Édouard Manet, *Argenteuil*, Detail (1874)

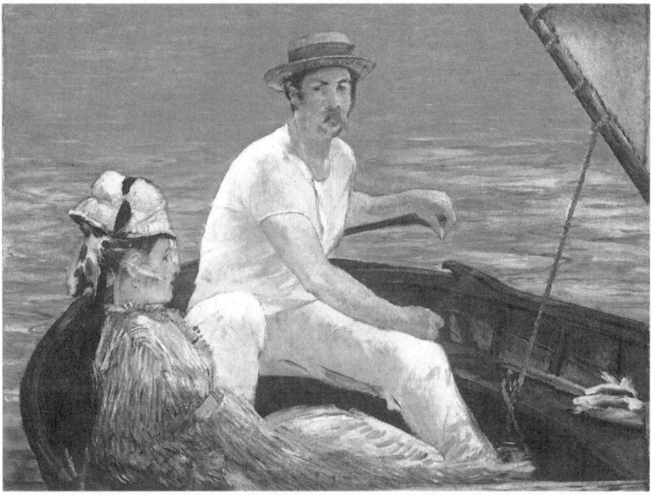

Abb. 2.8: Édouard Manet, *Im Boot* (1874)

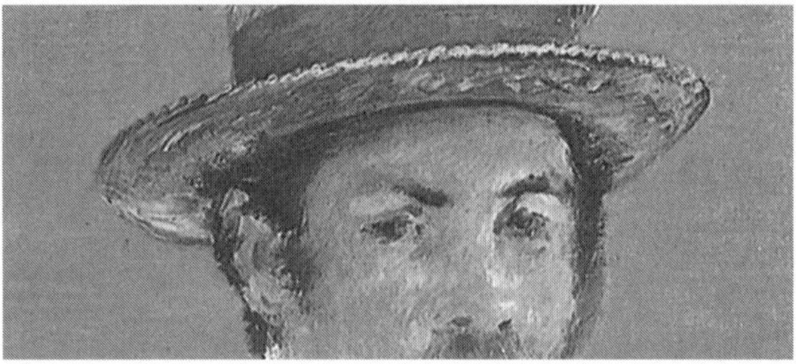

Abb. 2.9: Édouard Manet, *Im Boot*, Detail (1874)

Subjekt-Beziehung in der Wahrnehmung, im Denken und im Handeln zu tun.[42]

Ich habe behauptet, daß wir ein Hegelsches Verständnis von einer nachhegelschen Kunst entwickeln können, wenn

42 Keins der Probleme ist lediglich ein abstraktes oder begriffliches Rätsel; die Formulierung des Problems und seine verschiedenen Dimensionen haben Geschichten und Kontexte, die auch andere Probleme mit einschließen.

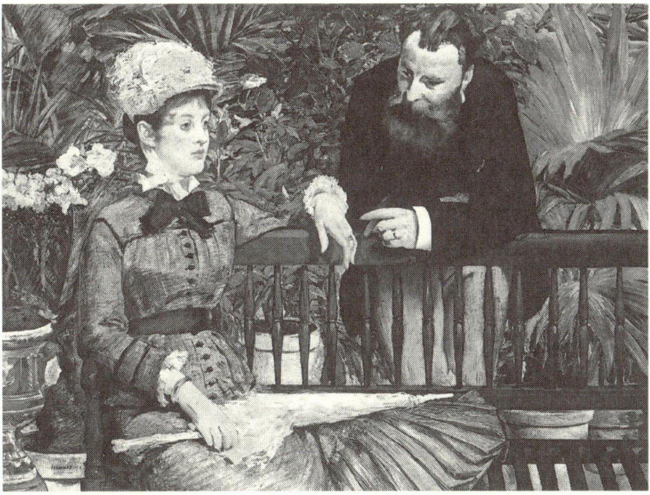

Abb. 2.10: Édouard Manet, *Im Wintergarten* (1879)

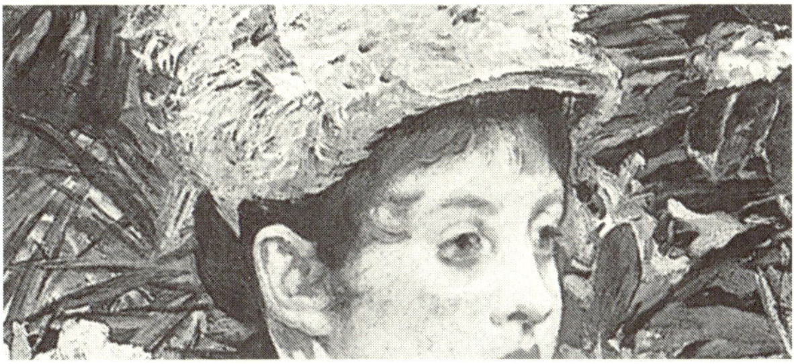

Abb. 2.11: Édouard Manet, *Im Wintergarten*, Detail (1879)

wir sein Projekt als Ganzes betrachten und die Grenzen seiner Diagnose zum Zustand der modernen Gesellschaften richtig beurteilen. *Was* also sah er mit seinen Kategorien nicht, und wie wird das in einer Kunst sichtbar, die er aufgrund dessen nicht beurteilen konnte? Hier folgt eine seiner umfassendsten Charakterisierungen des Zustandes der spätromantischen Kunst, einer Kunst, die allmählich zu etwas *Vergangenem* wird:

> Dennoch gibt es Höheres als die schöne Erscheinung des Geistes in seiner unmittelbaren, wenn auch vom Geist als ihm adäquat erschaffenen sinnlichen Gestalt. Denn diese Einigung, die sich im Elemente des Äußeren vollbringt und dadurch die sinnliche Realität zum angemessenen Dasein macht, widerstrebt ebensosehr wieder dem wahren Begriff des Geistes und drängt ihn aus seiner Versöhnung im Leiblichen auf sich selbst, zur Versöhnung seiner in sich selber zurück.[43]

Bereits die bloße Vermutung, hiermit sei man auf der richtigen Spur, ist umstritten. Viele, wie zum Beispiel Adorno, argumentieren für eine Rettung der sinnlichen Besonderheit oder der Erinnerung an sie als angemessene Aufgabe moderner Kunst und sehen in solchen Feststellungen Zeichen eines »Identitätsdenkens«. Ich bin mit Hegel jedoch der Meinung, daß dies ein romantischer Rückschritt wäre und durch die Entwicklungslinie der modernen Kunst nicht bestätigt wird. Was aber ist dann die »Versöhnung seiner [des Geistes] in sich selber«, so daß das Mißlingen dieser Versöhnung ein erhellendes Licht auf die Malerei nach Hegel wirft?

Beim Gemälde sind wir auf die sichtbaren Oberflächen der Dinge unter den bestimmten Bedingungen von Licht und Schatten beschränkt oder auf in einem bestimmten zeitlichen Augenblick in ihrem Handeln erstarrte menschliche Gesichter oder Körper. Wenn das Gemälde Menschen zeigt, dann stellt sich unmittelbar die Frage nach der Bedeutung ihres Handelns, das heißt die einfache Frage nach der richtigen Beschreibung ihrer Handlung. Für gewöhnlich werden wir dabei vom Titel unterstützt, von den Namen der porträtierten Personen oder vielleicht eines bekannten biblischen oder historischen Schauplatzes.

---

43 Hegel, *Vorlesungen über die Ästhetik II*, S. 128.

Doch wir müssen versuchen, verschiedene Gesten und die Organisation des Raumes im Rahmen des Bildes zu verstehen. (Warum gerade *so*?) Wie bereits bei der Erörterung des Argus-Zitats bemerkt, kann man mit einem gewissen Grad an Allgemeingültigkeit sagen, daß die komplexe Beziehung zwischen der Materialität der Farbe und ihrer malerischen Bedeutung die Beziehung zwischen sichtbarer körperlicher Oberfläche und menschlicher Intentionalität widerspiegelt oder nachahmt. (Und sie ruft die gleichen skeptischen Fragen hervor.) Wir können sagen, daß wir den gemalten Oberflächen, die wir sehen, auf dieselbe Weise Bedeutung zuschreiben, wie wir die Absichten begreifen, welche für uns in der körperlichen Bewegung und in Gesichtern ausgedrückt sind. Und noch einmal: Wie wir das tun, ist nicht als eine Art ewiges platonisches Problem festgelegt. Wir schreiben Intention, Motiv, Reaktion und Absicht auf eine Weise zu, die weithin von den Normen der Zeit bestimmt ist. Im offensichtlichsten Fall: Personen nicht vor allem als Muster psychologischer Typen oder Repräsentanten eines Familienschicksals oder als Beispiele einer natürlichen gesellschaftlichen Schicht, sondern zuallererst als absolut distinkte Individuen zu sehen, ist eine Bedeutungszuschreibung mit einer komplexen modernen Geschichte.[44]

Diese Bedeutungszuschreibung ist keine inferentielle oder zweistufige Beziehung. Wir sehen nicht zuerst die Körperbewegung und schließen dann auf die Intentionen, genausowenig wie wir bemalte Leinwände sehen und dann auf dort dargestellte Objekte und die intendierte Bedeu-

---

44 Ein überzeugendes Beispiel für eine historische und analytische Arbeit, wie sie zum Verständnis einer solchen Darstellung des Begriffs der Individualität notwendig ist, liefert Joseph Leo Koerner, *The Moment of Self-Portraiture in German Renaissance Art*, Chicago 1997.

tung schließen. Aber eine solche Intelligibilität ist eine begriffliche Artikulation, die eine gewisse *Leistung* darstellt; zu verstehen, was wir sehen, ist immer in einem gewissen Sinn vorläufig und revidierbar (besonders im Streit mit anderen), und dieses Merkmal ist ein Aspekt, der dem Sehen oder Verstehen selbst inhärent ist. (Kahnweilers Aussage in seinem Buch über Juan Gris von 1946 über eine *»peinture conceptuelle«* ist hier von Bedeutung.)[45] Im einfachsten Fall bedeutet die *Unfähigkeit, dies mit Selbstvertrauen zu tun*, daß es »keine Versöhnung des Geistes mit sich selber« gibt, kein gefestigtes Selbstverständnis angesichts konkurrierender Ansprüche oder angesichts einer Unsicherheit darüber, wie man in einer derartigen Welt auch nur den bloßen Versuch dazu in Angriff nehmen soll. So ist das Fehlen einer lebendigen Subjektivität in solchen Äußerungen kein Zeichen für die Entdeckung der Nichtexistenz von Subjektivität zugunsten rein leiblicher Körper, sondern das Scheitern der historischen Welt bei dem Versuch, die Verwirklichung einer solchen Subjektivität in der einzigen Weise zu ermöglichen, in der sie wirklich werden kann.

Um es noch einmal und zum letzten Mal zusammenzufassen: Ich nehme an, daß Hegel uns auffordert, die soziale Bedeutung individueller Handlungen so zu verstehen, wie er die historischen und sozialen Dimensionen der Hervorbringung und Bewertung von Kunstwerken versteht. (Und, besonders in diesem Kontext, auch vice versa.) Wir sind bereit einzuräumen (oder zumindest in diesem Fall eher bereit einzuräumen), daß man von einem Kunstwerk sagen kann, es könne die »Intentionen des Künstlers« verkörpern (was er angesichts dessen, was da ist, intendiert haben muß), und zwar auf eine Weise, die nicht notwendig

---

45 Vgl. Gehlen, *Zeitbilder*, S. 59.

an die expliziten Intentionen gebunden ist, die der Künstler selbst zu formulieren vermochte; und wir verstehen, daß Kunstwerke nur im Zusammenhang mit der Institution Kunst in einer Gesellschaft zu einer bestimmten Zeit bedeuten, was sie bedeuten. Selbstverständlich gibt es über Epochen und Gesellschaften hinweg große Gemeinsamkeiten, doch wir setzen uns mit historischen Werken auch auseinander, um zu verstehen, was sie zu einer bestimmten Zeit, in einem bestimmten »Zeitalter«, bedeuteten, und ebenso damit, was sie für uns heute bedeuten. Ich denke, es wird deutlich, daß Hegel in Handlungen ebenso eine öffentliche, performative und daher gesellschaftshistorische Dimension sieht. (Das wäre etwa darin verwirklicht, daß das, was das Bild flach »macht« und den Ausdruck der dargestellten Subjekte gegenüber dem Betrachter so konfrontierend, zu einer Herausforderung wird.) Dieses Merkmal beinhaltet, daß Handelnde in vollem Ernst Intentionen angeben können, die nicht »in« der Tat erkennbar sind oder denen gar von dieser widersprochen wird (da die Tat für andere eine bestimmte Bedeutung zu einer bestimmten Zeit erhält), und daß individuelle Handelnde genausowenig über die angemessene Beschreibung dessen, *was* sie getan haben, verfügen, wie Künstler über eine urheberrechtlich geschützte Beziehung zur Bedeutung dessen, was sie hervorgebracht haben. Wenn man von solchen Ängsten bedrängt wird, dann mißlingt einem die Versöhnung mit sich selbst.

In diesem Zusammenhang könnte man sagen, je unschlüssiger, unsicherer, verwirrter wir unter neuen, rapide sich verändernden historischen Bedingungen hinsichtlich *des Sinns* sind, der sich ergibt, wenn wir »in« Taten Intentionen sehen, desto weniger sind wir von der Möglichkeit überzeugt, eben das tun zu können, und desto instabiler werden unserer Erwartung nach *auch* die Konventionen sein, die das malerische »Gelingen« bestimmen. Ein Anzeichen dieser Herausforderung und dieser Schwierigkeit ist in den leeren Blicken so vieler Bilder Manets und anderer ebenso eingefangen wie in dem impliziten Paradox, daß die Subjekte zwar auf den Betrachter blicken, sie aber andererseits nicht darauf zu hoffen scheinen, von ihm eine Antwort zu erhalten, sie »konfrontieren« den Betrachter, doch so, als sei er oder sie nicht dort, als erwarteten sie nichts Befriedigendes, könnten sie jetzt nichts Befriedigendes erwarten. (Unter »Gelingen« verstehe ich bei dieser Geste, daß das moderne Äquivalent zur Schönheit als einem »Versprechen auf Glück« das *Versprechen auf Bedeutung* ist, das vielleicht unter einem noch größeren Druck steht.[46] In diesen Bildern ist es ein Versprechen, das den Bildern den Rahmen liefert, aber nicht innerhalb des Bildes verwirklicht wird, vielleicht nicht verwirklicht werden kann. Das scheint der springende Punkt zu sein.) Eine passende Bezeichnung dessen, was es heißt, bei der angemessenen Anerkennung und Einschätzung der Situation zu *scheitern*, ist Diderots Begriff der »Theatralität«, den Fried so fruchtbringend einsetzt; und eine brillante frühe Darlegung der

46 Ich glaube nicht, daß die signifikanten hermeneutischen Forderungen, die diese Bilder (und auch jedes andere Bild Manets) an den Betrachter stellen, so zu verstehen sind, wie Nehamas (*Only a Promise of Happiness*) das tut, als stellten sie eine Art Dichotomie her zwischen einer kritisch-analytischen oder beurteilenden Antwort auf der einen Seite und einem »leidenschaftlichen Sich-Einlassen« auf der anderen, so als könnten wir uns für das letztere anstelle des ersteren entscheiden. Wie im vorangehenden Kapitel bereits bemerkt, sind wir immer in derselben Komplexität gefangen, indem wir unsere eigene Gesinntheit oder die eines anderen zu verstehen suchen, und zwar auf eine Weise, die häufig von leidenschaftlichen Interessen durchsetzt ist. Die augenfällige Fremdheit und die Angst in modernen Bildern wäre sonst nicht zu verstehen.

zunehmend ungesicherten Natur wechselseitiger Interpretierbarkeit ist *Rameaus Neffe* von Diderot.[47]

Doch Hegel selbst schien während seines größten Scheiterns nie besonders beunruhigt gewesen zu sein von der potentiellen Instabilität der modernen Welt, von der Möglichkeit, die Bürger desselben sittlichen Gemeinwesens könnten *so* viel gemeinsamen Grund und gemeinsames Vertrauen verlieren, daß die generelle Unlösbarkeit jedes möglichen Konflikts immer offenkundiger wird. Und in den leeren Blicken erkennen wir die Herausforderung und die geringen Erwartungen. Wie wir gesehen haben, macht er sich nicht viel Sorgen über seine allgemeine Theorie der sich allmählich herausbildenden historischen Errungenschaft eines Status wechselseitiger Anerkennung, eine historische Behauptung, die inzwischen als der am wenigsten plausible Aspekt von Hegels Darstellung erscheint und die mit unserem Widerstreben gegenüber seinen Verlautbarungen zum Vergangenheitscharakter der Kunst verbunden ist.

Selbstverständlich ist noch nicht klar, *warum* sich diese Schwierigkeit oder Instabilität entwickelt hat. Eine vorsichtige, nachvollziehbare Schlußfolgerung kann sich auf Merkmale beziehen, die im nächsten Kapitel in den Vordergrund treten: das unvermeidliche – unvermeidlich aufgrund der entmystifizierenden, entzaubernden, säkula-

---

47 Ich habe versucht, das Bindeglied zwischen dieser Frage und der literarischen Moderne (und damit einen Weg, diese Situation ohne Skepsis oder Verzweiflung anzuerkennen und zu bewältigen) in meinen Untersuchungen zu Henry James (Robert Pippin, *Moral und Moderne: Die Welt von Henry James*, München 2004), zu Proust (ders., »On Becoming Who One Is: Proust's Problematic Selves«, in: ders., *The Persistence of Subjectivity: On the Kantian Aftermath*, Cambridge 2005, S. 307-338) und zum Film (ders., *Fatalism in American Film Noir: Some Cinematic Philosophy*, Charlottesville 2012) zu zeigen.

risierenden Dynamik der Moderne – Auftreten einer Logik gesellschaftlicher Subjektivität, in der Beziehungen der Unabhängigkeit oder Abhängigkeit immer unverhüllter sichtbar werden, nicht mehr zu verbergen sind, und gegen die man mittels verschiedener neuer Formen Widerstand leistet. (Subjekte, die andere als Objekt behandeln, die sich als Objekt behandeln lassen oder sich dagegen wehren.) Die ethischen Formen des Lebens, die Hegel als erfolgreiche Vermittlung der unserem amphibischen Status inhärenten elementaren Spannung ansah – zwischen unserer Natürlichkeit und unserer Gesinntheit –, Formen wie Vertrag, Verbrechen, Polizei, Moral, Korporationen, Besitz und Gesetzgebung, selbst »Vergebung« waren nicht erfolgreich und erwiesen sich angesichts der massiven Konsequenzen der gesellschaftlichen Modernisierung für eine solche Rolle als ungeeignet. In diesem Zusammenhang ist das, was wir als Widerstand des Bildes gegen seine Funktion, »bloßes Objekt *für den Betrachter*« zu sein, bezeichnen können, keine Repräsentation dieser Tatsache, sondern deren Veranschaulichung, in einigen Fällen durch Nachahmung, und bestreitet dadurch, daß es *eben das* ist.

Da Freiheit (auch als »Selbstversöhnung« bezeichnet) in Hegels expressiver Darstellung mit der Fähigkeit zu tun hat, »sich selbst in seinen Taten zu erkennen«, sie legitimerweise als die eigenen zu erfahren, zu ihnen zu stehen und sie zu verteidigen, ist zu erwarten, daß eine zunehmende Skepsis oder Ungewißheit, ob dies möglich ist (ob selbst das einfachste Selbstverständnis möglich ist), ihren Schatten auf verschiedene andere Formen verkörperter Ausdrucksformen menschlicher Bedeutung wirft. Das zeigt, was es bedeutet, das von Hegel Versäumte zu erkennen, es aber mit *seinen* Begriffen zu erkennen und diese zu verwenden, um die Bedingungen für die Bedeutung der modernen

Malerei zu verstehen.[48] Hegels Ansicht zur erfolgreichen Lösung der Frage, die sich ergibt, wenn man die Tat von jemandem verstehen will, oder die erfolgreiche Lösung der von einem tausendäugigen Argus gestellten Frage, hat sowohl eine subjektive als auch eine objektive Seite. Man kann sowohl die vorläufige und instabile subjektive Seite, die Intention, das Motiv oder den Grund, eine Bedeutung, die nur in der Tat (oder dem ästhetischen Objekt) wirklich ist, verstehen, oder die objektiven gesellschaftlichen Bedingungen einer Zeit, insbesondere den Kampf um Anerkennung, der gesellschaftlichen Konflikten inhärent ist, und die immer instabileren Interpretationskonventionen der modernen Gesellschaften. (Das sind die beiden Dimensionen der Frage, denen ich in den nächsten Kapiteln nachgehen möchte, indem ich mich mit Kritikern

48 Ich halte dies für eine Antwort auf Donoughos Kritik, daß »trotz Frieds und Pippins Versuch, Kunst in eine historisch kontingente ›Grammatik‹ einzuordnen, dunkel bleibt, wie sich das im konkreten einzelnen Fall (im Gegensatz zur verallgemeinerten ›Historizität‹) auf die Geschichte auswirkt.« Donougho, »Must It Be Abstract? Hegel, Pippin, and Clark«. Frieds detailliertes Narrativ über das Schicksal der Versunkenheits-Episteme erscheint mir bereits als klare Antwort auf diese Frage nach dem »Detail«. Frieds »Gegenwärtigkeit ist Anmut« ist kein transzendenter Augenblick außerhalb der Zeit, da Inhalt, Kraft und Anspruch der Gegenwärtigkeit immer eine besondere historische Gestalt haben. Alles, was Fried in seiner Darstellung über ihre Leistung sagt, ist stark historisch flektiert und hat einen ganz spezifischen Ort in dem von ihm vorgelegten kunsthistorischen Narrativ. Angesichts dessen bezweifle ich, daß uns *überhaupt* je ein Narrativ eine fein gegliederte Antwort auf Donoughos Frage liefern kann. Genau diese Frage, was (in einem signifikant Hegelschen und nicht bloß in einem intern kunsthistorischen Sinn) vom Impressionismus zu einem Moment im Post-Impressionismus führte und warum der Nabis oder der Blaue Reiter *gerade zu der Zeit* auftraten, scheint keine faire Forderung an den Ansatz darzustellen. Vgl. Gehlens Bemerkungen (*Zeitbilder*, S. 14 f.), die mir ziemlich vernünftig erscheinen.

wie Greenberg und Fried auf die erstgenannte Dimension konzentriere und mit Clark und Adorno auf die zuletzt genannte.) Heute ist allgemein anerkannt, daß Hegel in seinem optimistischen Verständnis der objektiven gesellschaftlichen Bedingungen zu voreilig war, doch seine Darstellung dessen, *was wir berücksichtigen müssen*, um subjektive Intention und Bedeutung zu verstehen, und sein Beharren auf einer Verbindung mit den objektiven Bedingungen, bleibt eine Art modernes Schicksal, und zwar eines, das man in den späteren Kontext des gebrochenen und prosaischen Charakters der entstehenden industrialisierten, von Konsum und Nationalstaaten geprägten bürgerlichen Welt, die sich allmählich vor dem Auge des neunzehnten Jahrhunderts entfaltet, stellen muß.[49] Einen »unmittelbaren Blick« auf das Ergebnis erhalten wir im neunzehnten Jahrhundert in unterschiedlicher Weise bei unterschiedlichen Malern des Zeitalters »nach dem Schönen«.

---

49 Cf. noch einmal Gehlen, ebd., S. 74 ff.

Kapitel 3

Politik und Ontologie: Clark und Fried

> It was the moment in the history of the art of painting
> when the weight of the broken water rushing out to sea
> exactly counter-balanced the force of the waves rushing in.
>
> Fried, »*Le Déjeuner sur l'herbe*«[1]

I

Zahlreiche Wissenschaftler haben die Beobachtung gemacht, daß in den Bildern Manets aus den sechziger Jahren des neunzehnten Jahrhunderts und darüber hinaus die mühsam errungenen Entdeckungen der modernen Malerei seit der Renaissance – der Fluchtpunkt und die räumliche Perspektive, das »Modellieren« der Figuren wie Skulpturen, um den Eindruck von Festigkeit hervorzurufen, eine Reihe von Konventionen zur Bildkomposition usw. – von ihm nicht nur einfach ignoriert, sondern, man muß fast sagen, attackiert wurden, und zwar so, daß zur damaligen Zeit verständlicherweise fast jedermann aus der Fassung geriet. Viele sind mit Clark der Meinung, daß

1 [»Es war der Augenblick in der Geschichte der Malkunst,/als das Gewicht der gebrochenen Wellen, die hinaus ins Meer strömten,/der Kraft der Wellen, die zum Land hinströmten, die Waage hielt.«] Michael Fried, *The Next Bend in the Road*, Chicago 2004, S. 70. – Vgl. den interessanten Gebrauch, den Bann von Frieds Gedicht insgesamt macht, indem er es als Mittel einsetzt, um das durch Manets Frühstück aufgeworfene Interpretationsproblem zu fassen. Stephen Bann, *Ways Around Modernism*, New York 2007, S. 46-58.

»sich in der Kunstgeschichte um und mit Manet etwas Entscheidendes ereignete, das die Malerei und die anderen Künste in eine neue Bahn lenkte«,[2] doch viel weniger Einvernehmen besteht darüber, was dort eigentlich geschah. In zahlreichen Darstellungen wird vor allem ein negatives Moment hervorgehoben, nämlich der Umstand, daß es so scheint, als *widersetze* Manet sich den Konventionen, als habe er Einwände dagegen oder lehne sie aufs schärfste ab. Georges Bataille behauptete: »Der Name Manet nimmt in der Geschichte der Malerei einen ganz eigenen Platz ein. Er war nicht nur ein ganz großer Maler, sondern zog auch zwischen sich und denjenigen, die ihm vorangingen, einen Trennungsstrich; er eröffnete die Periode, in der wir leben, er stimmt zusammen mit der Welt, die jetzt ist, die unsere Welt ist.«[3] Im Gegensatz dazu hat Michael Fried nicht nur gezeigt, in welch ungewöhnlichem Ausmaß Manet sich mit der großen Kunst der Vergangenheit auseinandersetzte und sie zitierte, sondern überdies nachgewiesen, daß es Manet und seinen Zeitgenossen »nicht nur um eine systematische Verbindung mit der Kunst der Vergangenheit« ging, sondern daß auch ein starker Antrieb vorhanden war, »eine *neuartige Verbindung zum Betrachter* herzustellen«.[4] Jean Clay geht noch darüber

---

2 Timothy J. Clark, *The Painting of Modern Life. Paris in the Art of Manet and His Followers*, Princeton 1999, S. 10.

3 Georges Bataille, *Manet*, Genf, New York 1955, S. 15.

4 Fried, *Manet's Modernism*, S. 21. Die von Fried beschriebene Situation ist bezeichnenderweise recht komplex. Fried behauptet, daß Manets Kunst in der ersten Hälfte der 1860er Jahre »als Versuch gesehen werden kann, die Vergangenheit zurückzugewinnen, sie wieder in Besitz zu nehmen und damit ihre Gegenwart in seiner Kunst auf eine neue Weise zu etablieren – explizit, spezifisch und umfassend«. Er bemerkt auch: »Doch in einem anderen Sinn kann das Unternehmen auch als Versuch gesehen werden, die Vergangenheit zu liquidieren und

hinaus und sagt zum einen: »Manet verfügt nicht nur über einen einzigen Stil, sondern über alle Stile«, und daher sei Manets Werk »nicht beschreibbar«, und zum anderen, es gebe bei Manet Elemente, »das Malen zu erfinden und es gleichzeitig zu zerstören«. Manet sei »kein Maler, sondern der beim Malen ins Werk gesetzte Widerspruch«. Stanley Cavell zitiert Fried und behauptet, daß »die Malerei bei Manet gezwungen war, auf Ähnlichkeiten zu verzichten, eben weil sie von der Realität besessen war, weil die Illusionen, die sie zu erzeugen gelernt hatte, nicht das Vertrauen in die Realität und die Verbindung mit der Realität herstellen konnten, die sie unbedingt erreichen wollte«.[5] Für Clement Greenberg, den zu seiner Zeit wichtigsten Kritiker der modernen Kunst, begründete Manet die »positivistische« Reduktion der Malerei auf ihr eigentliches Wesen, auf die Fläche und die Abgrenzung der Fläche. Ihm zufolge wurden »Manets Bilder kraft der Freimütigkeit, mit der sie die Flachheit der Oberflächen, auf die sie gemalt worden waren, verkündeten, zu den ersten modernen Bildern«.[6] Foucault spricht von dem tiefen »Bruch« in der Malerei, den Manet darstelle, und betont dann vor allem das, was auch Greenbergs Interesse reizt: Flächigkeit und die Sichtbarkeit der Farbe.[7] Adorno bemerkt, daß mit

---

dadurch in eine neue Welt einzutreten. Es ist, als ob die Vergangenheit der Malerei in ihrer Kontinuität, Rückkehr und Revolution 1860 nicht mehr so gegenwärtig war wie vorher«. Ebd., S. 127. Zur Bedeutung von Frieds Konzentration auf Manets Quellen siehe die Diskussion bei Bann, *Ways Around Modernism*.

5 Stanley Cavell, *The World Viewed. Reflections on the Ontology of Film*, Cambridge 1979, S. 21.

6 Clement Greenberg, *Modernism with a Vengeance*, in: ders., *The Collected Essays and Criticism*, Bd. 4, Boston 1995, S. 86.

7 Michel Foucault, *Foucault and the Object of Painting*, London 2010, S. 28.

Manet und der Malerei nach ihm, mit der »Radikalisierung der Moderne«, der »Widerstand« gegen die »überkommenen Regeln der Bildkomposition« beginnt und damit die »Paradoxie« einer jeden modernen Kunst ausgelöst wird, »die sich nicht mehr selbstverständlich ist«.[8] Und dann gibt es da das strenge Urteil Baudelaires in seinem berühmten Brüsseler Brief an Manet: »Sie sind nur der Erste in dem Zerfall Ihrer Kunst.«

Man könnte die Liste der Zitate fast unendlich weiterführen. Manets Bilder scheinen nach einhelliger Meinung der Wissenschaftler zu verkünden, daß die durch die konventionellen Techniken begründeten Normen bildlicher Intelligibilität *zu versagen begonnen hätten* und jetzt ein Ansatz gefordert sei, der sich nicht nur mit der modernen Bedrohung der bildlichen Intelligibilität und der Glaubwürdigkeit der Bilder befaßt und diese durchdenkt, sondern vielleicht auch mit der neuen und allgemeineren Bedrohung der Möglichkeit einer öffentlich geteilten Intelligibilität menschlicher Taten überhaupt sowie der geteilten Ansprüche auf die Legimität menschlicher Praktiken als solche. Doch was würde es bedeuten, wenn diese Konventionen zu versagen begännen? Warum versagen sie? Und wie genau würde sich das in den ambitioniertesten Bildern der Zeit zeigen?

Im ersten Kapitel lautete mein Argument, daß Hegel avant la lettre und malgré lui *der* Theoretiker der Moderne in der bildenden Kunst ist, und damit formulieren wir das Problem, vor das uns die moderne Kunst stellt, bereits so, wie auch Hegel es tun würde, das heißt unter

8 Theodor W. Adorno, *Ästhetische Theorie*, in: ders., *Gesammelte Schriften in zwanzig Bänden*, Bd. 7, hg. v. Rolf Tiedemann, Frankfurt/M. 1997, S. 432. (Vgl. ebd., S. 41.)

Bezug auf die Bedingungen visueller Glaubwürdigkeit in der Malerei (und nicht so sehr hinsichtlich der Begriffe Schönheit, Wohlgefallen und Geschmack). Obwohl Hegel nur über eine recht schmale Theorie der ästhetischen Erfahrung verfügt (in deren Zentrum die Frage nach der »*Lebendigkeit*« der Erfahrung steht), betont er *das Ringen um das Verständnis des Werks* als Zentrum der ästhetischen Intelligibilität sehr viel stärker – als eine besondere »unmittelbare« Form des Verstehens – und nimmt so in bemerkenswerter Voraussicht einen zentralen Punkt hinsichtlich der Frage vorweg, was die moderne Kunst von ihren Betrachtern zu verlangen beginnt. Denn diese Kunst schien eine neue Form sinnlichen Sich-Einlassens zu verlangen, die zwar Hegels Darlegung einer Untrennbarkeit von Begriff und Anschauung bereits eingeschlossen hatte, doch wurde die Forderung unter einem Druck erhoben, der neu und schon fast eine Krise und ganz anders war, als Hegel sich das vorstellen konnte. Das verweist auf vier weitere entscheidende Dimensionen von Hegels Ansatz: daß die Bedingungen für Glaubwürdigkeit (Herausforderungen an das Verständnis, die man überwinden kann) sich verändern können, daß diese Veränderungen, die Teil eines fortgesetzten Narrativs sind, verstanden werden können (die Verwirklichung der Freiheit), daß ein angemessenes Verständnis der allgemeinen sozialen Natur der Bedeutung notwendig ist (wie öffentlich geteilte Bedeutung überhaupt möglich ist), bevor wir eine derartige Veränderung überhaupt verstehen können, und daß das ästhetische Problem letztlich eine Manifestation des tiefsten Problems im modernen Selbstverständnis ist, welches Hegel als unseren »amphibischen« Status bezeichnete, unsere Fähigkeit, uns sowohl als materielle Körper unter anderen zu verstehen, doch zugleich auch als bedeutungschaffende und vernunftgeleitete Subjekte, nicht nur als bloße Objekte.[9]

Hegel spürte, daß in der Institution Kunst ein epochaler Wandel bevorstand, aber er mißverstand die Situation als das Ende der welthistorischen Bedeutung der Kunst, als das Ende der Ära der großen Kunst. Berühmt ist seine Aussage, die Kunst sei zu etwas »Vergangenem« geworden. Das sagte er meiner Meinung nach nur, weil er nicht wissen konnte, daß die unvereinbaren Elemente der modernen Kultur eher zu- als abnehmen würden, und weil er insbesondere nicht voraussah, daß die Institutionen, von denen er glaubte, sie würden echte wechselseitige Anerkennung objektiv verwirklichen, eben dabei versagen und damit die Verwirklichung der Freiheit, die den Kern seines Narrativs darstellt, problematisch machen würden. Im Grunde verstand Hegel den unlösbaren oder dauerhaften Charakter des »Problems« der Freiheit falsch und glaubte deswegen, so etwas wie das »unmittelbare« Begreifen des Absoluten könne »überwunden« werden.[10] Damit stellt sich uns jetzt die Frage, ob die Entwicklung der Malerei nach Manet das genannte Problem erhellen kann und insbesondere, welche Bedeutung das »Streben des Geistes

---

9 Ich verwende für die Formulierung dieser Probleme die Hegelsche Terminologie, doch es besteht eine beträchtliche Übereinstimmung mit Frieds Charakterisierung in *Manet's Modernism*, der dort beschreibt, daß Manet irgendwo zwischen dem früheren »leiblichen« oder körperlichen Realismus Courbets und dem zukünftigen »okularen« Realismus der Impressionisten steht, der unsere *geistige* amphibische Welt abbildet.

10 Hegel scheint in seiner »amphibischen« Analogie vorauszusetzen, daß ein solches »wanderndes« Geschöpf ein heimatloses und unzufriedenes Geschöpf sein müsse. Versteht man das Bild anders, so würde es einfach darauf hindeuten, daß es schließlich amphibische Wesen *gibt*, die ganz erfolgreich mit einer stereoskopischen Perspektive leben.

nach der Versöhnung mit sich selbst« angenommen und was dieses verhindert hat.

Die Situation gleicht mit anderen Worten der, die Adorno folgendermaßen skizziert:

> Hegel als erster hat erkannt, daß es [das Ende] in ihrem [der Kunst] Begriff impliziert ist. Daß seine Prophezeiung nicht eingelöst ward, hat seinen paradoxen Grund in seinem Geschichtsoptimismus. Er verriet die Utopie, indem er das Bestehende konstruierte, als wäre es jene, die absolute Idee. [...] Durch unversöhnliche Absage an den Schein von Versöhnung hält sie [die Kunst] diese fest inmitten des Unversöhnten.[11]

Doch Adorno nähert sich dieser Frage auf einem derartigen Abstraktionsniveau, daß es ihm, außer im Fall der Musik, nicht gelingt, Verbindungen zu bestimmten und der Erfahrung zugänglichen Dimensionen der Krise herzustellen. (Dieses Abstraktionsniveau ist einer der Gründe, warum sich für ihn das Ideal der Utopie so natürlich ergibt. Mit Hegel hat die Idee der Utopie nichts zu tun.)[12]

Ich möchte in diesem Kapitel zwei verschiedene, wie ich aber meine, miteinander vereinbare und einander in nützlicher Weise ergänzende Darstellungen der Glaubwürdigkeitskrise, der sich die moderne Malerei gegenübersieht, betrachten (oder was immer es ist, worauf man verweisen kann, um den radikal veränderten Blick der modernen europäischen Malerei nach der Mitte des neunzehnten Jahrhunderts zu erklären).[13] Die beiden kunsthistorischen

11 Adorno, *Ästhetische Theorie*, S. 55. (Vgl. ebd., S. 380.)

12 Vgl. Henrichs Bemerkungen (»Kunst und Kunstphilosophie der Gegenwart«) über Hegels »Verzicht auf Utopie«, S. 130.

13 Zur Frage der Komplementarität siehe Frieds Darstellung, wie man seinen eigenen und Clarks Ansatz als zwei unterschiedliche Fra-

Darstellungen spiegeln wider, daß jedes Verständnis der historischen Bedingungen der öffentlich geteilten Bedeutsamkeit und Glaubwürdigkeit der Staffeleimalerei – jetzt so verstanden, als umfaßte sie entweder eine bestimmte Weise ästhetischer Erfahrung oder eine bestimmte Weise ästhetischer Intelligibilität – zum einen das »Problem des Betrachters« berücksichtigen muß, das heißt die Frage, wie *nimmt es sich für den Betrachter* aus, wenn er einem Bild als erfahrendes Ich gegenübersteht (und was heißt es für das Bild, bereits etwas über das Betrachten »vorauszusetzen«), und zum anderen die »objektive« Welt der Konvention in Betracht ziehen muß, die Welt der sozialen Beziehungen, der Verteilung von Macht usw., die in jeder ästhetischen Erste-Person-Perspektive unvermeidlich vorausgesetzt und »immer schon am Werke« ist. (Im vierten Kapitel will ich dann eine einflußreiche Position untersuchen, die das ganze Fragenbündel in einer ungemein ehrgeizigen und umfassenden Theorie der Bedingungen für Bedeutung als solche untersucht, eine Position, die von sich behauptet, sowohl über die subjektiven wie über die objektiven Dimensionen hinauszugehen. Es handelt sich dabei um Heideggers 1936 erschienen Aufsatz »Der Ursprung des Kunstwerkes«.) Der von mir gewählte Ansatz bezieht sich auf die beiden meiner Meinung nach stärksten und am meisten durchdachten Darstellungen, die sich diesen Problemen im Sinne Hegels stellen, auf die Arbeiten von T. J. Clark und M. Fried. Dem liegt der Gedanke zugrunde, daß beide Narrative sich mit dem Kampf um echte wechselseitige Anerkennung befassen, und zwar sowohl in seiner institutionellen wie in seiner eher existentiellen Manifesta-

genkomplexe ansehen kann, die aber durchaus voneinander abhängen. Fried, *Manet's Modernism*, S. 288.

tion, indem sie außergewöhnliche Lesarten zu zentralen Bildern der damaligen Zeit vorlegen.

Die Behauptung, daß diese Darstellungen kompatibel sind und einander ergänzen, berührt eine weitere große Frage, die ich hier nur kurz erwähnen kann. Sie läßt sich am besten mit Bezug auf die grundlegende Antinomie von Adornos Ästhetik formulieren – einerseits seine Fortsetzung des Versuchs, Kunstwerke in Verbindung mit und in einer potentiell kritischen Beziehung zur gesellschaftlichen und historischen Realität ihrer Zeit zu sehen, und andererseits, besonders in seiner Theorie der Musik, sein Beharren auf der formalen Reinheit einer autonomen und sich selbst definierenden Ästhetik als solcher. (Danach erlaubt nur diese Autonomie den rein ästhetischen Ausdruck einer Distanz zu den konsumbestimmten Tauschwerten der Moderne und damit deren implizite Ablehnung.) Hier liegt bei Adorno eine Antinomie vor, weil er die von Hegel angekündigte Revolution in der modernen Ästhetik nicht hinreichend berücksichtigt. Tatsächlich beruht diese Antinomie selbst auf der Voraussetzung der Trennbarkeit der sinnlichen und intellektuellen Fähigkeiten, die nach Kant vor allem von Hegel heftig und nachhaltig angegriffen wurde, und die Implikationen dieser Revision zeigen sich nicht nur in der Philosophie und der Kunsttheorie Hegels und nicht nur in der Komplementarität der Darstellungen von Clark und Fried, sondern auch in den durch die modernen Werke selbst an den Betrachter gestellten Forderungen. Meiner Argumentation zufolge hat die moderne Kunst die primäre Beziehung zum Kunstwerk weitgehend (jedoch nicht vollständig) entästhetisiert, die Wichtigkeit der Vorstellung einer isolierten ästhetischen Erfahrung als solcher vermindert, die interpretierende und damit die kognitive Dimension des Verstehens von Kunstwerken erhöht und so eine bestimmte auf das Kunstwerk gerichtete Intelligibilität ermöglicht. Wie wir gesehen haben, liegt eben darin Hegels außerordentliche Leistung und das, was ihn in derselben Weise zum potentiellen Theoretiker der Moderne macht, wie Kant und die Frühromantik es für die romantische Kunst waren.[14]

II

Um besser zu verstehen, welche Elemente in den Bildern von und nach Manet verunsichernd wirkten und neu waren, wollen wir hier das Nächstliegende tun und den Punkt vorstellen, der für Clark besonders wichtig ist: daß man nämlich das ganze Problem nicht so sehr philosophisch als vielmehr sozio-politisch fassen kann. Das heißt, unser zentraler Hegelscher Rahmen, das »amphibische« Problem, hat eine sozio-politische Dimension, die er ja auch haben sollte, wenn es sich um ein Hegelsches Erbe handelt. Nach der im weitesten Sinne linkshegelianischen Annahme, daß spezifische Formen der sozialen Ordnung und Organisation von Macht sich selbst konstitutieren (und ihre nor-

---

14 Nach Lacoue-Labarthe und Nancy (Philippe Lacoue-Labarthe, Jean-Luc Nancy, *The Literary Absolute: The Theory of Literature in German Romanticism*, Albany 1988) hatten schon die deutschen Romantiker das »theoretische Projekt der Literatur« begründet. Sie behaupten, daß die Romantiker, während die Philosophie als Antwort auf Kants Dritte Antinomie eine dialektische Logik erfand, »die Literatur« als bestimmtes und überlegenes Mittel der Intelligibilität des Absoluten »erfanden«, das weder Subjekt noch Objekt ist. Ebd., S. 2. Fried nimmt die große Bedeutung Hegels hinsichtlich der »Priorität des Handelns« in einer überzeugenden Passage vorweg, um die Dynamik der Moderne und die Logik der Maler-Betrachter-Beziehung (die Logik gesellschaftlicher Subjektivität) zu verstehen. Vgl. Michael Fried, *Courbet's Realism*, Chicago 1992, S. 276-278.

mative Identität bestimmen), sich selbst verstehen und sich selbst und ihre Legitimität durch ein System gemeinschaftlicher oder geteilter Selbstrepräsentation aufrechterhalten (von mythischen Darstellungen des Ursprungs bis hin zu Verfassungen, zur Werbung, zur Popkultur und zu den schönen Künsten), werfen solche Systeme eine naheliegende Frage auf. Diese Frage betrifft die Beziehung zwischen der tatsächlichen Ausübung von Macht und ihrer Verteilung – wessen Wille ist welchem anderen Willen unterworfen, wer ist gezwungen, was zu tun, wem gelingt es, was von wem wegzunehmen, und wie wird das alles bewerkstelligt – und den Repräsentationen ihrer Bedeutung, ihres Zwecks und ihrer Legitimität. Die in unserem Fall in Frage stehende Selbstrepräsentation ist die der bildenden Kunst der Hochkultur am Beginn der Moderne.

Diese Version der »materialen« und der »idealen« Dimensionen des amphibischen Problems fragt danach, was unter der Aussage zu verstehen ist, daß eine Organisation von Macht sich *durch* oder *mittels* eines Systems der Repräsentation »konstituiert« oder »erhält«. Die Frage wird durch die Erkenntnis ausgelöst, daß wir als materiale und endliche soziale Wesen *ebenso* der natürlichen Notwendigkeit unterworfen sind, wie wir es unter biologischen oder chemischen Gesichtspunkten sind. Das muß man nicht in einer grob kausalistischen oder reduktionistischen Weise verstehen. Man kann das »Ringen mit der Notwendigkeit« so verstehen, als umfasse es sowohl zweck- und normgerichtete Handlungen als auch solche, die erzwungen sind, und zwar im Sinn einer Vielzahl verschiedener Begriffe von »Zwang«. Wie Marx im *Achtzehnten Brumaire* zeigt, müssen wir zum Beispiel ganz offensichtlich unter vorgegebenen »materiellen« Bedingungen, die wir nicht »selbst gewählt« haben, kooperativ arbeiten (wie Marx sagt,

»machen« die Menschen ihre eigene Geschichte), um die Mittel für unseren Unterhalt und für unser Gedeihen zu produzieren.[15] Selbst wenn die Bedingungen der gesellschaftlichen Selbstreproduktion immer komplizierter werden, ist es vernünftig anzunehmen, daß eine adäquate Erklärung der gesellschaftlichen Entwicklungen eine Erweiterung der Erklärungen sein muß, die wir für jede Entität geben, welche der natürlichen Notwendigkeit unterworfen und durch sie eingeschränkt wird, wobei die Begriffe »unterworfen« und »eingeschränkt« vielfältig interpretiert werden können. Normative Selbstrepräsentationen werden in einem solchen Ansatz als Mittel oder gar als »Ideologie«, als Epiphänomene in einem weiten Sinn, angesehen, auch wenn sie bei der Aufrechterhaltung der Organisation von Macht tatsächlich eine wichtige Rolle spielen (zum Beispiel bei ihrer kollektiven Akzeptanz).

Andererseits erfahren wir derartige normative Ordnungen der Selbstrepräsentation als Appelle an die Rationalität oder an rationale Akzeptanz (wie Hegel meinte, gilt das selbst in der Kunst), die gelingen oder scheitern können, und intuitiv nehmen wir an, daß Organisationen von Macht und Kontrolle scheitern können, *indem* sie den

15 Ich verstehe darunter die üblichen Bedingungen: das Niveau der technologischen Entwicklung, die verfügbaren materiellen Ressourcen, das erworbene produktive Wissen, die Bedingungen für Gesundheit und die Kontrolle von Krankheiten usw. Wenn Marx im *Achtzehnten Brumaire* davon spricht, daß die Menschen ihre eigene Geschichte machen, sie aber nicht so machen, wie es ihnen gefällt, dann machen sie sie nicht unter selbstgewählten Umständen, sondern unter Umständen, die bereits vorhanden sind, die von der Vergangenheit vorgegeben und überliefert worden sind. Man muß fairerweise sagen, daß besonders häufig die Frage nach den Einschränkungen betont worden ist und nicht so sehr das, was Marx vielleicht mit seiner Aussage gemeint haben könnte, daß Menschen ihre eigene Geschichte *machen*.

Anforderungen nicht gerecht werden, die aus den Appellen oder Forderungen nach Kohärenz und Rechtfertigung erwachsen, wie das in vielen verschiedenen Systemen in reflektierten Systemen der Repräsentation zum Ausdruck kommt. Überdies können die Intelligibilität, Kraft und Glaubwürdigkeit ästhetischer Objekte auch gesellschaftliche Ordnungen befragen, ja sogar kritisieren und einen Dialog mit deren eigenen Traditionen verkörpern, der als sui generis erscheint, als Aspekt des Ehrgeizes, große Kunst zu machen und nicht bloß epiphänomenale »Effekte« der jeweiligen gesellschaftlichen Ordnungen zu produzieren.

Doch es gibt viele Variationen dieses Themas, das heißt der Frage nach der Glaubwürdigkeit und damit nach dem Gelingen von Repräsentationsstrategien. Kausale Erklärungen sind nur eine Version, und sie tendierten gelegentlich zum sogenannten Vulgärmarxismus oder Szientismus. Der Kunsthistoriker T. J. Clark, dessen Ansatz ich als linkshegelianisch im oben genannten Sinn betrachte, gehört nicht zu den Reduktionisten. In seinem Buch von 1984, *The Painting of Modern Life*, entwickelt er mir sinnvoll erscheinende Kriterien für den Erfolg seines ganzen Unternehmens, für ein Projekt, das sich bis zu seinem Buch von 1999, *Farewell to an Idea: Episodes from a History of Modernism*, und darüber hinaus erstreckt. Nachdem er behauptet hat, daß das, was wir als »gesellschaftliche Ordnung« bezeichnen, »primär aus Klassifizierungen« bestehe, die als »eine Ansammlung von Mitteln für Solidarität, Distanz, Zugehörigkeit und Ausschließung« verstanden werden, sagt er:

> Ordnungen dieser Art scheinen am wirksamsten durch Repräsentationen oder Zeichensysteme hergestellt zu werden, und man scheint den Begriff der »gesellschaftlichen Formation« nicht zu trivialisieren – oder ihm notwendig

> einen idealistischen im Gegensatz zu einem materialistischen Anstrich zu geben –, wenn man diese als eine Hierarchie von Repräsentationen beschreibt. Damit umgeht man die schlimmsten Fallgruben des Vulgärmarxismus, insbesondere die in der Behauptung enthaltenen Schwierigkeiten, daß die Basis jeder gesellschaftlichen Formation eine nackte Tatsache ist, die aus härterem und soliderem Stoff gemacht ist, als es die Zeichen sind – zum Beispiel aus dem Stoff des ökonomischen Lebens.[16]

Clark behauptet, daß man derartige Repräsentationen (Repräsentationen »all the way down«, wie es dort heißt) als konstitutiv für eine gesellschaftliche Ordnung herausstellen und dennoch den Einsichten des Historischen Materialismus treu bleiben kann, solange man sich über die Natur der *Verbindung* zwischen den Repräsentationen und der »Totalität« im klaren ist, die er (und Marx) als die »gesellschaftliche Praxis« bezeichnen. Somit ist

> die Gesellschaft [...] ein Schlachtfeld, auf dem die Grenzen und die Kohärenz aller vorhandenen Repräsentationen beständig umkämpft und regelmäßig zerstört werden. Daher ist es sinnvoll zu sagen, daß Repräsentationen beständig der Überprüfung durch eine Wirklichkeit unterworfen sind, die grundlegender ist, als sie selbst es sind – der Überprüfung durch die gesellschaftliche Praxis.[17]

Das heißt, daß Clark auch noch immer behaupten will:

> In der kapitalistischen Gesellschaft sind ökonomische Repräsentationen die Matrix, um die herum alles andere organisiert wird. Insbesondere ist die Klassenzugehörigkeit eines Individuums – sein oder ihr tatsächlicher Besitz oder Nichtbesitz an Produktionsmitteln – der determinierende Faktor im gesellschaftlichen Leben.[18]

---

16 Clark, *The Painting of Modern Life*, S. 6.
17 Ebd.
18 Ebd., S. 7.

Und in seinem späteren Buch erklärt er:

> Ich sollte unverblümt sagen, daß mir diese Gruppe von Merkmalen [Clark diskutiert verschiedene, mit der Säkularisierung einer Gesellschaft in Zusammenhang stehende Merkmale] an einen zentralen Prozeß gebunden und durch ihn vorangetrieben erscheint: die Akkumulation von Kapital und die Ausbreitung der kapitalistischen Märkte in immer mehr Teile der Welt und in die Struktur menschlicher Beziehungen hinein.[19]

Und:

> Die Wurzel von Repräsentation in der bürgerlichen Gesellschaft ist Geld. Gefahren für den Wert des Geldes sind Gefahren für Wertungen im allgemeinen.[20]

Diese Berufung auf einen »Test« durch eine gesellschaftliche Praxis, auf eine zentrale »Matrix«, für die alles andere lediglich Peripherie ist, auf das »Determinierende«, auf die »Wurzel«, führen allesamt umfassende und extrem kontroverse Fragen in eine philosophische Erklärung ein, auf die Clark, meist nur implizit, verweist.

Das Kernproblem, das eigentlich nur in einem Buch angemessen untersucht werden kann, besteht im Verständnis des Begriffs »Repräsentation« in diesen und anderen Bemerkungen, nicht allein bei Clark, sondern auch bei vielen anderen Modernen und bei den Kunsthistorikern, die versuchen, ihn zu erklären. (Eine gewisse »Unzufriedenheit« mit der Repräsentation oder eine Unzufriedenheit mit den Beschränkungen des Darstellungsregimes der bürgerlichen Moderne hinsichtlich der Fähigkeit, das tatsäch-

19 Timothy J. Clark, *Farewell to an Idea: Episodes from a History of Modernism*, New Haven 2001, S. 7.

20 Ebd., S. 10.

liche Leben oder die lebendige Wirklichkeit, die für eine ästhetische Verkörperung noch zur Verfügung steht, zu »erreichen«, ist ein häufig angeführtes Element in der allgemeinen Motivation der modernen Malerei.)[21] Manchmal scheint solchen Diskussionen die Vermutung zugrunde zu liegen, daß die verfügbaren Ressourcen der Repräsentation in einer bestimmten historischen Form des Lebens uns *nur* »Repräsentationen« *anstatt* der »Wirklichkeit« anbieten. Wenn er besonders polemisch ist, dann klingt Clark manchmal so (hier in Zusammenarbeit mit *Retort*):

> Nur Intellektuelle des einundzwanzigsten Jahrhunderts glauben, daß jeder Mensch bereits immer schon eine Repräsentation ist. Könnten wir ihn in einen Viehstall oder eine Zunfthalle oder eine Fabrik in Glasgow im 19. Jahrhundert zurückversetzen – oder auch auf einen ›Markt‹, ehe das Recht den Begriff entleerte –, dann würde man bald sehen, daß Menschen andere Mittel haben, sich füreinander bedeutungsvoll zu machen, als Brandzeichen und Unterschrift. Und die Interaktionen dieser verschiedenen Mittel, der verschiedenen Materialitäten und Intentionalitäten, das ist es, was eine menschliche Welt ausmacht.[22]

Dieser Passus (mit seiner spezifischen Zielscheibe, den »Intellektuellen des einundzwanzigsten Jahrhunderts«) ist trotz seiner scheinbaren Berufung auf eine materialistische Version des Realismus mehrdeutig (»Materialitäten *und* Intentionalitäten«) und weist daher auf einen flexibleren und unterschiedlich interpretierbaren Begriff von

---

21 Siehe die Erörterung in der »Einleitung« zu Anthony Cronin, *Matisse, Bergson and the Philosophical Temper of Modernism*. Minneapolis, im Druck. Ich bin Cronin für Diskussionen zur Frage der Repräsentation zu Dank verpflichtet.

22 Timothy J. Clark, »Retort, Capital, Spectacle, and Modernity: An Interview with Retort«, ⟨http://platypus1917.org/2008/11/01/capital-spectacle-and-modernity-an-interview-with-retort/⟩, 2008, letzter Zugriff 01. 11. 2008.

Repräsentation hin: Dieser setzt nicht Repräsentationen anstelle der Realität, sondern kennt unterschiedliche, begrenzte und miteinander im Wettstreit stehende Repräsentationen von (tatsächlicher) Realität, Repräsentationen von Aspekten, die in ihrem »absoluten« Gebrauch, dem Anspruch auf Totalität oder Vollständigkeit und nicht auf das Aspekthafte, auch den begrenzten Aspekt des Realen, den sie einfangen, (hinsichtlich bestimmter Zwecke) zerstören.

Im letzten Kapitel habe ich im Sinne Hegels behauptet, daß wir »Repräsentationen« auch als verkörperte Aktualisierung, Realisierung oder Zuschreibung von Bedeutung betrachten können, in der Weise, wie man von einer Tat sagen kann, sie »repräsentiere« die Intention des Handelnden. Die Vorstellung eines zu repräsentierenden Scheiterns kann man dann viel nuancierter und besser analysieren als ein einfaches »Gelingen oder Scheitern«. Auf diese Weise kann eine Tat die Schwäche oder gar Falschheit einer aufrichtig zugewiesenen Intention aufdecken. Betrachtet man wie hier Kunstwerke als Taten, dann beruft man sich auf diesen dritten Sinn von Repräsentation. (Repräsentationen sind repräsentativ nur in einem Umkreis vieler anderer intentionaler Repräsentationen, und ihr »Gelingen« hängt davon ab, was einem das so Repräsentierte zu tun oder zu sagen erlaubt. Gewinnt man einen bestimmten Begriff, heißt das, man gewinnt damit auch die Fähigkeit zur konsistenten Anwendung in einer Gemeinschaft von Sprachnutzern. Und ein Scheitern – im angemessenen Verstehen eines Wortes oder Begriffes – besteht darin, daß man sich notwendig im Widerspruch zum korrekten Gebrauch befindet.)[23] Es gibt Hinweise, daß Clark in den

23 Ich hoffe, aus dem vorangehenden Kapitel ist klar geworden, daß diese allgemeine Auffassung meiner Meinung nach unendlich weit

meisten Fällen etwas dergleichen im Sinn hat. Es folgt ein Zitat von Clark aus seiner Einleitung zu einer Biographie von Guy Debord. Er befürchtet, daß eine Verallgemeinerung (oder was Hegel einen »unbestimmten« Einwand gegen eine »Repräsentation« nennen würde) unmittelbar problematisch sein kann. »Führen sie [solche Einwände] uns nicht unvermeidlich in ein Rousseau-und-Lukács-Reich der Transzendenz und des Persönlichen zurück und geleiten uns damit zu einer Politik der Reinheit und entsprechend der Säuberung?« Clark sieht in Debord nicht jemanden, der »die Repräsentation im allgemeinen mit einem Bann belegt«, sondern eher jemanden, der »bestimmte Tests auf Wahrheit und Falschheit in der Repräsentation und vor allem auf die Wahrheit und Falschheit in Repräsentations*systemen* vorschlägt«. (Seinen Vorschlag, »Tests« einzuführen, werden wir in Kürze diskutieren.) Und er fragt:

> Warum ist es so schwierig [...] ›Repräsentation‹ als Plural zu denken und nicht als Singular und als zentralisiert: so viele Repräsentationen wie Felder oder Terrains des Handelns, Verlust und Störung unterworfen, [...] beständig durchkreuzt und zersplittert, [...] Rettung und Streichung unterworfen. Warum sollte ein Repräsentationssystem nicht auf dem Prinzip aufgebaut sein, daß Bilder transformierbar sind (im Gegensatz zu austauschbar).[24]

---

von jeder semiotischen Theorie, wie sie zum Beispiel Rosalind Krauss vertritt, oder von jedem Vorhaben entfernt ist, das sie als »die Befreiung unseres Denken vom Semantischen« bezeichnet. Rosalind Krauss, »›Informe‹ without Conclusion«, in: *October* 78 (1996), S. 89-105, hier S. 105.

24 Timothy J. Clark, »Preface«, in: Anselm Jappe, *Guy Debord*, Berkeley 1999, S. vii-x, hier S. ix f.

Für unsere Zwecke ist wichtig, wie dieser Ansatz mit den bereits skizzierten Problemen und besonders mit der Frage nach der Art der Krise umgeht, auf die Manets Bilder antworten.

Zunächst werde ich mich auf Clarks Darstellung von Manets *Olympia* konzentrieren (Farbtafel 2, Abb. 2.2). Die beiden wichtigsten Elemente in diesem Bild sind für Clark zum einen, daß es sich um das Bild einer Prostituierten handelt, welches in seiner Malweise an die Tradition der Kurtisanenmalerei erinnert, und zum zweiten die Nacktheit Olympias und damit die Verbindung zwischen diesem Bild und der Tradition der Aktmalerei.[25] Das Bild, stellt er fest, fungiere so als Herausforderung an die bürgerliche Selbstrepräsentation, es spiele in den »repräsentierten« gesellschaftlichen Praktiken, die nach Clarks Meinung den »Test« auf die Angemessenheit der Repräsentation konstituieren, eine verstörende, ja gesellschaftlich destabilisierende Rolle. Clark legt für die Lesart der Olympia als Prostituierte reichhaltiges Beweismaterial vor, und die Szene selbst läßt schnell an eine Kurtisane denken, die einen Kunden empfängt, der vermutlich die Blumen geschickt hat, die das Dienstmädchen trägt. (Das versetzt den Betrachter natürlich in die Position des potentiellen Kunden und macht den Blick Olympias zu einem allgemeineren auf »jeden« in der sozialen Welt, wodurch jeder zu einem Komplizen bei dieser Praxis gemacht wird.)[26] Ich zitiere

25 Eine vielleicht unnötig paradoxe Formulierung von Clarks Standpunkt lautet: das Bild scheitert darin, die Repräsentation einer Kurtisane zu sein, und ebendieses Scheitern ist das, was das Bild ausmacht, was seine Leistung ist.

26 Diese Lesart ist jedoch problematisch. Das Dienstmädchen scheint aus dem hinteren Teil des Raumes zu kommen, und wenn sie das Blumengeschenk eines Kunden bringt, wäre es natürlicher, er käme nach dem Dienstmädchen aus dem Hintergrund. Vgl. Clark: »Anderer-

hier einige repräsentative Passagen aus seiner Darstellung. Wenn er sich den empörten, kritischen Reaktionen auf das Werk zuwendet, das im Pariser Salon von 1865 ausgestellt war, sagt er:

> Damit verloren die Merkmale, die ›die Prostituierte‹ definierten, jede Klarheit, die sie einmal besessen hatten, genauso wie die Differenz zwischen der Mitte und dem Rand der sozialen Ordnung verschwamm, und man verdächtigte Manets Bild, sich an diesem Zustand zu weiden, der durch einen sich verlagernden und nicht schließenden Kreis von Zeichen gekennzeichnet war – alle zusammen offenkundig Anhaltspunkte für die sexuelle und soziale Identität des Subjekts, aber nur wenige ergaben zusammen einen Sinn.[27]

Zur Diskussion der Gründe für die Verwirrung und Empörung merkt Clark an:

> Prostitution ist für die bürgerliche Gesellschaft ein sensibles Thema, weil Sexualität und Geld darin miteinander verquickt sind. Es gibt Hindernisse, was ihre Repräsentation anbelangt, und wenn beide aufeinandertreffen, entsteht ein unbehagliches Gefühl, so als stünde etwas von der Natur des Kapitalismus auf dem Spiel oder würde zumindest nicht angemessen verborgen.[28]

---

seits schaut Olympia auf den Betrachter in einer Weise, die ihn nötigt, sich ein ganzes soziales Gewebe vorzustellen, in dem dieser Blick einen Sinn ergibt und ihn einschließt – ein Gewebe aus Angeboten, Orten, Bezahlungen, bestimmten Kräften und einem Zustand, der noch immer für Verhandlungen offen ist. Wenn man sich das alles vergegenwärtigen könnte, könnte der Betrachter vielleicht Zugang zu Olympia erhalten, das wäre aber eindeutig kein Zugang mehr zu einer Nackten.« Clark, *The Painting of Modern Life*, S. 133.

27 Ebd., S. 79.

28 Ebd., S. 102.

Was dabei auf dem Spiel steht, sind natürlich Fragen wie die Kommodifizierung des menschlichen Lebens und die Ausbreitung der kapitalistischen Imperative »*in* die Struktur menschlicher Beziehungen« hinein, wie er oben sagte, sowie Manets Bruch mit dem Zeichenregime des kapitalistischen Lebens, der alle Bedeutungen im allgemeinen bedroht. Woran Manet sich »weidete«, das war die offene Bloßstellung, daß der Tausch von Diensten (*jedes* Dienstes) gegen Geld schlicht die expliziteste Version des kapitalistischen Wertbegriffs ist.

> Die Kategorie der ›Prostituierten‹ ist notwendig, und deswegen müssen ihre Repräsentationen erlaubt sein. Sie muß in den verschiedenen Bildern des Sozialen, des Sexuellen und des Modernen, welche die bürgerliche Gesellschaft in Umlauf bringt, ihren Platz einnehmen. In einem gewissen Sinn könnte man sogar sagen, daß sie diese Repräsentationen verankert: Sie begrenzt alle drei Fälle, und sie ist der Punkt, an dem sie am treffendsten übereinandergelegt werden. Sie repräsentiert die Gefahr der Kosten der Moderne, sagt Dinge über das Kapital, die vielleicht schokkieren und doch fesseln, wenn sie in dieser Form vorgebracht werden, und indem sie zeigt, wie die Sexualität dem Gesellschaftlichen *in der falschen Weise* unterliegt (wenn sie das vollständig tut), könnte sie unser Verständnis für die richtige Art und Weise unterstützen.[29]

Natürlich ist die Annahme »schockierend«, daß Prostitution nicht bloß mit dem kapitalistischen Tauschwert übereinstimmt, sondern daß sie ihn *paradigmatisch repräsentiert*, und Clarks ausführliche Heranziehung der kritischen zeitgenössischen Kommentare soll zeigen, wie treffend solch eine verstörende Annahme war.

Clark macht dieselbe Sprengkraft der *Olympia* deutlich,

29 Ebd., S. 103.

indem er die Unmöglichkeit einer Fortsetzung der traditionellen Aktmalerei (unter den Bedingungen der Selbstrepräsentation einer sich entwickelnden kapitalistischen Gesellschaft) überzeugend darlegt, die Unmöglichkeit, das unmittelbare Fehlen der Glaubwürdigkeit, eines Abstrahierens vom Besonderen, einer entsexualisierenden Idealisierung und einer dadurch relativ unschuldigen Wendung an den Betrachter (Abb. 3.1, 3.2). Olympia ist keine Nackte, sie ist ein nacktes Individuum; und das nimmt im Kontext des modernen Paris eine andere Bedeutung an. Eine gelungene Zusammenfassung von Clarks Position lautet wie folgt:

> Doch wenn man zeigen könnte, daß die Klasse zu diesem Körper gehört, wenn man sehen könnte, daß sie die grundlegenden Kategorien des Nackten und der Nacktheit erneuert, wenn sie Teil des ganzen Arrangements des Körpers und der Körpersprache wird, etwas, was man *am* Körper abliest, im Körper liest, in einer Weise, die der Zuschauer nicht unterscheidend wahrnehmen könnte – dann wäre der Kreis unterbrochen und die Kategorie *Kurtisane* durch andere, weniger absolute und angenehme Kategorien ersetzt. Körper und Geld wären keine unvermittelten Begriffe mehr, die nur abstrakt, da draußen im Hinterland der Bilder, interessant sind, sondern sie würden ihren Ort bei der Formation einer bestimmten Klasse einnehmen.[30]

Genau das ereignete sich seiner Argumentation zufolge beim Erscheinen von Manets Bild im Salon von 1865.

Nun wäre es falsch, wollte man mit diesen ausgewählten Zitaten den Eindruck erwecken, daß Clarks Zugang zur

30 Ebd., S. 118. Siehe auch seine Bemerkungen auf S. 49 über den »Mythos der Moderne« und die damit kontrastierende Wirklichkeit: daß »das Gemeinwesen starrer als je zuvor in Klassen eingeteilt und gespalten war«, daß eine Ära des »unverkennbaren Abschottens und Isolierens der einzelnen Klassen« herrschte.

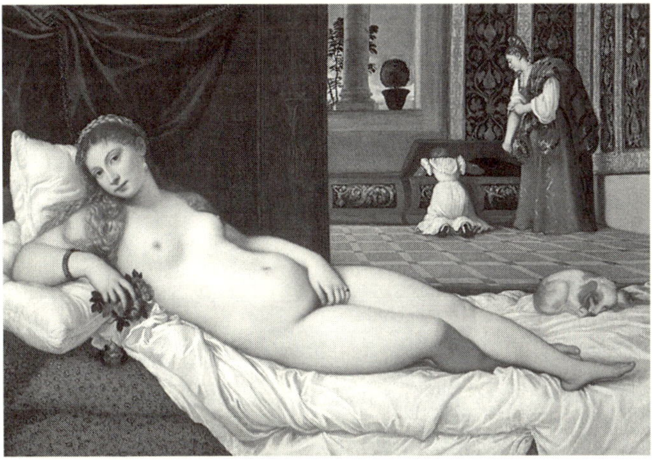

Abb. 3.1: Tizian, *Venus von Urbino* (1538)

Olympia auf einem streng »soziologischen Ansatz« im Unterschied zu einem ästhetischen Ansatz beruhe, oder als sei er so formuliert, wie man auch kodierte Repräsentationen in der Popkultur, in religiösen Kontroversen und in der politischen Sprache erklären würde. Ganz sicher ist Clark an der *Olympia als Bild* interessiert, an den besonderen und radikal neuen malerischen Eigenschaften des Objekts und an dem sich verändernden Status von Bildern innerhalb einer Gesellschaft des »Spektakels«, wie er es formuliert. So bemerkt er zum Beispiel ganz richtig die Aufmerksamkeit, die auf die »Flachheit« des Bildes verwendet wird, die Verweigerung von Tiefe in Manets Bildern, insistiert aber auch sehr treffend, daß wir wissen müssen, *warum* Flachheit überhaupt interessant wurde (was es bedeutete, daß man ihr Aufmerksamkeit schenkte), und er zieht verschiedene Möglichkeiten dafür in Betracht.

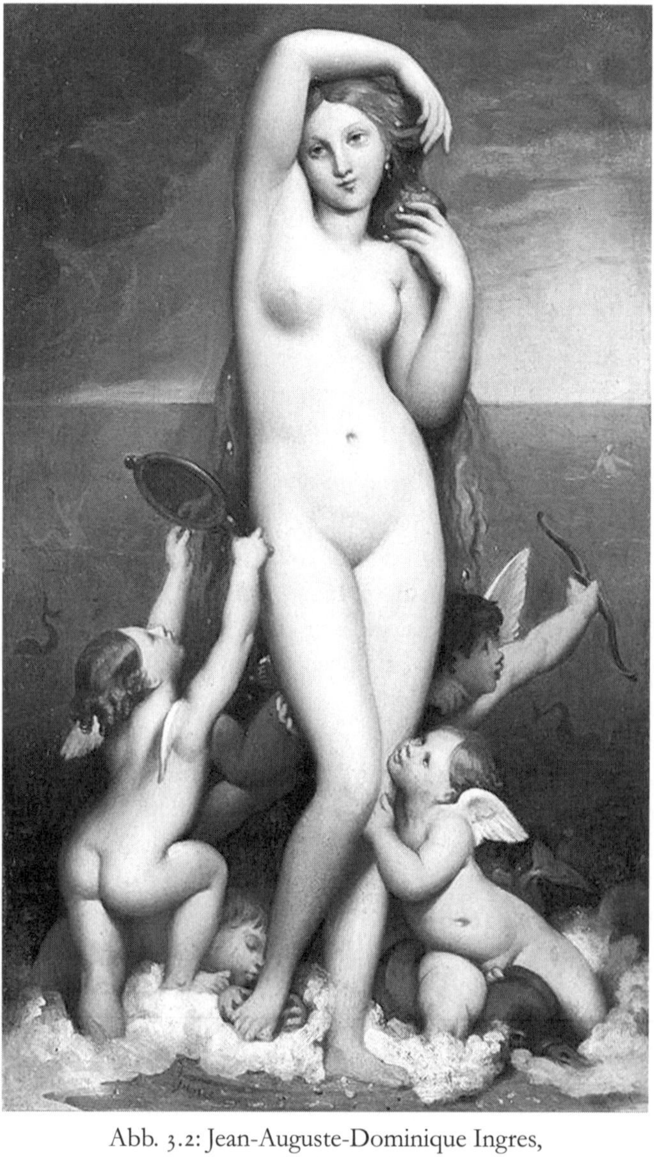

Abb. 3.2: Jean-Auguste-Dominique Ingres, *Venus Anadyomene* (1848)

> Flächigkeit wurde als Barriere gegen den normalen Wunsch des Betrachters konstruiert, in ein Bild einzutreten und zu träumen, es als einen vom Leben getrennten Raum zur Verfügung zu haben, in dem der Geist Zusammenhänge selbst frei herstellen kann.[31]

Auch andere Elemente, die für das Objekt als Bild einzigartig sind – Materialität, Unfertigkeit –, werden auf dieselbe Weise angesprochen, als Aspekte der Unfähigkeit einer besonderen Kultur, nämlich der kapitalistischen Kultur, sich selbst erfolgreich für sich selbst zu repräsentieren, und deswegen sind ganz neue Formen, den Betrachter anzusprechen, erforderlich, die mit der beschriebenen Besonderheit dieser Kultur übereinstimmen müssen.[32]

III

Clarks Ansatz erscheint mir überzeugend und außergewöhnlich erhellend. Wenn er jedoch *am Ende auf* etwas

---

31 Ebd., S. 13. Vgl. zu den Unterschieden zwischen Greenbergs Ausführungen über die Flachheit und Frieds Thesen über die direkte Ansprache die interessante Diskussion bei Stephen Melville, »The Difference Manet Makes«, in: Jill Beaulieu u. a. (Hg.), *Refracting Vision: Essays on the Writings of Michael Fried*, Sydney 2000, S. 97-128.

32 Zur Materialität vgl. Clark, *The Painting of Modern Life*, S. 138. Fried liefert mehrere gute Gründe für die Annahme, daß der weithin zitierte Begriff der Flachheit eher das Ergebnis eines verspäteten und retrospektiven Blicks auf Manet ist, der erst aus der durch den Impressionismus begründeten Sichtweise möglich wurde, und daß seine häufige Verwendung die viel wichtigere Strategie Manets, die Fried als »facingness« bezeichnet, nur verdunkelt und viel schwerer erkennen läßt. Vgl. Fried, *Manet's Modernism*, S. 16-19. Fried behauptet auch, daß dieselbe nachträglich verdunkelnde Wirkung des Impressionismus zu einer übertriebenen Hervorhebung von Manets »optischem Idealismus« führen kann.

anderes hinauslaufen soll als auf eine moralische Kategorisierung wie »eine gesellschaftliche Praxis, die sich der Entmenschlichung oder Ausbeutung schuldig« macht, (worauf Clark sicher bestehen würde), und wenn der »Bruch« im Kreislauf des bürgerlichen Zeichensystems mehr als ein bloßes Kennzeichen für die Heuchelei der Gesellschaft sein soll, dann benötigen wir, glaube ich, einen umfassenderen theoretischen Rahmen, um Manets Durchschlagskraft zu verstehen.

Wie jede andere von Normen geleitete gesellschaftliche Unternehmung, die in Hegelscher Weise erklärt wird, muß die Malerei und insbesondere die moderne Malerei als ein sich selbst konstituierendes und sich selbst regulierendes Vorhaben verstanden werden. Wie man von der Kunst sagen kann, sie sei sowohl eine notwendige Bedingung (wenn der Geist sein soll, was er ist, und sich selbst angemessen versteht, *dann muß es Kunst geben*) als auch veränderlich, in ihrer Entwicklung von Krisen geprägt und schließlich selbst Gegenstand einer Krise, in der es um ihre eigene Möglichkeit geht, ist, wie wir gesehen haben, eine ungemein schwierige Frage. Das heißt jedoch nicht, daß Kunst als autonome Kunst oder »rein ästhetisch« zu verstehen ist, denn die Bandbreite der Begriffe, die für ihre Selbstkonstitution relevant sind, muß nicht auf das Ästhetische beschränkt werden. Sie müssen das Ästhetische aber *einschließen*, müssen das Bemühen der Malerei, sich selbst erfolgreich *als Malerei* zu definieren, zu behaupten und zu erneuern, in Betracht ziehen, und sie müssen überall, wenn auch manchmal sehr derivativ, durch die Frage »Warum überhaupt Kunst?« belebt werden. Um den zentralen Punkt der ästhetischen Tätigkeit zu verstehen, die zu einer bestimmten Zeit maßgeblichen Normen für eine solche Praxis sowie die Veränderungen solcher Normen (den

Zusammenbruch und die Reinstitutionalisierung solcher Normen), muß das Narrativ insgesamt umfassend genug sein, damit der zentrale Punkt einer derartigen repräsentationalen Tätigkeit im Kontext anderer, damit verbundener Tätigkeiten der Repräsentation, mit denen die Kunst im Zusammenhang steht, hervortreten kann. (Nach Hegels Auffassung ist das die einzige Möglichkeit, wie sie hervortreten können.) Das heißt, im hier präsentierten Ansatz werden verschiedene »Standpunkte« eingenommen, und zwar immer mit Bezug auf eine mögliche sinnvolle Verkörperung von Bedeutung und die Rolle der Kunst bei der Verwirklichung solcher Möglichkeiten.

Eine derartige Praxis ist also nicht verständlich, wenn der Kern der Tätigkeit als *vollkommen* intern bestimmt aufgefaßt wird (als gäbe es eine ganz »reine« Praxis der Kunst, die in sich selbst vollkommen und sozusagen eine »rein« ästhetische Antwort wäre), und sie wird nicht angemessen verstanden, wenn man sie zu abstrakt mit *irgendeinem* System der repräsentationalen Selbstreflexion verbindet. Hegel nimmt an, daß die Malerei und alle schönen Künste nur dann angemessen verstanden werden, wenn sie in die Selbstkonstitution des menschlichen Geistes im Großen eingeschrieben sind, in sein Werden zu dem, was er ist, und in den damit verbundenen rückblickenden Versuch zu verstehen, *was* er geworden ist. In Hegels heutzutage fast unzugänglichen Begriffen muß Kunst als unmittelbare sinnliche Repräsentation des Absoluten verstanden werden (was Werbung, politische Cartoons, Trivialromane usw. offenkundig nicht sind).

Diese Formulierung ist ziemlich abstrakt, doch der Punkt ist, daß das *Explikans*, auf das Clark sich beruft – der »Test« durch eine soziale Praxis innerhalb einer Gesellschaft, die Kapital akkumuliert und Arbeit als Lohnarbeit organisiert –, nicht falsch oder unangemessen, sondern einfach noch zu eng ist, um die Bedeutung eines Bildes wie der *Olympia* in vollem Umfang würdigen zu können. (Und soweit ich sehen kann, gibt es an diesem Punkt für Clark keinen Grund zu widersprechen.) Im zweiten Kapitel habe ich argumentiert, daß wir Hegel ernst nehmen sollten, wenn er die Intelligibilität menschlicher Handlungen, die Erklärungen der Handelnden und die Zuschreibungen von Intentionen und Handlungsbeschreibungen durch andere mit der Frage nach einer bildlichen Intelligibilität der Staffeleimalerei (und anderer Künste) verbindet, und daß wir uns immer das Bild des tausendäugigen Argus in Erinnerung rufen sollten. Ausgehend von einer Darstellung wie der Clarks würde damit das Argument recht plausibel, daß ein sich allmählich herausbildender und potentiell dominierender Rahmen für derartige Erklärungen und Zuschreibungen in einer modernen Gesellschaft die *Klasse* wäre und daß man dieses Dominieren auch an Bildern »ablesen« könnte, so wie das nach Hegels Voraussetzungen zu erwarten wäre. Doch wie die oben erwähnten Bemerkungen zu einem umfassenderen Narrativ andeuten, wäre es nicht möglich, einem solchen *Explikans* eine exklusive oder gar dominierende Rolle zuzuweisen. Was Gesellschaften tun, *indem* sie sich in Klassen organisieren, ist nicht auf die ökonomischen Ziele der Klassenorganisation beschränkt, kann nicht darauf beschränkt sein, genausowenig wie die Betonung der subjektiven Intention bei der moralischen Beurteilung je die Möglichkeiten erschöpfen könnte, die dem Ringen um die Etablierung des Status des Handelnden im Verlauf der Geschichte inhärent sind. Wir brauchen also so etwas wie den früher genannten theoretischen Rahmen, um die Möglichkeiten *und die Beschränkungen* des Begriffs von Clark zu würdigen.

Was das konkret bedeutet, ist schnell erklärt. Jede Berufung auf die objektiven gesellschaftlichen Bedingungen, die in eine Überlegung zur Beziehung zwischen Subjekt und Kunstwerk unvermeidlich eingehen, muß so umfassend sein, daß sie eine Erklärung erlaubt, wie das Bild für das Subjekt, den Betrachter, eine bestimmte Bedeutung erhält. Das bedeutet, daß die Art und Weise, wie das Bild als Bild »funktioniert«, und insbesondere, um welche besondere Beziehung zwischen Maler und Betrachter es in dem Werk als einem Bild geht, genauso konstitutiv für das Objekt als Kunstwerk ist wie jede Berufung auf einen »Test« durch die gesellschaftliche Praxis. Ohne eine solche Phänomenologie der ersten Person wären wir nicht in der Lage, adäquat darüber zu diskutieren, was Gelingen oder Scheitern für ein Darstellungsprojekt bedeuten.

Man kann den Punkt auch anders formulieren: Eine bloß *funktionale* Korrelation zwischen einer spezifischen gesellschaftlichen Organisation und der Erzeugung eines bestimmten Kunststils (als wäre die Veränderung des Kunststils eine direkte Funktion der Veränderungen der Gesellschaft) ist unbefriedigend. Ein *Verständnis* der gesellschaftlichen Organisation der Welt, in der man lebt, ihrer Normen, Gebräuche, Ideale usw., oder in unserem Zusammenhang: wie ein Maler seine Beziehung zu früheren Malern versteht, zur Malerei allgemein, zum Betrachter und dem, »was jetzt verlangt wird«, ein solches Verständnis muß integraler Bestandteil der narrativen Erklärung sein. Es handelt sich nicht um eine Konkurrenzerklärung zu der, welche die gesellschaftliche Organisation von Macht betont, sondern um eine notwendige Ergänzung dieser Betonung. Worauf Clark sich mit der Formulierung eines »Tests« auf die Glaubwürdigkeit einer Repräsentation bezieht, beziehungsweise mit dem Scheitern eines solchen

Tests, ist nichts, was dem Betrachter bloß zustößt, sondern muß, um Hegels Begriff umzukehren, durch Erfahrung so »herausgearbeitet« werden, daß wir das nachvollziehen und interpretieren können.

Folglich geht diese manifestartige Breitseite aus Clarks späterem Buch, *Farewell to an Idea*, viel zu weit und hört ganz undialektisch und etwas moralisierend auf. Er schreibt, die »tiefste Überzeugung« seines Buches sei,

> [...] daß die Vergangenheit der Moderne bereits eine Ruine ist, deren architektonische Logik wir auch nicht im entferntesten erfassen. Das ist meiner Meinung nach nicht geschehen, weil wir in ein neues Zeitalter eingetreten sind. Das ist mit meinem Buchtitel nicht gemeint. Im Gegenteil, gerade weil die ›Modernität‹, die der Modernismus prophezeit hat, schließlich eingetreten ist, sind die Formen der Repräsentation, die sie ursprünglich erst entstehen ließ, jetzt unleserlich. (Oder nur lesbar unter Phantasierubriken – wie ›Purismus‹, ›Optikalität‹, ›Formalismus‹, ›Elitismus‹ usw.). Der dazwischentretende, nicht enden wollende Holocaust war die Modernisierung. Der Modernismus ist jetzt unverständlich, weil er sich mit einer Moderne verbunden hatte, die noch nicht ganz an ihrem Platz war. Die Postmoderne verwechselt die Ruinen der früheren Repräsentationen oder den Umstand, daß sie von unserem Standort aus wie Ruinen erscheinen, mit dem Ruin der Moderne selbst – und sieht nicht, daß das, was wir miterleben, der Triumph der Moderne ist.[33]

Das ist rhetorisch betrachtet ein phantastischer Abschnitt. Doch selbst wenn man die Moderne und die Modernisierung so umfassend (als eine Art von moralischem »Holocaust«) kategorisieren könnte, könnte man die ästhetische Moderne nur dann als »unverständlich« bezeichnen, wenn ihr Schicksal *ganz und gar* mit der *gesellschaftlichen* Moderni-

33 Clark, *Farewell to an Idea*, S. 2 f.

sierung verbunden wäre, worunter die Entwicklung und der globale Triumph des Spätkapitalismus und das völlige Fehlen alles Menschlichen in diesem Triumph zu verstehen sind. (Deswegen das menschlich »Unverständliche« dieses Ereignisses.) Doch was könnte das heißen? Wenn die gesellschaftliche Ordnung *an sich selbst* nur in einem umfassenderen Rahmen von Bedeutsamkeit (was könnte bedeutsam *sein*) und *für* Subjekte verständlich wäre, dann muß auch ein Rahmen für die Möglichkeit einer verkörperten oder sinnlichen Bedeutung in allen intentionalen Dimensionen möglich sein, und dann kann diese Identifikation nicht vorgenommen werden. Das »Fehlen alles Menschlichen in diesem Triumph« ist ein bestimmtes »Fehlen« zu einer bestimmten Zeit und in einer bestimmten Gesellschaft, und es ist schmerzhaft, wenn man dies feststellen kann. Die malerische Reflexion derartiger Möglichkeiten muß sich aber nicht im kontingenten Eintreten gesellschaftlichen Stillstands oder eines gesellschaftlichen Zusammenbruchs irgendeiner Art erschöpfen.

IV

Man betrachte auch Clarks eigene Tour de force, die meisterhafte Beschreibung von Manets Bild *Argenteuil* (Abb. 2.6, 2.7). Minutiös nennt er die vielen Aspekte des Bildes, die sich nie zu einem Ganzen verbinden, das »Fehlen von Ordnung« in dem Bild, das 1875 so verblüffend gewirkt haben muß. Er wendet sich dann der von mir im zweiten Kapitel kurz gestreiften Frage zu: dem »ausdruckslosen« Blick der Frau, der allgemeinen Unsicherheit hinsichtlich der Tätigkeit des Paares. Er bemerkt, daß die beiden Personen sich in »Positur« zu setzen scheinen, bemerkt die »fehlende Sicherheit« bei ihrem Vergnügen, als ob sie (um einen Begriff von Veblen zu verwenden) Müßiggang »aufführen« oder »darstellen«.[34] Es herrscht eine gewisse »Freudlosigkeit« in der Szene, die von dem Eindruck herrührt, daß die Personen alle so gekleidet sind, »wie man es von ihnen erwartet«, oder sie sich so vergnügen, »wie man es eben tut«. Es besteht keine »natürliche Einheit« zwischen den Figuren und der Landschaft. Die Wirkung ist eher die reiner »Kontingenz«.

> Das überlegte Selbstbewußtsein der Frau, ihre zurückhaltende Aufmerksamkeit für uns, die Gleichmäßigkeit ihres Blicks: das sind die besten bildlichen Ausdrücke für diesen Augenblick. Es ist Olympias Blick, doch fehlt die unbarmherzige Beschäftigung mit dem Betrachter oder die Grenze zur Unsicherheit. Diese Frau hält voller Umsicht Ausschau von einem Ort aus, der Menschen wie ihr gehört. Wie schön ist es, an Orten wie diesem an einem Sonntag allein sein zu können. Wie schön, wie modern, wie richtig und angemessen.[35]

Natürlich denkt Clark die zuletzt genannten Sätze in Anführungszeichen und will damit einen Aspekt der *Falschheit* an der Pose oder selbstinszenierten Szene kennzeichnen, eine Falschheit, die er auf das Eindringen des Kapitalismus »in die Struktur der menschlichen Beziehungen« zurückführen will. Doch mir scheint das alles an eine viel umfassendere Frage zu rühren als an die Kommerzialisierung und damit die Regulierung der Freizeit, an eine Frage, die uns bei Manet von Anfang an begleitet hat und die Fried als »facingness«, als direkte Ansprache der Bilder, bezeichnet, und die Beziehung dieser Strategie zu dem,

---

34 Clark, *The Painting of Modern Life*, S. 168.

35 Ebd., S. 173.

worauf Clark hier anspielt: zum Problem der »Theatralität«.[36]

Das Problem der Theatralität steht seit nahezu fünfzig Jahren im Zentrum sowohl von Frieds kunsthistorischem wie auch von seinem kunstkritischen Werk, und ich kann hier seinem komplexen Narrativ keine Gerechtigkeit widerfahren lassen. Kurz gesagt geht es um drei wichtige kunstgeschichtliche Bücher und vier grundlegende historische Zeitabschnitte, die seine Darstellung der Entwicklung der modernen Kunst umfaßt, angefangen bei den Fragen, die am Beginn der Malerei und der Erfindung der Kunstkritik Mitte des achtzehnten Jahrhunderts im Vordergrund standen. Das erste Buch wurde 1980 veröffentlicht: *Absorption and Theatricality: Painting and Beholder in the Age of Diderot*. Ihm folgte als Fortsetzung des Narrativs 1990 *Courbet's Realism* und dann 1996 *Manet's Modernism, or the Face of Painting in the 1860s*. Im ersten Buch konzentrierte Fried sich auf die Periode zwischen Chardin und Greuze und dem Auftreten Davids. Der Held des Buches ist Denis Diderot und sein Argument, daß das Gelingen der Malerei (was ein gelungenes Bild als Kunstwerk ausmacht) von ihrer Fähigkeit abhängt, Mittel bereitzustellen, welche »die ursprüngliche Konvention, daß Bilder (und Theater-

36 In folgender Hinsicht besteht bereits eine Verbindung zwischen Clark und Fried: Das von Clark so schön hervorgehobene Wiederauftauchen einer Typologie nach Klassen in einer Welt, die sich für die Heimat des modernen Individuums hält – *das heißt die Unmöglichkeit, glaubhaft abzubilden, was der Mythos verlangt* –, ist offenkundig nah verwandt mit der von Fried geschilderten »zunehmenden Schwierigkeit«, antitheatralische Strategien zu finden, vorausgesetzt es gibt eine plausible Verbindung zwischen theatralischen Typologien und klassengebundenen Konventionen. Das hebt Fried selbst hervor in *Manet's Modernism*, S. 259 f. Siehe auch die Diskussion bei Melville, »The Difference Manet Makes«, besonders Fn. 4, S. 125.

stücke) gemacht sind, um betrachtet zu werden, negieren oder neutralisieren; nur wenn das zu erreichen war, konnte der gegenwärtige Betrachter von dem Werk aufgehalten, festgehalten und in den Bann gezogen werden.«[37] Die Maler des achtzehnten Jahrhunderts, um die es in dem Buch geht, erreichten diese Negation weithin durch die Abbildung einer tiefen Versunkenheit der in den Gemälden abgebildeten Subjekte. Niemand scheint in Chardins Genrebildern um der Wirkung willen zu handeln oder daran zu denken, wie er anderen wohl erscheinen möge, niemand scheint normative Akzeptanz durch das Publikum zu erwarten, will ihm gefallen, es unterhalten oder sich dem »normalisierenden Blick« des Publikums anpassen, und genausowenig *will es das Bild.* (Abb. 3.3, 3.4. Ich will damit sagen, daß der hier heraufbeschworene Eindruck »nicht bloß *für andere* da zu sein«, sich als recht instabil erweisen wird, weil er so undialektisch ist und dazu beiträgt, die von Fried erörterte Krise der Theatralität herbeizuführen.)

Die vollständige These lautet folgendermaßen:

> Die Entwicklung der Malerei in Frankreich zwischen der beginnenden Reaktion auf das Rokoko und Manets folgenreichen Meisterwerken aus der ersten Hälfte der 1860er Jahre, die traditionell mit Hilfe von Begriffen wie Stil und Gegenstand erörtert und als Folge unscharf bestimmter und unverbundener Epochen oder Bewegungen dargestellt wird, kann als ein einziges, sich selbst erneuerndes, in wichtigen Hinsichten dialektisches Unternehmen begriffen werden.[38]

---

37 Michael Fried, »Introduction« in: ders., *Four Honest Outlaws*, New Haven 2011.

38 Michael Fried, *Absorption and Theatricality: Painting and Beholder in the Age of Diderot*, Chicago 1988, S. 4.

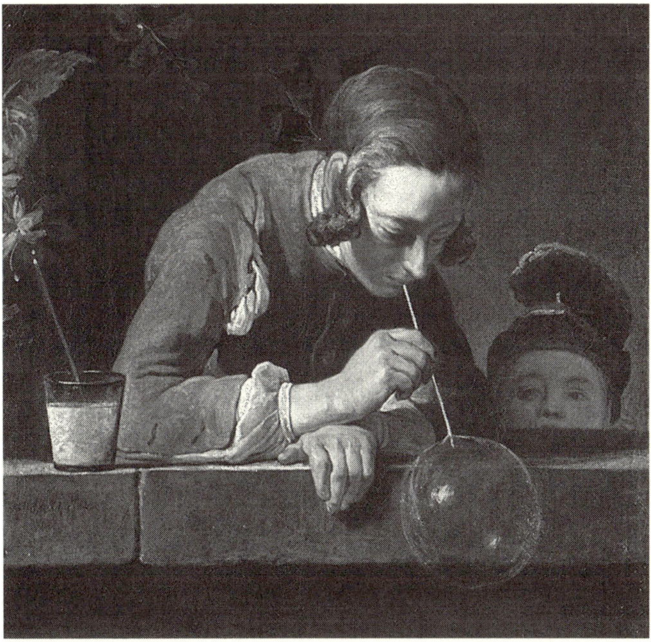

Abb. 3.3: Jean Siméon Chardin, *Seifenbläser* (ca. 1733-1734)

Diderot und Fried haben beide einiges zu der Frage beizutragen, warum Theatralität für jede Form von Kunst ruinös ist, und für beide ist das nicht ausschließlich ein ästhetisches Problem (hier klingen Aspekte von Hegels ästhetischer Theorie an).[39] Für Diderot ist die Unterscheidung ebenso wichtig wie die zwischen »einem Menschen,

39 Fried unterscheidet die kunsthistorischen Dimensionen des Theatralitätsproblems (etwa in der Art: »diese Bilder repräsentieren die Auseinandersetzung mit dem Problem der Theatralität«) von der kunstkritischen Frage (»dieses Bild scheitert, weil es theatralisch ist«). Über die Beziehung zwischen beiden vgl. Stephen Mulhall, »Crimes and Deeds of Glory: Michael Fried's Modernism«, in: *British Journal of Aesthetics* 41, 1 (2001), S. 1-23.

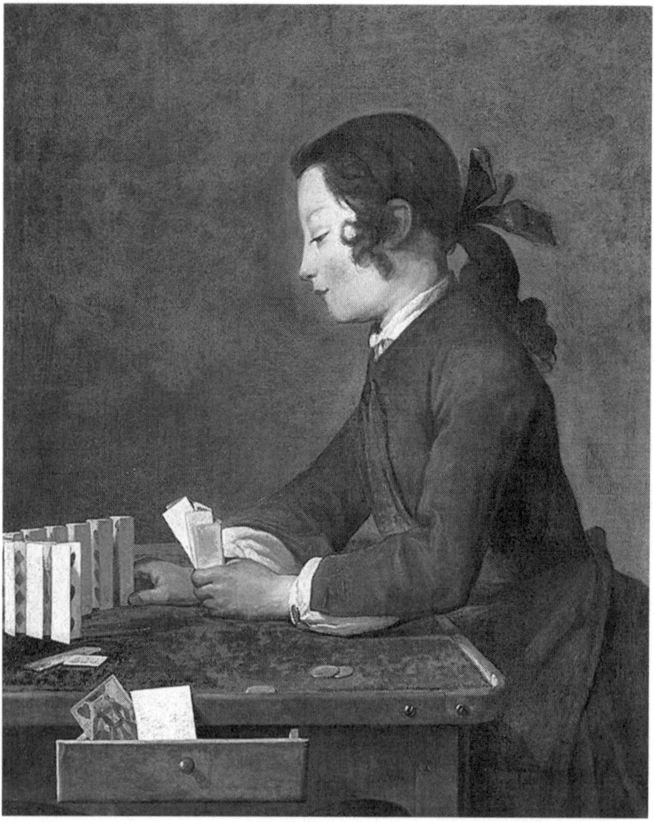

Abb. 3.4: Jean Siméon Chardin, *Das Kartenhaus* (ca. 1737)

der sich in einer Gesellschaft präsentiert, und dem interessierten Menschen, der tätig ist, zwischen einem Menschen, der allein ist, und einem Menschen, der sich beobachtet fühlt«.[40] Desgleichen setzt Diderot im *Salon von 1767* das

40 Denis Diderot, »Allgemein Bekanntes und nicht allgemein Bekanntes über den Ausdruck«, in: ders., *Ästhetische Schriften*, Bd. 1, Berlin, Weimar 1967, S. 658-670, hier S. 663.

Theatralische mit »der Manier« gleich, die er als ein »Laster der gebildeten Gesellschaft« in bezug auf die »Sitten, [...] [die] Rede oder [die] Künste« bezeichnet.[41] Für Fried ist der Einsatz ebenfalls sehr hoch, denn die Vereitelung von Theatralität ist eine wesentliche Bedingung für das Werk als *Kunstwerk*, sie ist, wie er sagt, eine »ontologische« Frage. Auf dem Spiel steht die Existenz der Malerei als Kunst. (In diesem Sinn ist ein mißlungenes Gemälde ein mißlungenes Kunstwerk, es ist also *kein* Kunstwerk.) Überdies heißt es in den Bemerkungen zu Géricault in *Courbet's Realism* von dem Maler, daß er »im Theatralischen eine metaphysische Bedrohung nicht nur für seine Kunst, sondern auch für sein Menschsein gespürt hat«.[42] Und in *Absorption and Theatricality* wird »Versunkenheit« manchmal als »inoffizielle Moral« bezeichnet.[43]

Besonders interessant an der kunstgeschichtlichen Begrifflichkeit ist, zumindest im Hinblick auf mein Vorhaben, daß Fried die *zunehmende Schwierigkeit*, die die Künstler gehabt zu haben scheinen, darin sieht, daß sie antitheatralische Strategien fortsetzen. Man könnte auch sagen, die Möglichkeit großer Kunst ist in einer gesellschaftlichen Welt bedroht, in der die Hauptgefahr für ihre Möglichkeit in einer bestimmten Form von Falschheit liegt, die sich *in dieser Welt* immer weiter ausbreitet und immer schwerer zu vermeiden ist. Dabei handelt es sich natürlich um dieselbe Bedrohung, die für Rousseau und später für Kierkegaard, Nietzsche und Heidegger von ebensogroßer Wichtigkeit ist wie für Hegel und seine Darstellung des modernen

41 Denis Diderot, »Über die Manier«, in: *Aus dem ›Salon von 1767‹*, in: ders., *Ästhetische Schriften*, Bd. 2, Berlin, Weimar 1967, S. 205-210, hier S. 206, 209.

42 Fried, *Courbet's Realism*, S. 23.

43 Fried, *Absorption and Theatricality*, S. 51.

Kampfes um wechselseitige Anerkennung.[44] Wenn man das Hegelsche Verständnis zugrunde legt, dann ist das, was im »angemessenen« oder gelingenden Ausdruck einer Beziehung zwischen Kunstwerk und Betrachter auf dem Spiel steht, unausweichlich auch Ausdruck des Problems einer öffentlich geteilten Intelligibilität im allgemeinen, einer Subjekt-Subjekt-Beziehung und nicht einer Subjekt-Objekt-Beziehung. (Wir kehren hier zu dem Problem zurück, was ein Kunstwerk über jemanden aussagt, ein Problem, das in engem Zusammenhang mit der Aussage einer Person über jemand anderen steht.)[45] Wird diese gesellschaftliche Beziehung »theatralisiert«, dann wird sie entweder als Unterwerfung gegenüber einer kollektiven Subjektivität dargestellt (eine Selbst-Vergegenständlichung oder Internalisierung dessen, was »sie« wollen) oder als Versuch des Künstlers, sein Publikum zu beherrschen oder zu überwältigen und damit zum Objekt zu machen. (Man denke an Nietzsches expliziten Vorwurf der Theatralität gegen Wagner, die Anschuldigung, Wagner habe sein Publikum betäuben oder überwältigen wollen.)[46]

44 Ich entferne mich hier von Frieds Formulierungen und verwende eine Begrifflichkeit, die in einem direkteren Zusammenhang mit Hegel steht. Frieds Anliegen bleibt konsequent kunsthistorisch und richtet sich mit großer Intensität auf die Details des Bildes und sein Gelingen oder sein Scheitern als Bild.

45 Fried ist sich sicherlich bewußt, daß in der Theatralitätsproblematik noch größere Probleme involviert sind. Vgl. seine Bemerkungen zur »Subjekt-Objekt-Beziehung« in *Absorption and Theatricality*, S. 103 f.

46 Siehe Friedrich Nietzsche, *Der Fall Wagner*, in: ders., *Gesamtausgabe*, Bd. 6, hg. v. Giorgio Colli, Mazzino Montinari, Berlin 1975. Cf. Nietzsches Bemerkungen dazu, wie Wagner »in solchen Falschheiten keine kleine Meisterschaft hatte« (ebd., S. 51) und über Wagners »Theatrokratie«, »den Aberwitz eines Glaubens an den Vorrang des Theaters, an ein Recht auf Herrschaft des Theaters über die Künste« (ebd., S. 42), und daß das Theater keine Kunstform, sondern »ein Unterhalb der

Fried unterscheidet in seiner Erklärung der »typischen Instabilität historischer Bestimmungen dessen, was theatralisch ist und was nicht«,[47] vier Hauptphasen der geschichtlichen Entwicklung, die zu Manets Modernismus führen. Zunächst gibt es die alltägliche Versunkenheit, wie sie von Chardin und Greuze dargestellt wird, dann das, was als abnehmende Glaubhaftigkeit erscheint, ob das, womit man beschäftigt ist, Versunkenheit oder hinreichende Versunkenheit anzeigen *könnte*. In Frieds Narrativ besteht bereits eine große Differenz zwischen Chardin und Greuze insofern, als der letztere sehr viel mehr Gebrauch von narrativen Konstruktionen, starken Emotionen, Appellen an Empfindungen und moralische Erwägungen macht, um den Betrachter zu »packen«. (Abb. 3.5) Fried bezeichnet diesen »Verlust« von Chardins Welt als einen der »ersten in einer Reihe von Verlusten, die alle gemeinsam die ontologische Basis der modernen Kunst konstituieren«.[48] Und es ist unwahrscheinlich, wie wir sehen werden, daß dieser »Verlust« *vollkommen* innerhalb der Kunstpraxis, dem Gelingen der Bilder, anzusiedeln ist. Er muß auch mit der

---

Kunst« ist (ebd.). An einer früheren Stelle hatte er sein eigenes Anliegen darin gesehen, »daß das Theater nicht Herr über die Künste wird« (ebd., S. 39).

47 Fried, *Courbet's Realism*, S. 15. Dabei handelt es sich bereits um eine beträchtliche Vereinfachung von Frieds Narrativ; zu weiteren Schwierigkeiten siehe sein Buch *Manet's Modernism*, S. 171 ff. Oder siehe die Diskussion im dritten Kapitel in ebd. von Alphonse Legros' Gemälde *Ex-Voto* und die dortige Darstellung des Theatralitätsproblems.

48 Fried, *Absorption and Theatricality*, S. 61. Daß die Welt einen solchen Verlust erleiden könnte, daß es einen weiten Horizont möglicher Bedeutungen gibt, der eine Welt konstituiert, und daß *dieser sich verändert* (sich vielleicht, gegen Hegel, *einfach verändert*), ist mit einer bestimmten Thematik bei Heidegger verbunden (*dem Ereignis*), die wir im nächsten Kapitel erörtern wollen. Zu einem anderen Verbindungsglied zu Heidegger siehe Frieds Anmerkung zu Greuze ebd., S. 200.

Art der darstellbaren Tätigkeiten zu tun haben, die zu einer bestimmten Zeit in einer Welt verfügbar sind, die zuläßt, daß eine solche von vollkommener Versunkenheit geprägte innere Beteiligung glaubhaft ist (oder nicht). In Heideggers Begrifflichkeit würde das heißen: das Problem betrifft die »Welt«, den Bedeutungshorizont, der die alltägliche Vertrautheit ermöglicht, und die Frage nach dieser Welt umfaßt mehr als die »ökonomische Welt« oder die »Welt der Kunstpraktiken« und bildet deren Grundlage. Als nächstes erörtert Fried die herausragende Bedeutung, die Genrehierarchien und dramatischen Historienszenen zugewiesen wird, um antitheatralische Effekte zu erzielen. (Das Hauptbeispiel hierfür sind Davids Historiengemälde wie der *Belisar* sowie die Jahre zwischen 1780 und 1814, wo der Zweck vor allem darin bestand, Szenen von einer solchen Intensität und Wichtigkeit darzustellen, daß die Tatsache der Versunkenheit, eine Anteilnahme aus ganzem Herzen, glaubhaft erschien; Abb. 3.6.)[49] In *Courbet's Realism* zeigt er, wie selbst diese Strategien ihre Kraft verlieren und Courbet deswegen eine andere, sehr ungewöhnliche, radikale Strategie anwendet, um den Betrachter zu negieren, indem er nämlich die Fiktion erzeugt, daß das Bild gar nicht betrachtet wird, *auch von dem allerersten Betrachter, dem Maler, nicht*, das heißt, indem er die Fiktion erzeugt, daß Courbet sich selbst in das Bild hineinmalt und ein wirkliches Verschmelzen mit ihm vortäuscht. (Damit haben wir eine ganz undiderotsche Strategie vorliegen, die sich auf Effekte der Versunkenheit stützte, um das Bild zu verschließen und den Betrachter fernzuhalten, wobei es

49 Siehe besonders die überzeugende Analyse von Davids *Belisar* ebd., S. 152 ff., und die generelle Feststellung, daß sich nach 1814 »ein drastischer Überzeugungsverlust in der Handlung und im Ausdruck als den Quellen für ehrgeiziges Malen« ereignete (ebd., S. 176).

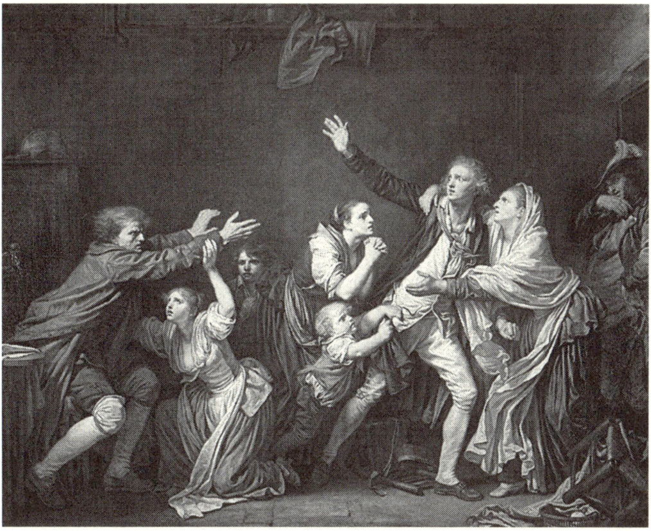

Abb. 3.5: Jean-Baptiste Greuze, *Des Vaters Fluch* (1777)

sich aber immer noch um einen antitheatralischen Effekt handelt. Anstatt eines Ausschließens durch Versunkenheit findet sich ein Verschmelzen; Abb. 3.7.)[50]

Diese Schwierigkeiten, »*der zunehmend verzweifelte* Kampf gegen das Theatralische, den wir in Davids Historiengemälden verfolgt haben«,[51] und daß »mit der Zeit die Fiktion einer Nichtexistenz des Betrachters *immer schwerer* aufrechtzuerhalten« war,[52] führen zu einer starken Radikalisierung der Antworten auf diese Schwierigkeit: zu Manets Modernismus. Auch hier wäre jede Zusammenfassung eine Entstellung, in diesem Fall ganz besonders, da eine der großen Leistungen von Frieds Manet-Darstellung

50 Vgl. Fried, *Manet's Modernism*, S. 262 ff.
51 Fried, *Courbet's Realism*, S. 20.
52 Fried, *Absorption and Theatricality*, S. 153, meine Hervorhebung.

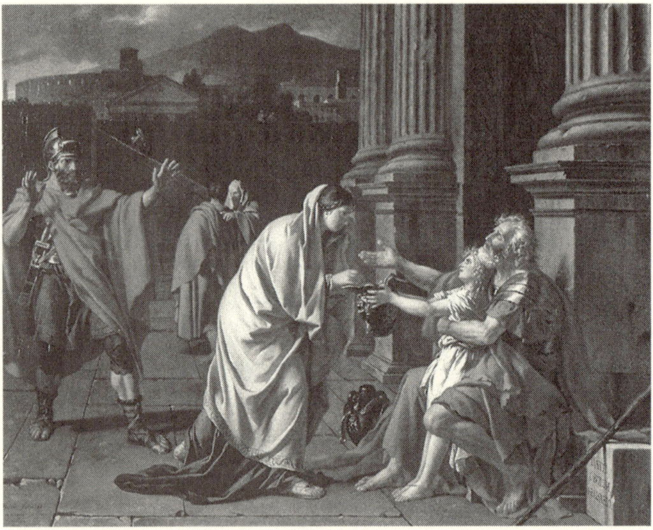

Abb. 3.6: Jacques-Louis David, *Belisar bittet um Almosen* (1781)

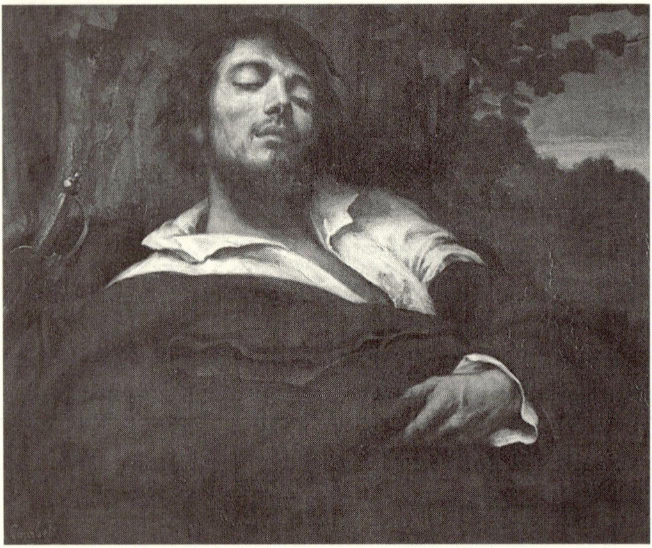

Abb. 3.7: Gustave Courbet, *Der Verletzte* (1844-1854)

darin besteht, sorgfältig und erschöpfend im Detail zu zeigen, wie Manet sich in die lange Tradition der französischen Maler einordnete, indem er seine Vorgänger zitierte, ja eigentlich kommentierte, während er sich gleichzeitig durch Bezüge auf die italienische, niederländische und spanische Malerei »internationalisierte« und damit nach einer Art malerischem Universalismus strebte, der es ihm erlauben würde, schlicht zur Ordnung der Malerei als solcher aufzusteigen. Überdies hat Fried demonstriert, wie notwendig es ist, Manets Beschäftigung mit der von ihm so genannten »Generation von 1863« zu berücksichtigen, insbesondere mit dem Werk von Fantin-Latour, Whistler und Legros, ehe man die Besonderheit von Manets Leistung richtig würdigen kann.

Um jedoch noch einmal zu wiederholen, was für unsere Zwecke wichtig ist: Zum einen ist wichtig, wie Manet die Beziehung des Bildes zum Betrachter behandelt, und zum anderen, um auch dies noch einmal zu sagen, der Einfluß von Manets Strategie auf den modernen Versuch, eine Form öffentlich geteilter Intelligibilität zu erreichen. Einfach ausgedrückt: Manet erkannte, daß antitheatralische Strategien der Versunkenheit immer weniger glaubwürdig geworden waren (oder bezogen auf die allgemeinere Frage, um die es in diesem Buch geht: *wie immer weniger glaubhaft wurde, daß ein Subjekt das andere beim Handeln oder Sprechen innerlich nicht* immer *berücksichtigte*) und wieviel größer die Bedrohung durch die Theatralität geworden war; und seine Antwort bestand im Insistieren auf einer Technik – das Subjekt dem Betrachter zuwenden und diesen direkt, fast aggressiv konfrontieren –, die vor Manet als das Wesen von Theatralität erschienen wäre, etwa wie die Wirkung eines Schauspielers, der aus seiner Rolle heraustritt und das Publikum anspricht. Fried bezeichnet diese

Technik Manets als »facingness«, als direkte Ansprache, die von ihm mit großer Wirkung eingesetzt wurde, indem sie eine dramatische »Verblüffung« erzeugt, die mit ihrer Intensität, Unmittelbarkeit und Herausforderung an jede narrative Kohärenz jeden theatralischen Effekt vereitelt. In der Tat gehört Manet für Fried allgemein zu einer Generation von Malern, »deren jeweilige Antworten auf das Problem des Theatralischen sich von seiner [Manets] unterschieden, deren Kunst aber ebenso wie seine das Auftreten einer neuen malerischen Sensibilität anzeigt, die abgestimmt ist auf Werte wie Übertreibung, Vorsätzlichkeit, Unmittelbarkeit, Intensität und Verblüffung«.[53]

Wie Fried zeigt, war auch bei anderen Künstlern aus Manets Generation diese Art und Weise, mit der Gefahr der Theatralität umzugehen, bereits erkennbar, insbesondere bei einem der erstaunlichsten Bilder, Fantin-Latours *Hommage an Delacroix* (Abb. 2.4). Zeitgenössische Beobachter bemerkten sofort, daß in dieser Versammlung von Malern, Kritikern und Kunstkennern vor einem Porträt von Delacroix sieben unter den zehn Personen auf den Betrachter blicken und niemand auf das Bild schaut. Fried bemerkt dazu, daß hier »mit Vorsatz keine Versunkenheit« gezeigt wird.[54] In Manets *Der alte Musikant* von 1862 (Bild 2.5) zeigt sich diese Vorgehensweise noch unmittelbarer und überlegter und erreicht in berühmten Bildern wie der *Olympia*, dem *Frühstück im Grünen* und der *Bar im Folies-Bergère* eine kritische, unbarmherzige Klarheit. Fried faßt das folgendermaßen zusammen:

> Er [Manet] mied oder untergrub nicht nur systematisch Motive der Versunkenheit oder potentieller Versunkenheit,

53 Fried, *Manet's Modernism*, S. 266.

54 Ebd., S. 202.

> sondern er warb auf der inhaltlichen Ebene auch ganz absichtlich mit Unverständlichkeit und auf der Ebene der Inszenierung mit internen Disparitäten als distanzierenden und erkältenden, man könnte sogar sagen versteinernden Kunstgriffen.[55]

Alles zusammen – direkte Ansprache, Unmittelbarkeit und Verblüffung, die Weigerung, das Bild durch Versunkenheit zu verschließen – benötigte man *jetzt*, um Theatralität zu vereiteln und damit der größten Bedrohung für das Überleben der Kunst als großer Kunst zu entgehen. An anderen Stellen bemerkt Fried, daß Manet eine Art »sich darstellender Theatralität«[56] entwickelt habe, die den Betrachter zwar nicht ignorieren, ihn aber mit einbeziehen konnte, indem sie die Bedeutung seiner Anwesenheit in konfrontierender Weise negierte, eine Strategie, welche »die Aufmerksamkeit der zeitgenössischen Betrachter erzwang, selbst wenn diese das als einen Akt reinster Aggression wahrnahmen.«[57]

V

Mit dieser mageren Zusammenfassung im Hintergrund können wir zu unserem Hegelschen theoretischen Rahmen zurückkehren. Bilder erheben offensichtlich keinen Anspruch auf diskursive Wahrheit, große Kunstwerke jedoch streben eindeutig nach einer nicht-begrifflichen oder vor-begrifflichen oder nicht vollständig oder völlig begrifflichen (je nach der Theorie, die man verwendet, und deren Beziehung zu Kant) Manifestation der Wahrheit. Auf der

55 Ebd., S. 405.

56 Das wäre der Unterschied zu einer »Handlungs-«Theatralität.

57 Fried, *Manet's Modernism*, S. 331.

fundamentalsten Ebene setzt schon die bloße Existenz des Kunstwerks die Möglichkeit voraus, daß die Skepsis hinsichtlich einer öffentlich geteilten Bedeutung zunichte gemacht wird (die in Frage stehende Wahrheit ist zumindest die Wahrheit einer bestimmten künstlerischen Intelligibilität, könnte man sagen), und diese Möglichkeit wird in den sichtbaren Annahmen über die Beziehung zum Betrachter häufig allegorisiert. Doch man kann derartige Manifestationen auch so verstehen, daß sie dem immer größer werdenden Druck der posthegelschen Welt und damit folglich der posthegelschen ästhetischen Traditionen unterworfen sind. Frieds Bemerkungen über »Verzweiflung« und »zunehmende Schwierigkeiten« deuten darauf hin. Bei weitem der stärkste Druck wurde im Bild des »amphibischen« Problems zusammengefaßt: Wir verfügen in einem umfassenden Sinn sowohl über eine Natur als auch über eine Geschichte, sind sowohl endliche Mitglieder einer distinkten Gattung und doch fähig, uns zu Geschöpfen zu machen, die nur lose, nur minimal mit dem verbunden sind, was die artspezifischen oder biologischen Charakteristika fordern. Und die bei weitem größte Aufgabe, der wir uns in dieser Situation gegenübersehen, besteht darin, herauszufinden, wie man sich anderen gegenüber so verhält, daß beide Dimensionen dessen, was wir sind (oder – selbst hier müssen wir das sagen – was wir als das bestimmt haben, was wir sind), Subjekt ebenso wie Objekt, in angemessener Weise anerkannt werden. Bei unserer Betrachtung der Interpretation von Kunst ist dieses Problem als ein Problem der Klasse (oder man könnte sagen: der Rolle der Macht) aufgetreten und wie Klasse in unserem Selbstverständnis vermittelt wird sowie als Problem des Betrachters – des historisch veränderlichen Verständnisses der Struktur einer betrachtenden Beziehung – und als Vermeiden von Theatralität.

Ich bin davon ausgegangen, daß die Malerei das Problem der Theatralität direkt ansprach, weil die Welt Diderots dieses Problem in einer neuen, vorher nicht dagewesenen Weise ansprach. (Das Vermeiden von Theatralität mag eine allgemeine Bedingung für Erfolg in der Malerei oder im Theater sein, doch als Problem ist es nicht *das Problem* Dürers oder Tizians oder Caravaggios.)[58] Diderot und Rousseau waren fast unmittelbare Zeitgenossen, und so ist die Beobachtung nicht weiter überraschend, daß Rousseau sich darüber beunruhigt, wie sehr der moderne Mensch »immer außer sich, nur in der Meinung der anderen« lebt.[59] Die Glaubwürdigkeit antitheatralischer Strategien kann nicht von der Glaubwürdigkeit der Bestrebungen nach gesellschaftlicher Unabhängigkeit und echter Individualität getrennt werden, von dem großen, alle vereinenden Ruf der politischen Moderne. Diese Bestrebungen sind bedroht, wenn das gemeinsame Vertrauen in Institutionen und gemeinschaftliche Praktiken so gering ist, daß man das Gefühl hat, der eigene Wille sei unausweichlich anderen unterworfen, wenn man nicht darum kämpft, deren Willen dem eigenen zu unterwerfen, und wenn damit alles, was man tut, vielleicht nicht der eigene Wille ist, sondern bereits immer und überall den der anderen mit in Betracht zieht, daß man ein Schauspieler ist, der versucht, ein Publikum zu beherrschen, oder aber selbst beherrscht wird. Auf den Strategien der Versunkenheit in der Malerei liegt ein großer Druck, weil die Verfügbarkeit von Handlungen und Praktiken in der entstehenden modernen Welt

58 Vgl. Frieds Bemerkungen in *Courbet's Realism*, S. 13 ff., und die in seinem Caravaggio-Buch verwendete Strategie. Michael Fried, *The Moment of Caravaggio*, Princeton 2010.

59 Jean Jacques Rousseau, *Diskurs über die Ungleichheit/Discours sur l'inégalité*, 6. Aufl., Stuttgart 2008, S. 269.

(einer Welt der Arbeitsteilung und der Routine), die *echte Versunkenheit erzeugen können*, gering und heute vielleicht zu eingeschränkt ist. (Daher die – in gewisser Weise – Idealisierung von Bauern und ländlicher Bevölkerung bei Pissarro und das wachsende Interesse der Maler am Primitiven als Zeichen des Echten.) Natürlich wird es immer Arbeit und Freizeitaktivitäten und sportliche Wettbewerbe geben, und um das alles zu verstehen, bedarf es intensiver Aufmerksamkeit und Konzentration. Aber wenn es beim Malen solcher Aktivitäten nicht mehr gelingt, Überzeugung zu vermitteln, dann steht sowohl die ästhetische als auch die existentielle Glaubwürdigkeit auf dem Spiel. Versunkenheit bedeutet *echte* Indifferenz gegenüber dem Betrachter, und Arbeit, moderne Arbeit, besonders Lohnarbeit, bedeutet im großen und ganzen Arbeit für jemanden, und normalerweise eine sich ständig wiederholende und abstumpfende Arbeit (Gedankenlosigkeit ist keine Versunkenheit). Selbst die Freizeit oder die zur Verfügung stehende Freizeit ist unvermeidlich eine Frage des Einkommens, der Klasse, des Status. Mit anderen Worten, es gibt keinerlei Unschuld, nirgendwo.[60]

---

60 Frieds Entdeckung antitheatralischer Strategien in der modernen Kunstphotographie (Michael Fried, *Why Photography Matters as Art as Never Before*, New Haven 2008) könnte eine breitere Diskussion zu diesem Punkt einleiten. Bei mehreren paradigmatischen Beispielen von Photographien Jeff Walls frage ich mich, ob die Versunkenheit oder das Eintauchen in eine abgebildete Tätigkeit in diesem Sinn »unschuldig« sein kann. Zumindest hat es den Anschein, daß viele der Photographien die Frage nach der Versunkenheit in einer Weise stellen, die *ästhetische* Glaubwürdigkeit einschließt, aber sich nicht darin erschöpft. In Walls *Morning Cleaning* tut die »Magie« der Versunkenheit sicherlich ihre Wirkung, doch der Gegensatz zwischen der Opulenz und Eleganz des Raumes und der niedrigen Aufgabe des Hausmeisters (der überraschende Umstand, daß der Raum nicht »für ihn« da ist, es nie sein könnte) läßt solche Bedenken aufkommen, ebenso wie der Umstand,

Nichts davon bedeutet, daß wir Grund zu der Annahme haben, wir hätten die Situation erschöpfend verstanden, indem wir sie als eine Angelegenheit von Klassen oder Entfremdung oder etwas ähnlichem kategorisieren. In gesellschaftlichen Situationen, in denen diese Fragen relevant sind, herrscht beträchtlich mehr Unsicherheit und psychologische Variabilität, als daß diese Antwort befriedigend sein könnte, und wie oben gezeigt, ist das involvierte Problem (unser »amphibisches« Problem) viel umfassender. Herrschaft und Ausbeutung in der Gesellschaft stellen nur eine seiner Dimensionen dar.

---

daß die beiden Frauen in Walls *A View from an Apartment* durch ein Fenster wie »ausgestellt« sind und ihre Hausarbeit in einer streng technologisch strukturierten Welt erledigen, ähnlich wie in der sterilen und klar verwalteten Welt in Adrian Walkers *Drawing*. (Gar nicht zu reden davon, daß auf das absorbierende Zeichnen die verdorrte, tote Hand zu antworten scheint.) Das ist ein weites Feld, doch in solchen Zusammenhängen kann Versunkenheit, weil sie lebendig ist, niemals vollständig sein; man ist sich immer zumindest in einem gewissen Sinn der Tatsache bewußt, daß man eine Pflicht oder eine Aufgabe *ausführt*, daß man für einen anderen da ist, und kann dem auch nicht entgehen. Selbst das berühmte Photo von Richters lesender Tochter ist eindeutig »gestellt«. Deswegen behauptet Fried auch nicht, daß die Motive für Versunkenheit dieselben wie bei Chardin sind, und hebt die Unterschiede zwischen Adrian Walker und Chardins Bildern hervor. Frieds Darstellung von Wall, von Delahaye, diCorcia, Struth und vielen anderen macht überaus deutlich, daß er sich der unterschiedlichen »Valenz«, könnte man sagen, der *zeitgenössischen* Motive der Versunkenheit sehr bewußt ist. Siehe auch seine wichtige Diskussion des »Gesehenwerdens« ebd., S. 35, 43, und insbesondere die Darstellungen Fischers, ebd., S. 223-226, sowie paradigmatisch die von Gordon und Parrenos *Zidane*, ebd., S. 226-233. Siehe hier vor allem die abschließende Fußnote zur jüngsten McDowell-Dreyfus-Debatte. Das alles zielt auf die komplexen Unterschiede zwischen einer »guten« alltäglichen Welt tiefer, echter Anteilnahme und Hingabe und einer »schlechten« Versunkenheit, die eher eine Art gedankenlosen und unreflektierten »Weitermachens« ist, wie man das eben so tut oder tun sollte, eine Art paradoxer *Versunkenheit in der Performanz*.

Was soll man nun in diesem Kontext über Manets direkte Ansprache sagen? (Ich meine über die ästhetische Funktion hinaus, die von Fried, wie mir scheint, in nicht leicht zu übertreffender Weise dargestellt wurde.) In einer Hinsicht deutet ihr Auftreten zusammen mit »Übertreibung, Vorsätzlichkeit, Unmittelbarkeit, Intensität und Verblüffung« auf das extreme Problem hin, was es »jetzt«, in den 1860er Jahren bedeutete, ein Bewußtsein von der Unabhängigkeit und Echtheit eines Bildes als Bild zu erzeugen. Doch das Extreme, als Maß für die Tiefe des Problems, welches diese extremen Mittel erst nötig macht, bedeutet nicht, daß wir kurz davor stehen, mit der Möglichkeit eines solchen Bewußtseins überhaupt zu brechen, als stünden wir am äußeren Rand dieser Möglichkeit, ohne zu wissen, wohin wir uns als nächstes wenden werden.[61]

---

61 Vgl. zu Hegels Bemerkungen über das, was er als einen zu »strengen« Stil betrachtet oder einen zu provozierenden und konfrontierenden Ansatz, den folgenden Passus: »Der Effekt überhaupt ist die überwiegende Richtung nach dem Publikum hin, so daß sich das Gebilde nicht mehr für sich ruhig, selbstgenügend, heiter darstellt, sondern sich herauskehrt und den Zuschauer gleichsam zu sich heranruft und sich mit ihm durch die Darstellungsweise selbst in Verhältnis zu setzen versucht. Beides, die Ruhe in sich und die Wendung gegen den Beschauer, muß zwar im Kunstwerk vorhanden sein, aber die Seiten müssen sich im reinsten Gleichgewicht befinden. Ist das Kunstwerk im strengen Stil ganz nur in sich verschlossen, ohne zum Zuschauer sprechen zu wollen, so läßt es kalt; tritt es zu sehr gegen ihn heraus, so gefällt es, aber ohne die Gediegenheit, oder nicht durch die Gediegenheit des Inhalts und die einfache Auffassung und Darstellung desselben. Dies Heraustreten fällt dann in die Zufälligkeit des Erscheinens und macht das Gebilde selbst zu solch einer Zufälligkeit, in welcher wir nicht mehr die Sache und ihre durch sich selbst begründete notwendige Form, sondern den *Dichter* und *Künstler* mit seinen subjektiven Intentionen, seinem Machwerk und seiner Geschicklichkeit der Ausführung erkennen. Dadurch wird das Publikum ganz von dem wesentlichen Inhalt der Sache frei und befindet sich durch das Werk nur mit dem Künstler in Unterhaltung, indem es nun vorzüglich darauf ankommt,

Die Existenz großer genialer Werke, die danach noch geschaffen wurden, und die durch sie inspirierten kritischen Kommentare sind Beweis genug.[62]

Doch das soll auch heißen, daß wir nun sagen sollten, unser »Hegelsches Problem« ist kein »Problem« von der Art, das jemals eine »Lösung« erlauben wird. Das Friedsche Problem der »Struktur des Betrachtens« schließt sowohl das Problem der modernen Logik interdependenter Subjektivität ein,[63] das Vermeiden von Herrschaft als

---

daß jeder, was der Künstler gewollt, wie listig und geschickt er es angegriffen und ausgeführt habe, einsehe. In diese subjektive Gemeinschaft der Einsicht und der Beurteilung mit dem Künstler gebracht zu sein, schmeichelt am meisten, und der Leser oder Hörer bewundert den Dichter und Musiker, der Beschauer den bildenden Künstler leicht um so mehr und findet seiner eigenen Eitelkeit um so lieber Genüge getan, je mehr ihn das Kunstwerk zu dieser subjektiven Kunstrichterschaft einlädt und ihm die Intentionen und Gesichtspunkte an die Hand gibt. In dem strengen Stile dagegen ist dem Zuschauer gleichsam gar nichts eingeräumt, es ist die Substanz des Gehalts, welche in ihrer Darstellung streng und herb die Subjektivität zurückschlägt. Dies Zurückstoßende kann freilich oft auch eine bloße Hypochondrie des Künstlers sein, der eine Tiefe der Bedeutung in das Kunstwerk hineinlegt, doch zur freien, leichten, heiteren Exposition der Sache nicht fortgehen, sondern es dem Zuschauer absichtlich schwermachen will. Eine solche Geheimniskrämerei ist dann aber selbst nur wieder eine Affektation und ein falscher Gegensatz gegen jene Gefälligkeit.« *Vorlesungen über die Ästhetik II*, S. 252 f.

62 Frieds Werk zur abstrakten Kunst und sein jüngstes Werk zur Photographie zeigen, wie eine solche Diskussion vorangetrieben werden kann, und seine Arbeiten zu Eakins und Menzel machen deutlich, daß man das Theatralitätsproblem nicht als das einzige Problem ansehen sollte, dem sich eine ehrgeizige Kunst in der Moderne stellt.

63 Vgl. Hegels Formulierung: »Bewahrt aber muß dies Fürsichsein des Werks in der Skulptur bleiben, weil sein Inhalt das äußerlich und innerlich auf sich Beruhende, Abgeschlossene und Objektive ist. In der Malerei dagegen, deren Gehalt die Subjektivität, und zwar die in sich zugleich partikularisierte Innerlichkeit ausmacht, hat eben auch diese Seite der Entzweiung im Kunstwerk als Gegenstand und Zuschauer

Verdinglichung, als auch, was die Kunst als ein sinnliches materiales Objekt betrifft, das fortbestehende Problem der Möglichkeit einer sinnlichen Verkörperung öffentlich geteilter Bedeutung, und zwar in einem Kontext, in dem die Bedingungen eines solchen Problems nicht stabil sind. In einem Hegelschen theoretischen Rahmen, wie ich ihn verstehe, bedeutet das Ansprechen dieser Fragen und damit das notwendig kollektive, unvermeidliche, unaufhörliche Ansprechen dieser Fragen schlicht zu fragen, was es heißt, »*Geist*« zu sein, was es heute heißt, »*Geist*« zu sein. Wenn Hegel so extravagant behauptet, daß wir mit ihm den »absoluten Standpunkt« erreicht, absolutes Wissen gewonnen haben, dann ist dies, so denke ich, genau das, was er meinte.

---

hervorzutreten, doch sich unmittelbar dadurch aufzulösen, daß das Werk, als das Subjektive darstellend, nun auch seiner ganzen Darstellungsweise nach die Bestimmung herauskehrt, wesentlich nur für das Subjekt, für den Beschauer und nicht selbständig für sich dazusein. Der Zuschauer ist gleichsam von Anfang an mit dabei, mit eingerechnet, und das Kunstwerk nur für diesen festen Punkt des Subjekts.« *Vorlesungen über die Ästhetik III*, S. 28.

Kapitel 4

Kunst und Wahrheit: Heidegger und Hegel

> Der Maler kümmert sich gerade um das, macht gerade das zu einem sichtbaren Gegenstand, was ohne ihn im je einzelnen Bewußtseinsleben eingeschlossen bliebe: die Vibration der Erscheinungen, die die Wiege der Dinge ist. Dieser Maler ist nur von einem ergriffen: von der Fremdartigkeit der Dinge, kennt nur ein einziges Gefühl: das der stets neu beginnenden Existenz.
>
> Merleau-Ponty, *»Der Zweifel Cézannes«*[1]

I

Meine These lautete, daß Hegels Vorstellung der modernen ästhetischen Intelligibilität oder der modernen Normen für eine gelingende Kunst uns in die beste philosophische Position versetzt, um das von mir in den Mittelpunkt meiner Diskussion gerückte Beispiel zu verstehen: die Krise der modernen Bildkunst in der Tradition der abendländischen Malerei. Diese Kunst scheint neue, vorher nicht dagewesene Forderungen an unsere Auffassung vom Charakteristischen der ästhetischen Intelligibilität zu stellen, Forderungen, die von der romantischen oder traditionellen Ästhetik nicht erfaßt werden können, die jedoch mit Hegels Bild einer geschichtlichen Entästhetisierung der Kunst oder der abnehmenden Bedeutung des Schönen

---

1 Maurice Merleau-Ponty, »Der Zweifel Cézannes«, in: ders., *Das Auge und der Geist. Philosophische Essays*. Hamburg 2003, S. 16.

als eines ästhetischen Ideals vereinbar sind. Das ist deshalb der Fall, weil Hegel die von der modernen Kunst an uns gestellten Ansprüche für untrennbar von den Ansprüchen hält, welche an uns durch jede wahrnehmbare Verkörperung von Bedeutung gestellt werden, besonders der Bedeutung körperlicher Bewegungen, die als Handlungen anzusehen sind (das »amphibische« Problem), und weil er der Auffassung ist, daß Kunstwerke durch ihre bloße Existenz eine Annahme über die Möglichkeit einer öffentlich geteilten Bedeutung verkörpern (das Problem des »tausendäugigen Argus«). Und diese Ansprüche versteht er als durch und durch historisch, ihr Sinn verändert sich. In den Werken der bildenden Kunst muß das Ansprechen eines Betrachters immer auch ein Verständnis von der Beziehung des Werks zum Betrachter, eine gewisse Vorwegnahme der Antwort des Betrachters verkörpern, und diese Beziehung verändert sich nach Hegels Theorie im selben Maß, wie sich in einer Gesellschaft die von allen geteilten Annahmen über derartige Beziehungen im Lauf der Zeit verändern, wenn sie unterschiedlichem Druck und verschiedenen Belastungen ausgesetzt sind.

Richten wir unser Augenmerk weiterhin strikt auf *diese* grundlegenden Annahmen Hegels, dann gibt es für ihn eigentlich keinen Grund zu behaupten, die schönen Künste seien in der Moderne »ein Vergangenes« geworden und mußten dazu werden. Seine Feststellung gründet sich in erster Linie nicht auf eine Auswertung der in der Kunst üblichen Praktiken, sondern auf eine voreilige Einschätzung der Natur der modernen Gesellschaft und des Status der modernen Philosophie. Daß seiner Argumentation zufolge solche Überlegungen (zur modernen Gesellschaft und dem modernen Selbstverständnis in der Philosophie) für ein Verständnis der Kraft und des Geschicks der

Kunst zu jeder Zeit ebenso wesentlich sind wie ästhetische Kriterien, ist sein bleibendes Verdienst; doch wenn man seine Schlußfolgerungen zu dem Punkt, »an dem wir uns jetzt befinden«, ablehnt, wenn man insbesondere seine Schlußfolgerung ablehnt, daß das Bedürfnis nach Kunst von der Philosophie befriedigt worden sei, dann bedeutet das nicht, daß die beiden wichtigsten Dimensionen von Hegels Auffassung, wie moderne Kunst möglicherweise zu begreifen sei, ihren Wert oder ihre Bedeutung verlieren.

Eine derartige Perspektive eröffnet also die Möglichkeit, so würde ich behaupten, die Antworten derjenigen zu verstehen, die sich in der »nachhegelschen« Tradition mit dieser oder verwandten Fragen befassen: Was bedeutet es, daß die Konventionen malerischer Glaubwürdigkeit bei Manet eindeutig zu versagen begonnen haben, und was bedeutet dieses Versagen hinsichtlich eines parallelen Zusammenbrechens der Möglichkeit verkörperter und intersubjektiver Intelligibilität in einer Gesellschaft, in der solche Werke geschaffen und am Ende auch geschätzt wurden? Das würde Adornos Behauptung einschließen, daß die implizite Ablehnung konventioneller ästhetischer Normen in der modernen Kunst eben dadurch die »Negation« eines ganzen Sinnsystems einschließt, das von, wie er es nennt, »Identitätsdenken« und dem totalen Anspruch einer instrumentalen Rationalität beherrscht wird. Das würde auch T. J. Clarks Behauptung einschließen, daß man Malerei als eine Art Test auf das Vermögen einer Gesellschaft verstehen kann, sich selbst kohärent für sich selbst zu repräsentieren, und daß dieser Test in der modernen Bildkunst zu versagen beginnt, ebenso wie Clarks pessimistischere Behauptung, daß eben dann, wenn der Test bestanden wird, Materialismus, Inhumanität und Reduktionismus der modernen Gesellschaft »sichtbar« werden.[2] Und auch Michael Frieds Darstellung wäre eingeschlossen, daß die Krise der Theatralität zu- und die Glaubwürdigkeit antitheatralischer Strategien abnimmt, die beide in der Radikalität von Manets Strategie der direkten Ansprache kulminieren, was für alle späteren modernen Maler von entscheidender Bedeutung sein wird. Das ist ganz besonders dann der Fall, wenn man diese Entwicklung als eine Krise des Skeptizismus hinsichtlich der Möglichkeit einer von allen geteilten öffentlichen Bedeutung interpretiert, die von den Subjekten in einer Art Wechselseitigkeit geteilt wird und nicht in Subjekt-Objekt- oder Unabhängigkeit-Abhängigkeit-Beziehungen.

II

Doch es ist auch möglich, sich einer anderen Art philosophischen Nachdenkens über die Kunst und die Bedeutung der Kunst zuzuwenden, einer Art, die ebenso ehrgeizig ist und in der Kunstwerke ebenfalls als *Träger von Wahrheit* in einer bestimmten Form angesehen werden. Dabei handelt es sich jedoch um eine Tradition, die die Wahrheit nicht an die Wirklichkeit und die Verwirklichung der Freiheit bindet (was es ist oder was es heißen könnte, »wahrhaft« frei zu sein), sondern die einzigartige *erschließende* Kraft der Kunst in einer fundamentaleren, »ontologischen« Art und Weise versteht, selbst wenn diese häufig immer noch radikal historisch ist. In dieser Tradition geht es um eine fundamen-

2 Es gibt eine schöne Aussage von Clark über seinen Ansatz in Clark, *Farewell to an Idea*, S. 165. Man beachte vor allem seine Bemerkungen zur Form.

tale, nicht diskursiv formulierbare Wahrheit über die bloße Möglichkeit von Bedeutsamkeit, von Intelligibilität in allem unserem Tun (denn diese wird in jeder diskursiven Behauptung immer und überall vorausgesetzt): Es geht um die Bedeutung des Seins selbst.[3] Man kann Schelling, Schopenhauer, den jungen Nietzsche, Heidegger und Merleau-Ponty als die einflußreichsten Repräsentanten dieser Tradition bestimmen, und es wäre keine Übertreibung, wenn man sagte, daß der einzige repräsentative und der einflußreichste Text, Kunst philosophisch auf solche Weise zu betrachten, der Text dreier Vorlesungen ist, die Heidegger 1936 in Frankfurt vor dem *Freien Deutschen Hochstift* hielt und unter dem Titel *Der Ursprung des Kunstwerkes* veröffentlichte.[4] Dem Werk gingen zwei verschiedene Fassungen voraus, und es wurde später von Heidegger überarbeitet und durch Fußnoten erweitert; es weist eine beträchtliche innere Spannung auf, enthält viele dunkle und nicht ganz klar ausgearbeitete Behauptungen und steht, wie Heideggers ganzes Werk in den dreißiger Jahren des zwanzigsten Jahrhunderts, im Schatten seiner Rektoratsrede von 1933

---

3 Ich werde das Problem der Unverborgenheit nur behandeln, insofern es für den *Ursprung*-Essay wichtig ist. Doch Heideggers Verwendung des Begriffs und sein Verständnis desselben hat eine lange, komplizierte Geschichte (bis er ihn am Ende vom Begriff »Wahrheit« unterscheidet) und ist von der Kritik ungemein mißverstanden worden. Für mein Verständnis historischer und anderer Fragen verdanke ich der Diskussion bei Wrathall (Mark A. Wrathall, »Unconcealment«, in: ders., *Heidegger and Unconcealment: Truth, Language, and History*, Cambridge 2011, S. 11-33) sehr viel. Siehe besonders seine Diskussion in einem Appendix zu seinem Kapitel über den *Ursprung*-Essay, eine heideggerianische Antwort auf Kritiker wie Tugendhat. Ebenfalls unverzichtbar ist hierfür: Daniel O. Dahlstrom, *Heidegger's Concept of Truth*, Cambridge 2001, besonders Kapitel fünf.

4 Zunächst 1950 in *Holzwege* als Essay publiziert. Martin Heidegger, *Holzwege*, Frankfurt/M. 1950.

und seiner Mitgliedschaft in der NSDAP 1933-1934. Doch trotz dieser Schwierigkeiten für das Verständnis und die Interpretation des Textes kann man sagen, daß Heidegger darum ringt, Wichtiges über die Kunst und Erhellendes über die moderne Kunst, besonders über die moderne Malerei zu sagen, in diesem Werk noch eher indirekt, später dann klarer.[5] Das berühmteste Kunstbeispiel (berühmt vor allem wegen der Kontroverse, die es auslöste)[6] ist ein Bild van Goghs mit einem Paar Bauernschuhen; außerdem gibt es aus späteren Jahren einige Äußerungen Heideggers zu Cézanne, die ich in den Kontext meiner Ausführungen einzuordnen versuche.[7]

---

5 Cf. Gottfried Böhm, »Im Horizont der Zeit: Heideggers Werkbegriff und die Kunst der Moderne«, in: Walter Biemel, Friedrich-Wilhelm von Herrmann (Hg.), *Kunst und Technik: Gedächtnisschrift zum 100. Geburtstag von Martin Heidegger*, Frankfurt/M. 1989, S. 255-286, hier, S. 271.

6 Ich meine hier die weithin, wenn auch nicht vollkommen irrelevante Kritik von Meyer Schapiro (»The Still Life as a Personal Object – A Note on Heidegger and van Gogh«, in: ders., *Theory and Philosophy of Art: Style, Artist, and Society*, New York 1994, S. 135-142, ders., »Further Notes on Heidegger and van Gogh«, in: ders., *Theory and Philosophy of Art: Style, Artist, and Society*, New York 1994, S. 143-152). Weithin, aber nicht vollkommen irrelevant – Schapiro macht nie wirklich deutlich, warum die Tatsache, daß die Schuhe wahrscheinlich van Gogh und nicht einer Bauersfrau gehörten, für das *Bild*, wie es als Bild dasteht, relevant ist. Doch seine Enttäuschung über Heideggers Unaufmerksamkeit gegenüber den ästhetischen Details dieses besonderen Bildes, die es von anderen Schuhbildern van Goghs unterscheidet, ist verständlich.

7 Es trifft selbstverständlich auch zu, daß Heidegger gelegentlich allem, was man heute als Herz der Moderne in der Malerei betrachten würde, vor allem kubistischer oder abstrakter Kunst, feindselig gegenüberstand. Siehe die Zusammenfassung entsprechender Äußerungen bei Dieter Jähnig, »›Der Ursprung des Kunstwerkes‹ und die moderne Kunst«, in: Walter Biemel, Friedrich-Wilhelm von Herrmann (Hg.), *Kunst und Technik: Gedächtnisschrift zum 100. Geburtstag von Martin Heidegger*, Frankfurt/M. 1989, S. 219-254, hier S. 223 f. Andererseits schien

Das Verblüffende an dem Essay ist in unserem Zusammenhang, wie das »Nachwort« deutlich macht, daß Heidegger Hegel zunehmend als seinen großen Gesprächspartner in diesen Fragen betrachtete. Heidegger nennt Hegels Vorlesungen die »umfassendste Besinnung auf das Wesen der Kunst, die das Abendland besitzt«,[8] und zitiert Hegels berühmte Behauptung, daß die Kunst für uns *ein Vergangenes* sei. Er ist der Meinung, daß Hegels Frage weiterhin die zentrale Frage bleibt:

> Ist die Kunst noch eine wesentliche und eine notwendige Weise, in der die für unser geschichtliches Dasein entscheidende Wahrheit geschieht, oder ist die Kunst dies nicht mehr?[9]

Heidegger ist ebenfalls der Ansicht, daß zu der Zeit, als Hegel seine Vorlesungen hielt, und bis in die Gegenwart hinein, die Antwort auf diese Frage »Nein« lautete, aber im Gegensatz zu Hegel beharrt er darauf, daß die Frage noch nicht endgültig entschieden ist, daß Kunst vielleicht doch wieder *eine Weise, in der die Wahrheit geschieht*, ja, *eine wesentliche und eine notwendige Weise* werden könnte.

Heidegger stimmt also mit Hegel überein, daß in der modernen Lebensform Kunstwerke nichts »für unser geschichtliches Dasein Entscheidendes« enthalten oder enthalten können, doch im Gegensatz zu Hegel sieht er darin eine schwerwiegende Anklage gegen die moderne Gesell-

---

er im privaten Kreis offener und weniger skeptisch zu sein. Siehe Dieter Jähnig, »Die Kunst und der Raum«, in: Günter Neske (Hg.), *Erinnerung an Martin Heidegger*, Pfullingen 1977, S. 131-148, und Böhm, »Im Horizont der Zeit«. Vgl. auch Böhms Berufung auf die eher feindseligen Passagen in *Denkerfahrungen* und in *Der Satz vom Grund*, ebd., S. 280.

8 Martin Heidegger, »Der Ursprung des Kunstwerkes«, in: ders., *Holzwege*, Frankfurt/M. 1950, S. 7-68, hier S. 66.

9 Ebd., S. 67.

schaft und nicht eine Konsequenz der Rationalisierung der Gesellschaft und der Überlegenheit des von der Philosophie erreichten philosophischen Selbstbewußtseins. Diese Meinungsverschiedenheit öffnet den Blick für die fundamentaleren Meinungsverschiedenheiten, welche die grundlegende Differenz zwischen der »Verwirklichung der Freiheit« und den »ontologisch erschließenden« Traditionen in der Philosophie der Kunst bestimmen, und sie führen uns den kaum meßbaren Einfluß vor Augen, den Heideggers scharfe Kritik am abendländischen Rationalismus und seiner Metaphysik sowie der damit korrespondierende Begriff der Endlichkeit auf inzwischen mehrere Generationen europäischer Philosophen ausgeübt hat.

Denn Heideggers Theorie, *warum* die Kunst diese wichtige Rolle nicht mehr übernehmen kann, ist mit der weitreichenden Behauptung verbunden, daß die metaphysische Tradition des Abendlandes auf katastrophale Weise im Nihilismus oder im *Zeitalter der vollendeten Bedeutungslosigkeit* endete. In diesem metaphysischen Kontext ist Kunst, so sagt er, vom »Ästhetischen« oder von einer Subjektivierung der Bedeutung der Kunst her gesehen worden, von der Isolierung einer solchen Bedeutung im ästhetischen oder strikt sinnlichen »Erlebnis« individueller Subjekte her. (Ein solches *Erlebnis* ist *»das Element, in dem die Kunst stirbt«*.[10]) In einer Zeit, in der die Möglichkeit von Wahrheit streng auf die moderne Naturwissenschaft oder gar auf die »Vernunft« und das propositionale Wissen im allgemeinen beschränkt wird, kann das Kunstwerk folglich *nur* eine derartige subjektive Bedeutung haben und ist somit nur Gelegenheit für eine subjektive Erfahrung von notwendig eher marginaler als zentraler Bedeu-

10 Ebd., S. 66.

tung.[11] Wenn das »Reale« in den materiellen, von der Naturwissenschaft bestimmten Eigenschaften besteht, dann kann das, was die Antwort auf ein solches Objekt zu einer Antwort auf Kunst macht, nur das *Erlebnis* des Subjekts sein, ein Erlebnis, das sich in keiner Weise auf das bezieht, was ist, sondern das rein reagierend ist.

Bereits diese Charakterisierung der schädlichen Auswirkungen einer »ästhetischen« Kunstauffassung nimmt Hegels eigene Unzufriedenheit mit einem ganz und gar »ästhetischen« Ansatz oder das merkwürdige Fehlen einer ausgeprägten ästhetischen Dimension in seiner historisierten Philosophie der Kunst nicht genügend zur Kenntnis. Für Hegel ist der auf die Kunst bezogene Modus der Intelligibilität nicht diskursiv, er ist aber sicher auch nicht vollkommen sinnlich oder subjektiv, eine bloße angenehme Erfahrung.[12] Recht irreführend ist es schließlich auch, wenn man *Kants* Ästhetik als eine rein »subjektive Ästhetik« betrachtet. Denn selbst die in Rede stehende Erfahrung Kants ist gehaltvoll (ein Verweis auf Zweckmäßigkeit), und in einem gewissen Sinn kann dieser Gehalt Wahrheit transportieren (der Verweis kann richtig sein). *In welcher Weise* das der Fall ist, das wird uns für den Rest

---

11 Diese Annahme basiert auf der Vorstellung einer ausschließenden Disjunktion: Entweder gibt es bestimmte ästhetische Eigenschaften (wie »Schönheit«) in der Welt, oder es gibt sie nicht, und die ästhetischen Merkmale werden subjektiv projiziert. Wenn Kunstwerke jedoch eher als Ereignisse betrachtet werden, deren Bedeutung wie die von Handlungen interpretiert werden muß, dann können solche Ereignisse erhellen, was es für Bedeutsamkeit heißt, überhaupt möglich zu sein, und zwar in einer Weise, die derartige Disjunktionen vermeidet.

12 Der Passus zum tausendäugigen Argus aus dem ersten Kapitel liefert uns ein anschauliches Modell für diese Form eines begrifflich reichen, aber nicht urteilenden Wissens – was jemand weiß, wenn er einem anderen »vom Gesicht abliest«, daß er lügt, eifersüchtig oder ein Heuchler ist.

dieses Kapitels beschäftigen, aber Hegels Begriff eines ästhetischen Erlebnisses kann nicht das von Heidegger mißbilligte ästhetische Erlebnis sein, wenn Kunst Ausdruck und Verwirklichung der Idee oder des Absoluten sein soll. (Wir haben hier den Anfang eines impliziten Arguments vorliegen, das häufig in sich widersprüchlich ist und dem es nicht gelingt, mit der kritisierten Position angemessen umzugehen. Im Grunde suchen beide Philosophen einen »nicht-ästhetischen« Kunstbegriff, und beide suchen ihn so, wie er ihrer Meinung nach von den historischen Bedingungen der Moderne gefordert wird.)

Außerdem stimmen ihre Ansätze in zwei anderen wichtigen Bereichen überein. Keiner von ihnen betrachtet die Malerei so, als sei sie wesentlich an Repräsentation oder an das Ideal der vollkommenen Wahrhaftigkeit gebunden (und gerade dadurch wird der Weg zum modernen Experimentieren geebnet). Nach Hegel wird die vernünftige Verwirklichung des Absoluten, die Verwirklichung der Freiheit, in einem Gemälde nicht »dargestellt«, sondern »herausgearbeitet« und dadurch »verwirklicht«. Man könnte in Heideggerscher Manier sogar sagen, in dem reflexiven Moment der Beziehung des Bildes zu einem Betrachter zu einem bestimmten Zeitpunkt sei Freiheit in besonderer Weise »am Werk«. Im selben Sinn geht es für Heidegger in dem Bild van Goghs nicht um die Darstellung von Schuhen, sondern um das, was er als die »Welt« des Bauern bezeichnet, die in dem, was das Bild »enthüllt«, *am Werk* ist, und nicht in dem, »was dargestellt« wird.[13]

---

13 In dieser Tradition ist die Beziehung zum Betrachter also offenkundig viel passiver. Er ist derjenige, dem die Offenbarung widerfährt. In einem gewissen Sinn nähert sich eine solche Beziehung der von Adorno als »mimetisch« bezeichneten Beziehung, da der Betrachter noch einmal erfährt, was im Bild das »Ereignis« der Wahrheit ist.

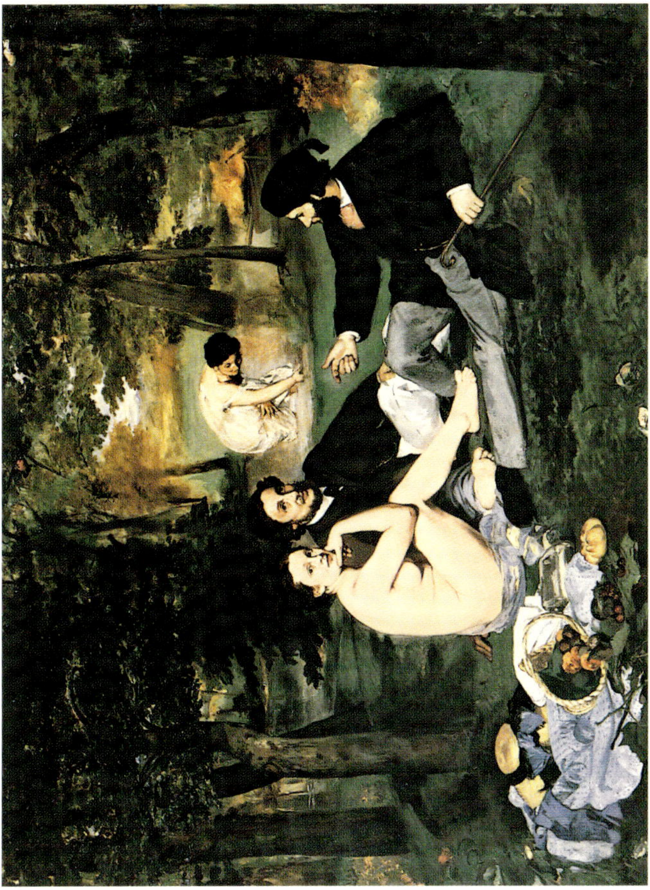

Tafel 1: Édouard Manet, *Frühstück im Grünen* (1863)

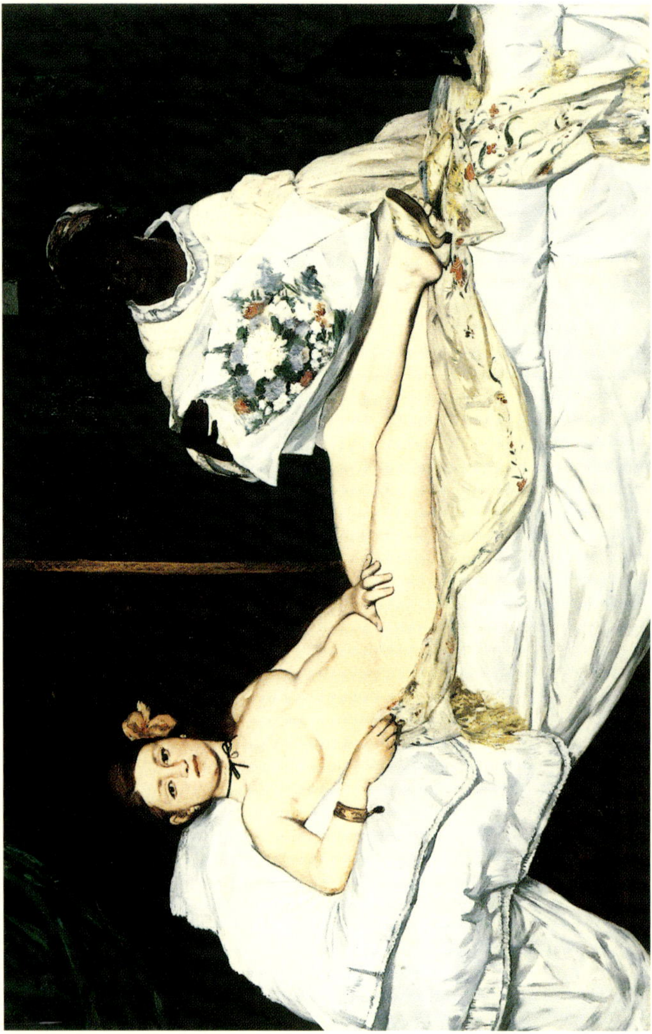

Tafel 2: Édouard Manet, *Olympia* (1863)

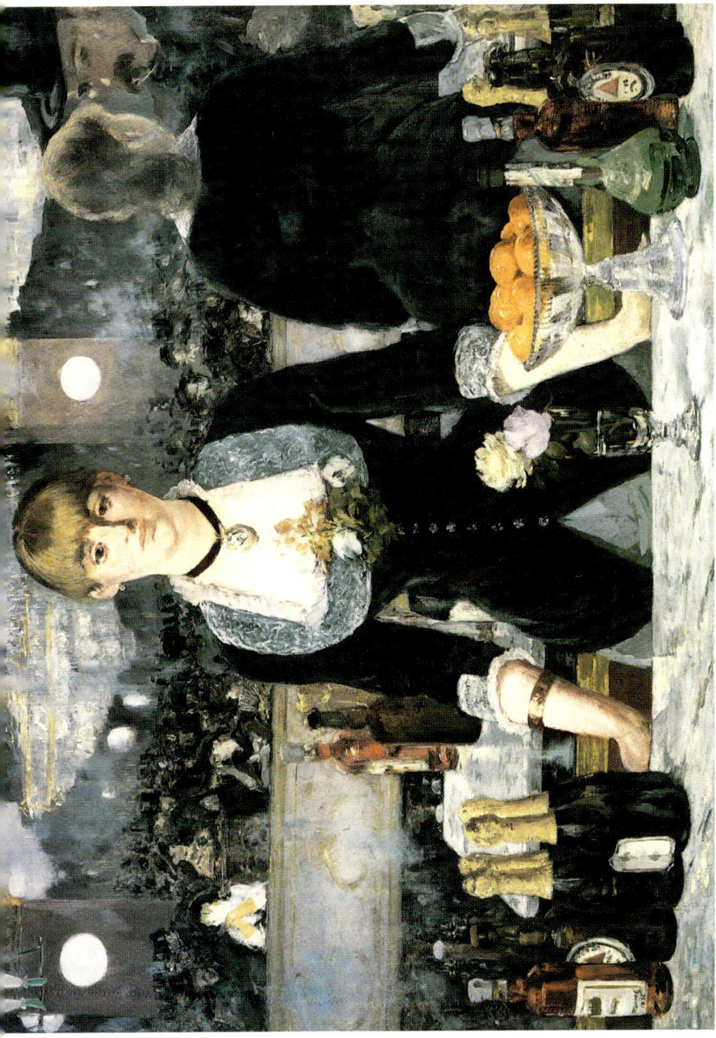

Tafel 3: Édouard Manet, *(Eine) Bar in den Folies-Bergère* (1881-1882)

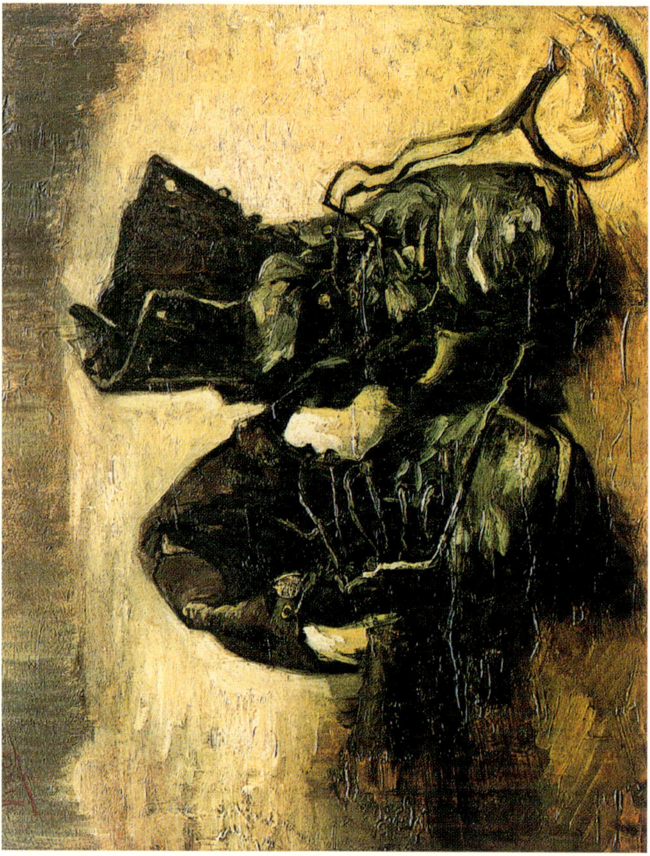

Tafel 4: Vincent van Gogh, *Ein Paar Schuhe* (1886)

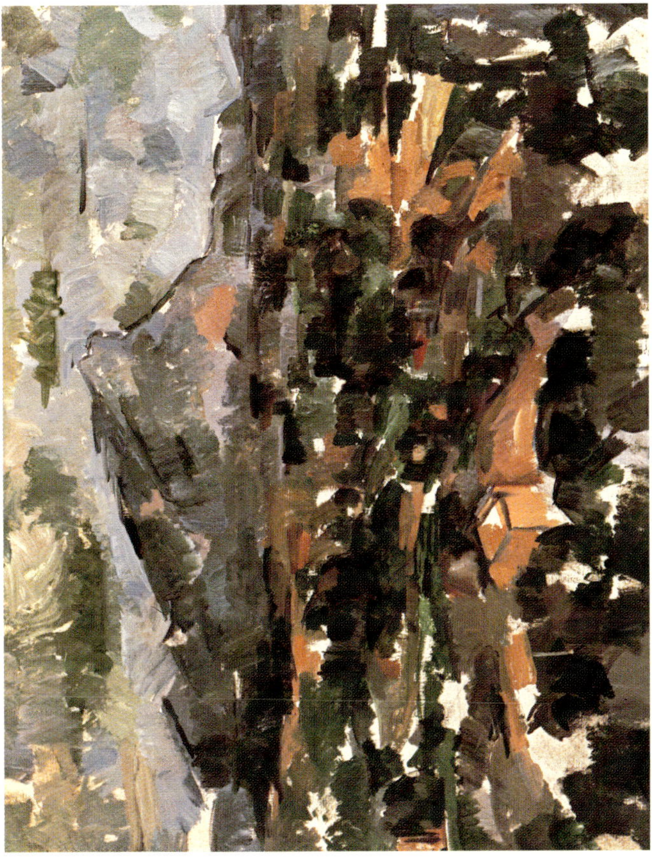

Tafel 5: Paul Cézanne, *Mt. St. Victoire* (1902-1906)

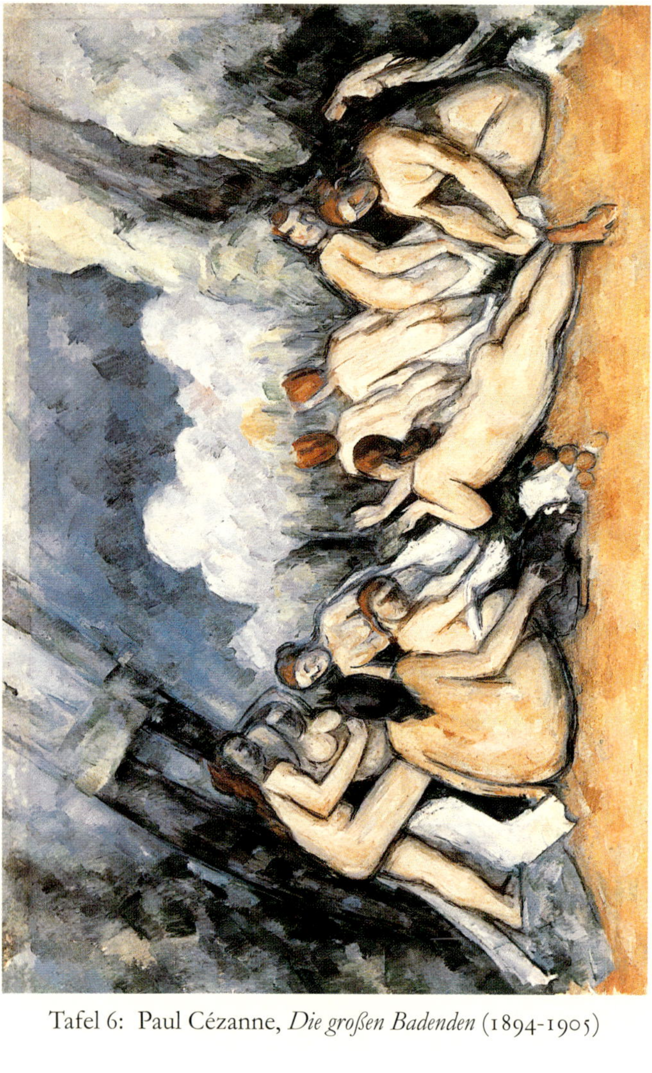

Tafel 6: Paul Cézanne, *Die großen Badenden* (1894-1905)

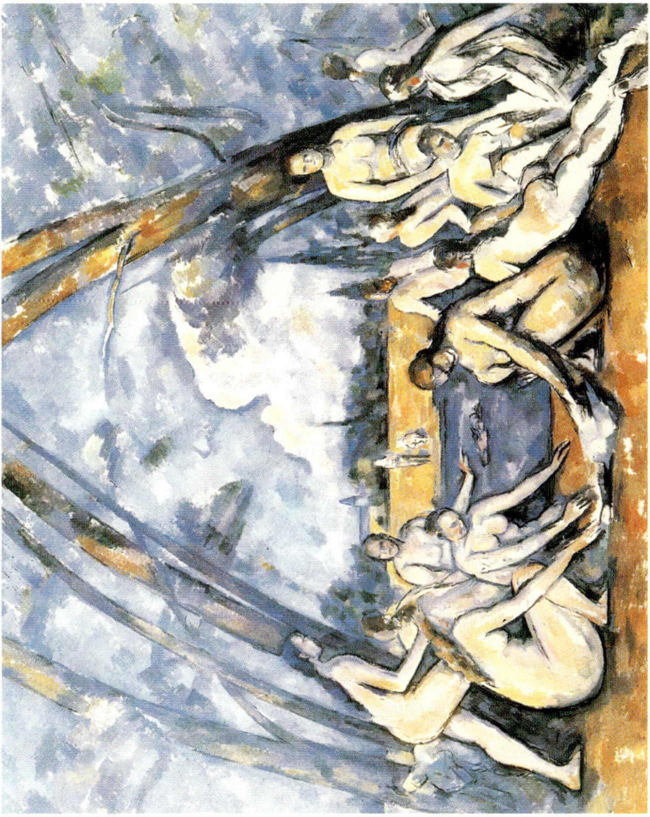

Tafel 7: Paul Cézanne, *Die großen Badenden* (1906)

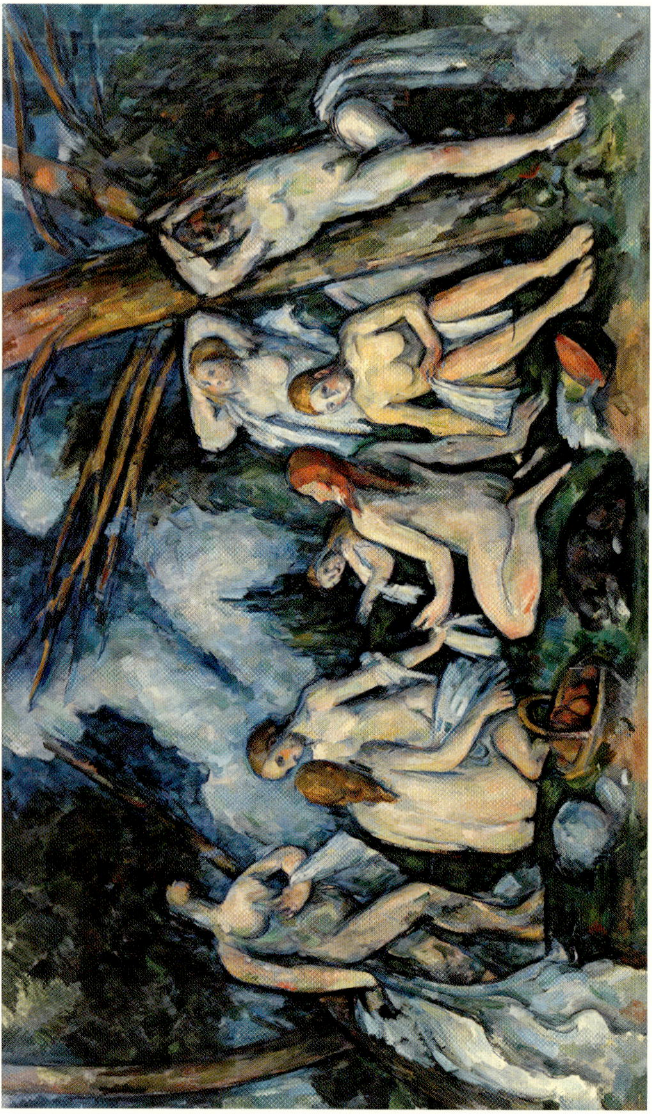

Tafel 8: Paul Cézanne, *Die großen Badenden* (1895-1906), The Barnes Foundation, Merion, Foto: The Bridgeman Art Library

Entsprechend meinen weder Hegel noch Heidegger mit ihrer Behauptung, *Kunstwerke könnten Wahrheit hervorbringen*, daß die Werke Feststellungen treffen oder so interpretiert werden müßten, als machten sie implizit propositionale Feststellungen. Hier kommt man dem Kern der Sache bei beiden sehr nahe, deswegen werden wir auf diese Frage noch zurückkommen; doch schon hier sollte man klar herausstellen, daß Heideggers Ontologie der Kunst eine »Ereignis«-Ontologie und keine Ding-Ontologie ist. (Heidegger konzentriert sich stark auf den »Werkcharakter« des *Kunstwerks*, nicht so sehr, um zu betonen, daß es *über*arbeitet oder *aus*gearbeitet ist, sondern um hervorzuheben, was im Kunstwerk »*am Werke*« ist.) Er verwendet am Anfang seines Essays ziemlich viel Raum auf die Feststellung, ein Kunstwerk sei ein »Ding«, nur um später herauszustellen, daß alles eine reductio ad absurdum des Begriffes war. *Gerade nicht qua Kunstwerk* ist es in einem abstrakten, derivativen Sinn offenkundig ein Ding.[14] Ein Bild ist eine Verkörperung des »Geschehens« der Wahrheit; im Grunde, wie wir sehen werden, des Geschehens oder des Am-Werk-Seins der »Welt« oder eines Horizonts möglicher Bedeutung, das in der Kunst einer Zeit eine Welt in verschiedenen Dimensionen konstituiert.

Nun gehört Heidegger nicht zu den Philosophen, die nach einer solchen Feststellung – ein Kunstwerk ist kein Ding, jedenfalls nicht als Kunstwerk, sondern das »Er-

---

14 Später berichtet er uns, daß diese Diskussion bloß ein Umweg war. Wir müssen noch den »dinghaften« Charakter des Werks erörtern, doch diesen müssen wir als einen Aspekt des »Werksein[s] des Werkes« und daher »aus dem Werkhaften« verstehen (Heidegger, »Der Ursprung des Kunstwerkes«, S. 28). Wenn er diesen Aspekt des Werks so betrachtet, dann schließt das den schwierigsten und wichtigsten Begriff im Essay, den Begriff der »Erde«, mit ein (ebd., S. 57).

eignis« oder das Geschehen einer Art Wahrheit – Fragen folgender Art stellen: Wie kann man dann also das Kunstwerk charakterisieren oder bestimmen? Wann genau geschieht das »Ereignis«? Wann beendet der Künstler sein Werk? Jedesmal dann, wenn das Werk angemessen gewürdigt worden ist? Was genau ist der Unterschied zwischen dem ursprünglichen Ereignis in der Welt, die »weltet«, und dem Ereignis, nachdem diese Welt aufhört zu bestehen? Für den Zweck dieser Diskussion wollen wir aber davon ausgehen, daß Heidegger eine zufriedenstellende Klärung der genannten Fragen vornehmen kann.[15]

Van Goghs Schuhe sind, obwohl sie eindeutig Schuhe abbilden, als Kunstwerk nicht »repräsentativer« als der griechische Tempel in Paestum für etwas repräsentativ war oder ist, und dieser »architektonische« Begriff der künstlerischen Bedeutung – die strittige Frage in bezug auf den Tempel ist seine besondere Verkörperung einer Welt, nämlich »wie sich die Dinge für die Griechen« in der Kunst darstellten – enthält einen Hinweis, wie das zu verstehen ist, was in Conrad Ferdinand Meyers Gedicht (eins der drei Hauptbeispiele Heideggers für Kunstwerke) oder van Goghs Bild verhandelt wird.[16] Also hat die Wahrheit, die

---

15 Würde man diese Unterscheidung angemessen entwickeln und analysieren, dann müßte man sich offenkundig enorm schwierigen Fragen zuwenden, und das ist ebenso offenkundig ein großes Thema für ein weiteres Buch. Ein sehr gutes und relevantes Buch ist Richard Wollheim, *Art and Its Objects*, Cambridge 1980.

16 Siehe die Bemerkung von 1929 aus der *Einführung in die Metaphysik*: »Jenes Gemälde von van Gogh: ein Paar derbe Bauernschuhe, sonst nichts. Das Bild stellt eigentlich nichts dar. Doch was da *ist*, mit dem ist man sofort allein, als ginge man selbst am späten Herbstabend beim Verschwelen der letzten Kartoffelfeuer mit der Hacke müde vom Feld nach Hause. Was ist da seiend? Die Leinwand? Die Pinselstriche? Die Farbflecke?« Martin Heidegger, *Einführung in die Metaphysik*, in: ders., *Gesamtausgabe*, Bd. 40, Frankfurt/M. 1977, S. 38.

in dem Werk »geschieht«, nichts mit Richtigkeit oder Angemessenheit zu tun, sondern sie ist wahr in einer Weise, wie man von einer Handlung sagen kann, sie manifestiere »wahrhaft«, wer eine Person *wirklich ist*, ihr wahres Sein und vielleicht die Welt, die sich in ihrer Handlung ausdrückt.[17] (Die Situation ist offensichtlich recht kompliziert, da eine technologische Weltsicht zwar in der Intelligibilität eines technischen Objekts am Werke sein kann, aber in einer »subjektiven« oder »belastenden« Weise, die das Begreifen ihrer eigenen Möglichkeit entstellt, untergräbt und verschließt, und deshalb muß man eine ganze Reihe von Unterscheidungen vornehmen.) Wie das erste Kapitel vielfach deutlich machte, entspricht das genau Hegels Gedanken zur im Kunstwerk ausgedrückten Wahrheit, einer »handlungsbezogenen« oder praktischen Wahrheit könnte man sagen, einem Begriff, der es uns auch erlaubte, seine Feststellung mit Clarks Vorstellung von der Moderne als der »wahren« Verwirklichung zu verbinden, dem Am-Werk-Sein von Bedeutungskonventionen, die in einer kapitalistischen Gesellschaft zur Verfügung stehen, sowie mit Frieds Vorstellung von einer Art theatralischer Falschheit in der Beziehung eines Bildes zum Betrachter. (Der Gegensatz zur Wahrheit in *diesem* Sinn ist nicht Unrichtigkeit, sondern Betrug.)[18]

Um es deutlich zu sagen, Heidegger will den Begriff der Wahrheit als Korrespondenz oder Richtigkeit näher

17 Und daher kann eine Tat am Ende sehr viel mehr enthüllen, als vom Handelnden intendiert war, oder auch mehr, als er bewußt als »sein eigen« anerkennen würde. Und in ebendiesem Sinn ist auch die Bedeutung des Kunstwerks nicht an die bewußt formulierten Intentionen des Künstlers gebunden.

18 Vgl. Stanley Cavell, »A Matter of Meaning It«, in: ders., *Must We Mean What We Say?*, Cambridge 1969, S. 213-237.

bestimmen (doch selbstverständlich nicht rundweg ablehnen), weil es, so lautet sein Argument, ganz eindeutig eine grundlegendere, ursprünglichere oder vorsprachliche Manifestation dessen gibt, wie die Dinge sind, worüber wir dann, in einem zweiten Schritt, eine Feststellung treffen können. Wenn man wissen kann, daß diese Feststellung wahr ist, muß offenkundig ein gewisser Zugang zu dem vorausgesetzt werden, von dem man behauptet, daß es der Feststellung vorausliege und sie speise und bestätige. Heideggers offizielle Bezeichnung für diesen »Zugang« ist »Unverborgenheit« (seine Übersetzung des griechischen Wortes für Wahrheit, *aletheia*) und steht im Zentrum seiner Darstellung, wie Kunst Wahrheit hervorbringt. Doch zum ersten sollten wir nicht davon ausgehen, daß sie »unmittelbar realistisch« verstanden werden kann, so als befinde sie sich in einem Spannungsverhältnis zu dem oben Gesagten über den praktischen Sinn der Wahrheit. Eine solche Unverborgenheit tritt innerhalb eines »Horizonts« möglichen Sinns oder möglicher Bedeutung auf, wie Heidegger das häufig nennt, innerhalb der »Welt«, in die jedes Subjekt bereits *geworfen* ist. Diese Welt ist nicht analog zu linguistischen Regeln oder Kantischen Kategorien oder einem begrifflichen Schema als den notwendigen Bedingungen zu verstehen. Für Heidegger ist eine jede Welt, von der die bestimmte »Unverborgenheit« eines jeden Seins abhängt, eine praktische Welt der Bedeutung, eine Möglichkeit, Dingen Bedeutung zuzusprechen. Nur innerhalb einer solchen, durch die Praxis strukturierten, historischen Welt kann die alltägliche Vertrautheit, mit der wir den Elementen unserer Welt begegnen, möglich sein. Also gibt es keinen *unmittelbaren* Realismus. (Da ein solcher Horizont möglichen Sinns für Personen und Gemeinwesen nie »verfügbar« ist, schleichen sich unvermeidlich eine Aura des

Unbestimmten und Geheimnisvollen sowie prophetische und verschwommene Hinweise auf einen derartigen Horizont in Heideggers Darstellung ein. Dieser immer schon vorausgesetzte Status ist der Hauptgrund, warum jede Enthüllung einer Welt an die »Erde« gebunden ist und von ihr verborgen wird.) In *Sein und Zeit* sind seine Hauptbeispiele für eine solche vorpropositionale Vertrautheit, eine Art durch und durch implizite, vertraute Bedeutsamkeit, die jeder Feststellung vorausliegt, das Sein von »Zeug« oder Werkzeugen wie Hammer und Nägel. Wir »verstehen« diese Objekte nicht als Teile von Materie, auf die wir unseren subjektiven Gebrauch projizieren, sondern wir verstehen sie ursprünglich dadurch, daß wir in der Lage sind, sie zu gebrauchen, verstehen sie kraft unserer Vertrautheit mit einem vollständigen, untereinander verbundenen Netzwerk von »Verweisungen« und miteinander zusammenhängenden Möglichkeiten. Doch, um das nochmals zu wiederholen, wir haben nie eine Welt als solche für theoretische Erwägungen zur Verfügung, selbst dann nicht, wenn sie in uns am Werke ist, und noch viel weniger steht uns der ultimative Horizont eines jeden möglichen Sinns, die Bedeutung des Seins selbst, zur Verfügung.[19] Aspekte davon zeigen sich, in einem Kunstwerk zum Beispiel, explizit nur, wenn eine solche Dimension von Bedeutsamkeit in einer Art aufmerksamer, aber indirekter Wertschätzung »geschieht« (was Heidegger als »bewahren« bezeichnet).

Das heißt zum zweiten, die in Rede stehende »Unver-

19 »Welt ist nie ein Gegenstand, der vor uns steht und angeschaut werden kann. Welt ist das immer Ungegenständliche, dem wir unterstehen, solange die Bahnen von Geburt und Tod, Segen und Fluch uns in das Sein entrückt halten.« Heidegger, »Der Ursprung des Kunstwerkes«, S. 33 f.

borgenheit« wird von Heidegger auch selbst als Ereignis oder Geschehen verstanden, *nicht als Inhalt eines Gedankens* oder als begrifflich erfaßte Lage der Dinge. Wir werden im weiteren Verlauf dazu noch mehr sagen müssen.

III

Vorerst wenden wir uns dem großen Widerspruch zwischen Hegel und Heidegger zu, der Differenz, die letztlich auch unsere Grundfrage umfaßt: der Frage nach dem richtigen Weg, um über die Beziehung zwischen Kunst und Philosophie nachzudenken. Die Differenz betrifft die Details von Heideggers Darstellung, wie der einem Ereignis gleichende Augenblick des »Weltens« der Welt, wie er es nennt, um den handlungsbezogenen Begriff von Wahrheit hervorzuheben, tatsächlich geschieht.[20] Sowohl Hegel als auch Heidegger sehen Kunst demnach mit anderen Worten als ein wesentlich historisches Phänomen an, ein historisches Ereignis (obwohl Heideggers Narrativ ein Narrativ des Niedergangs ist, *hat* er ein solch »großes Narrativ«), beide sehen große Kunst als Vermittlerin für etwas von großer philosophischer Bedeutung, und für beide verhindert irgend etwas an der modernen Lebensform die Fortsetzung dieser Rolle. Sicher besteht zwischen beiden eine augenfällige, unmittelbare Differenz, denn Hegel sieht dieses Ereignis in viel größerer Nähe zu einer Tat oder einer Handlung, als *Ergebnis* eines kollektiven menschlichen Bestrebens, das in seiner Bedeutung vorläufig und zu einem erheblichen Teil dem möglichen gesellschaftlichen Disput unterworfen ist, während Heidegger

20 Vgl. ebd.

ganz klar metaphorisch ein Ereignis im gewöhnlichen Sinn meint, einen Sturm oder einen Windstoß. Am stärksten aber unterscheidet Heidegger von Hegel, daß für ihn jedes philosophisch bedeutsame enthüllende oder »entbergende« Ereignis, gerade weil es so sehr einem Geschehnis gleicht, eben dadurch gleichzeitig auch ein Verbergen oder Verdunkeln ist (*das Entbergen im Sichverbergen*, wie Günter Seubold es formuliert[21]). Und angesichts seiner Erklärung wird deutlich, daß sich hierin, indem er *diese* Art der Manifestation – wie sich Kunst in einer derartigen Dualität manifestiert – der traditionellen Philosophie insgesamt *vorzieht*, eine Kritik an der Tradition zeigt, wie sie radikaler nicht möglich ist, eine Kritik, die sicherlich, vielleicht sogar vorrangig, Hegels Philosophie der Kunst mit einschließt.[22] Als Heidegger sagte, Hegels Reflexionen über Kunst seien die umfassendsten, die das Abendland besitzt, weil sie »aus der Metaphysik gedacht« werden, wollte er damit kein Kompliment machen.

Heidegger räumt selbstverständlich ein, daß ein Kunstwerk ein von einem Menschen geschaffener künstlicher Gegenstand ist; doch hinsichtlich dessen, was er als sein »Wesen« bezeichnet, was im Werk »am Werk« ist, so ist das nicht der Künstler als solcher, sondern bestenfalls ist die Welt des Künstlers *durch* den Künstler am Werk. Und hier wird bereits recht deutlich, daß Heidegger darauf beharrt, die Diskussion darüber mittels eines quasi-mythischen

---

21 Vgl. Günter Seubold, »Der Pfad ins Selbe: Zur Cézanne-Interpretation Martin Heideggers«, in: *Philosophisches Jahrbuch* 94 (1987), S. 62-87, hier S. 72.

22 Überlegen gegenüber der traditionellen Philosophie oder der Metaphysik. Heidegger will immer noch eine Unterscheidung zwischen der Poesie und einer postmetaphysischen Philosophie, wie er sie versteht, aufrechterhalten, eine Aktivität, die er einfach als »Denken« bezeichnet.

oder auch heidnischen Vokabulars, das ganz sein eigenes ist, zu führen, indem er Neologismen und eine quälende Syntax erfindet, um von ihm befürchtete, irreführende Interpretationen des von ihm Gesagten zu vermeiden. Das heißt, es fehlt uns die Zeit für eine angemessene Darstellung der Details seiner Arbeit, und wir müssen die Erörterung einer Reihe wichtiger Fragen einfach übergehen. Die wichtigsten Behauptungen des Essays und die Darstellung der Kunstwerke laufen im Hinblick auf unser Vorhaben auf drei Feststellungen hinaus: Erstens, »Wahrheit *geschieht* in einem Kunstwerk«; zweitens, die Wahrheit, die geschieht, ist die »Unverborgenheit« der »Welt« des Werks, einer Welt, die im Kern der Intelligibilität des Bildes »am Werk« ist; und drittens, diese Unverborgenheit ist gleichzeitig ein Verbergen des Umstandes, daß eine »Welt« in einer Art Spannung oder *Streit* mit der »Erde« steht, um es einmal in dieser quasi-mythischen Sprache auszudrücken. Dieser letzte Aspekt macht das Werk sowohl eindeutig zu einem Kunstwerk als auch ontologisch wertvoller als die traditionelle Philosophie.

Wie bereits bemerkt, gehören zu Heideggers Kunstbeispielen neben dem Gedicht Conrad Ferdinand Meyers die Bauernschuhe van Goghs (Farbtafel 4) und der Tempel von Paestum (Abb. 4.1).[23] Bei der Interpretation van

23 Heidegger scheint auf Poseidonia und einen der dortigen Tempel anzuspielen, zwei sind der Hera geweiht, ein dritter Athena. Kokkelmans nimmt an, daß Heidegger sich auf den Poseidon geweihten Tempel bezieht. Vgl. Joseph J. Kockelmans, *Heidegger on Art and Art Works*, Dordrecht 1985, S. 141 f. Doch Harries ist zuzustimmen, wenn er darlegt, daß es eigentlich unmöglich ist, einen bestimmten Tempel auszumachen, selbst wenn der entlegene Standort des Poseidontempels dazu beiträgt, ihn ungefähr zu bestimmen. Siehe Karsten Harries, »Art Matters«, in: *Contributions to Phenomenology* 57 (2009), S. 1-201, hier S. 100.

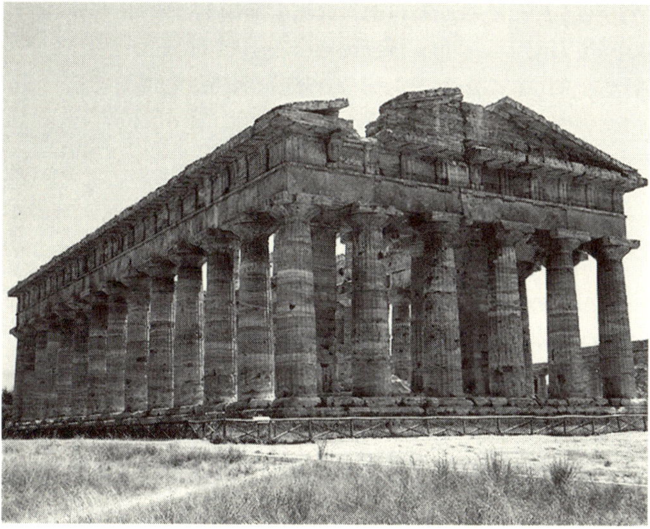

Abb. 4.1: *Poseidontempel*, Paestum, Italien

Goghs stützt sich Heidegger weitgehend auf seinen Ansatz aus *Sein und Zeit*, indem er herausstellt, daß im Alltag das Zeugsein der Schuhe, ihre besondere Weise in einer Welt des Zeugs zu sein, weitgehend unzugänglich ist und nur durch den angemessenen, nicht thematisierten Gebrauch der Schuhe verstanden wird. Gelegentlich wird ihre bloße Dingheit sichtbar, doch nur dann, wenn das Objekt aufhört, seine Funktion zu erfüllen, und sich damit als nutzloses Ding für das Subjekt aufdrängt.[24] Im Bild jedoch *ist* diese besondere Seinsweise, diese grundlegende Weise zu sein und diese besondere Vertrautheit, in gewisser Weise zugänglich, sogar »sichtbar«. Das Thema des Bildes ist also nicht dieses Objekt als Objekt, sondern die bäuerliche Welt, in der diese Schuhe sind, was sie (wahr-

24 Vgl. Martin Heidegger, *Sein und Zeit*, Tübingen 1927, S. 74.

haft oder im Grunde) sind. (Und, um dies noch einmal zu sagen, eine Welt, ein Horizont möglichen Sinns, liegt eher in der Art und Weise, »wie« eine Gemeinschaft fortbesteht, nicht in dem, was sie gemeinsam glaubt oder worauf sie verpflichtet ist usw. Das alles setzt voraus, was Heidegger zu erreichen versucht. Die Frage nach der Bedeutung des Seins ist für Heidegger eine Frage nach einer Art oder einem »Modus« des Seins. Wie wir sehen werden, ist das ein Grund, warum sich die Leistungen der großen Malerei so gut zu Heideggers Interessen fügen; er interpretiert sie als eine Art ontologischer Poesie, die durch ihren Ton oder ihre Stimmung indirekt das enthüllt, was durch die Sprache oder das Denken direkt nicht angesprochen werden kann.)[25] Es folgt hier ein Beispiel für Heideggers Interpretation:

> Aus der dunklen Öffnung des ausgetretenen Inwendigen des Schuhzeuges starrt die Mühsal der Arbeitsschritte. In der derbgediegenen Schwere des Schuhzeuges ist aufgestaut die Zähigkeit des langsamen Ganges durch die weithin gestreckten und immer gleichen Furchen des Ackers, über dem ein rauher Wind steht.[26]

So oder ähnlich geht es weiter, und leider lenkt Heidegger unsere Aufmerksamkeit nicht auf die vielen ungewöhnlichen, wahrnehmbaren Aspekte des Bildes (Farbtafel 4) – die außergewöhnliche Lebendigkeit oder gar die Schwingungen, die durch die Objekte »pulsieren«, ihre seltsam intime und sinnliche Beziehung zueinander, eine

---

25 Ich verteidige diese Interpretation (daß die Seinsfrage für Heidegger eine Frage zum »*Sinn des Seins*« ist) in Robert Pippin, »Necessary Conditions for the Possibility of What Isn't: Heidegger on Failed Meaning«, in: ders., *The Persistence of Subjectivity: On the Kantian Aftermath*, Cambridge 2005, S. 57-78.

26 Heidegger, »Der Ursprung des Kunstwerkes«, S. 22 f.

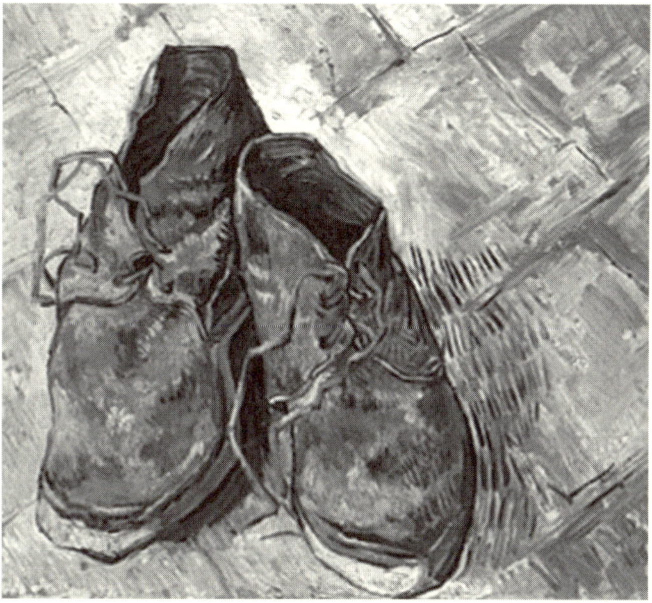

Abb. 4.2: Vincent van Gogh, *Ein Paar Schuhe* (1888)

fast weiblich-(links)-männliche-(rechts) Beziehung, die Art und Weise, wie die Farben die Dynamik des Bildes in Gang setzen und verstärken,[27] die Wirkung der Isolation der Schuhe in einem ortlosen Nirgendwo, welche die Art und Weise, wie sie ihre einzigartige Welt in sich tragen, weiter dramatisiert.[28] (Man kann das anhand der Unterschiede zu anderen Schuhbildern van Goghs erkennen; Abb. 4.2 und 4.3.) Wir sollten kurz nach Heideggers Indifferenz gegen-

27 Vgl. Böhm (»Im Horizont der Zeit«) zum Gebrauch der Farbe und dem, was bei Heideggers Darstellung des Van-Gogh-Gemäldes noch ergänzt werden muß, S. 272 ff.

28 Heidegger erwähnt, daß wir nicht wissen, wohin die Schuhe gehören, und daß ihr Ort einfach »ein unbestimmter Raum« ist. »Der Ursprung des Kunstwerkes«, S. 22.

über den malerischen Qualitäten des Werks fragen, die so sichtbar in den Vordergrund von modernen Werken wie diesem gerückt sind. Es wäre ein Fehler zu glauben, Heidegger wolle sagen, daß alle in diesem Satz beschriebenen Elemente den *Gehalt* der Bedeutung des *Gemäldes* ausmachen. Nichts von der »derbgediegenen Schwere« oder dem »langsamen Gang« »geschieht« im »Ereignis« des »Entbergens« der Wahrheit. Das Ereignis ist eher wie *das Ereignis der Bedeutung selbst*, das im Bild »dargelegte« Am-Werk-Sein der bäuerlichen Welt; und Heidegger imaginiert nur Aspekte *dieser Welt* für uns. Folgende Dinge sollen wir daraus schlußfolgern:

> Das Zeugsein des Zeuges wurde gefunden. Aber wie? Nicht durch eine Beschreibung und Erklärung eines wirklich vorliegenden Schuhzeuges [...], sondern nur dadurch, daß wir uns vor das Gemälde van Goghs brachten. Dieses hat gesprochen. In der Nähe des Werkes sind wir jäh anderswo gewesen, als wir gewöhnlich zu sein pflegen.[29]

Und:

> Das Kunstwerk gab zu wissen, was das Schuhzeug in Wahrheit ist. Es wäre die schlimmste Selbsttäuschung, wollten wir meinen, unser Beschreiben habe als ein subjektives Tun alles so ausgemalt und dann hineingelegt [...] Vielmehr kommt erst durch das Werk und nur im Werk das Zeugsein des Zeuges eigens zu seinem Vorschein.
> Was geschieht hier? Was ist im Werk am Werk? Van Goghs Gemälde ist die Eröffnung dessen, was das Zeug, das Paar Bauernschuhe, in Wahrheit *ist.* Dieses Seiende tritt in die Unverborgenheit seines Seins heraus. Die Unverborgenheit des Seienden nannten die Griechen *aletheia* [...].
> Im Werk der Kunst hat sich die Wahrheit des Seienden ins Werk gesetzt. »Setzen« sagt hier: zum Stehen bringen. Ein Seiendes, ein Paar Bauernschuhe, kommt im Werk in

29 Ebd., S. 24.

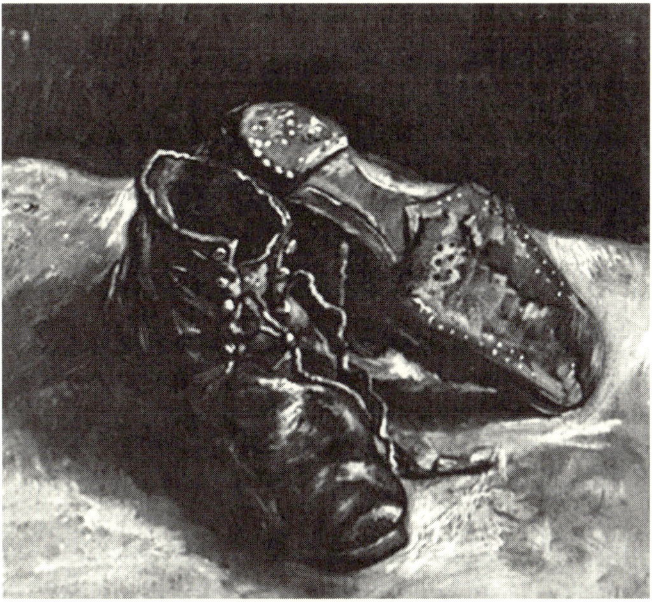

Abb. 4.3: Vincent van Gogh, *Ein Paar Schuhe* (1887)

> das Lichte seines Seins zu stehen. Das Sein des Seienden kommt in das Ständige seines Scheinens.
> So wäre denn das Wesen der Kunst dieses: das Sich-ins-Werk-Setzen der Wahrheit des Seienden.[30]

(Man bemerke erneut, daß Heidegger in dieser Zusammenfassung kein *Detail* der bäuerlichen Welt interessiert. Was »am Werk« ist, ist allein das »Zeugsein« dieses Stücks Zeug, und von dem Ereignis kann man nicht sagen, daß es einen »Gehalt« im üblichen Sinn habe. Es ist das, was den von Heidegger angedeuteten »Gehalt« möglich

30 Ebd., S. 24 f. Jähnig (»Die Kunst und der Raum«) hat recht, daß dieser letzte Satz als Kernthese des Essays anzusehen ist, auch dann, wenn jeder der Schlüsselbegriffe: »das Werk«, »setzen« und »die Wahrheit« zutiefst zweideutig ist.

macht.[31] Darum versucht er die Aussage, in diesem Werk sei die bäuerliche Welt dargestellt, unbedingt zu vermeiden. Er behauptet, ein Beispiel gewählt zu haben, »das nicht zur darstellenden Kunst gerechnet wird«.)[32]

Unmittelbar am interessantesten ist an diesen Bemerkungen vielleicht, daß sie überhaupt in dem Essay stehen. Schließlich war Heidegger mit Hegel der Meinung, Kunst habe keine entscheidende Bedeutung mehr für unsere historische Existenz, und das heißt – wobei er im Nachwort mit eigenen Formulierungen wiederholt, was er vorher über van Gogh sagte –, daß Kunst keine wesentliche und notwendige Weise mehr ist, in der »Wahrheit geschieht«. Überdies bezieht Heidegger sich auf ein modernes, experimentelles Werk und auf eines, in dem sie offenkundig *doch* »geschieht«.[33]

---

31 Es wäre zuviel gesagt, daß für Heidegger das »Ereignis« der Kunst gehaltlos ist; es hat vielmehr keinen Gehalt in dem Sinn, wie ihn ein Begriff oder eine Wahrnehmung haben kann. Trotzdem setzt ihn seine Position noch der Kritik aus wie zum Beispiel der von Drew A. Hyland, »Art and the Happening of Truth: Reflections on the End of Philosophy«, in: *Journal of Aesthetics and Art Criticism* 30, 2 (1971), S. 177-187.

32 Jähnig (»Die Kunst und der Raum«) versteht das richtig, S. 230 f. Die beste mir bekannte Darstellung zur Bedeutung des »Werkcharakters« des Kunstwerks, besonders hinsichtlich der zeitlichen Implikationen einer derartigen Ontologie (»*die prozessuale Existenzform des Werkes*«, S. 266), ist Böhm, »Im Horizont der Zeit«. Heidegger macht die entsprechende Gleichgültigkeit gegenüber einer Bestimmung des Gehalts selbst explizit, wenn er schreibt: »Das Bild, das die Bauernschuhe zeigt, [...] bekunde[t] nicht nur, was dieses vereinzelte Seiende als dieses sei, falls [es] je bekunde[t], sondern [es läßt] Unverborgenheit als solche im Bezug auf das Seiende im Ganzen geschehen.« »Der Ursprung des Kunstwerkes«, S. 44.

33 Ich werde auch weiterhin den Umkreis der Malerei von »Manet bis Pollock« sehr umfassend als »modern« bezeichnen, wohl wissend, daß viele den Begriff einer bestimmten Strömung in der europäischen Kunst, besonders der gegenstandslosen Kunst nach Cézanne, vorbehalten. Aus Platzgründen behandle ich hier auch Heideggers Darstel-

Was er mit seinem Nachdenken über das Bild evoziert, scheint von Nostalgie für eine Welt gefärbt zu sein, die kaum noch existiert, eine bäuerliche, vormoderne und primitive Welt ohne Maschinen, die er immer geliebt zu haben scheint. Aber selbst dann ist die Art und Weise, wie diese Welt in einem modernen Gemälde »am Werk« ist, bemerkenswert, ja von revolutionärer Originalität, und Heidegger behandelt das Kunstwerk nicht als bloßes Museumsstück, als Relikt oder als Werk der Trauer über verlorene Welten. Das ist bereits ein Indiz dafür, daß man für Heidegger keinen großen Wandel zu einem Denken postulieren muß, das nach den dreißiger Jahren der Moderne positiver gegenübersteht und sich bis hin zu einer Akzeptanz moderner Werke entwickelt (wie einige das getan haben).[34] Bereits in dem »Ursprung«-Essay scheint Heidegger zu akzeptieren, daß die Kunst noch immer bei der nichtöffentlichen *Bewahrung*, der Wertschätzung der *Art und Weise*, wie Wahrheit geschieht, um seine rätselhaften Worte zu gebrauchen, eine entscheidende Rolle spielt, auch wenn die Kunst vielleicht keine welthistorische Bedeutung mehr hat, keine entscheidende Rolle mehr spielt beim Stiften einer Welt für ein historisches Volk (ein wichtiger Brennpunkt seines Interesses in diesen politisch aufgeladenen Jahren). Dabei wird impliziert, daß dies an sich selbst dazu beitragen kann, die Seinsvergessenheit oder Totalisierung der technischen Weltauffassung oder das »Ge-stell« aufzuhalten.

---

lung der »stiftenden« Rolle der Kunst nicht. Er muß damit eine neue Dimension oder einen neuen Aspekt meinen, worauf ein Gemeinwesen sich stützt, oder, wie Harries darlegt, behauptet Heidegger, daß immer dann, wenn ein neuer Tempel errichtet wird, auch eine Welt »gestiftet« wird.

34 Vgl. Julian Young, *Heidegger's Philosophy of Art*, Cambridge 2004.

Doch seine Darstellung, wie das »geschieht«, enthält auch noch eine andere Seite oder ein anderes Element, und darin liegt das entscheidende Moment des Widerspruchs zu Hegel und zur Tradition der abendländischen Metaphysik. Dieses Element tritt bereits in seiner Darstellung van Goghs hervor, wurde dort aber nicht eigens betont, da Heidegger sich auf die Leistung des Bildes hinsichtlich der »Unverborgenheit« konzentrierte. Aber er äußerte sich über die Nähe zur Erde, die sich in der bäuerlichen Welt manifestiert, und deutete an, daß das Gemälde in seiner Stille und Ruhe eine andere und künstlerisch bedeutendere Vorstellung von der Erde manifestiert. Das Thema taucht auch kurz in den Anspielungen auf den Anschein oder das »Scheinen« auf, in der Tatsache, daß das Bild *nicht* Teil der bäuerlichen Welt oder ein Element von ihr ist, wohl aber ihr Anschein oder ihr Zum-Vorschein-Kommen. Das wird dann bedeuten, daß man von dem Bild – das etwas anderes als diese Welt und *nicht* diese Welt ist – sagen muß, es verberge ebenso wie es entberge.

Heideggers Wort für diesen Aspekt der Kunst ist »Erde«, und er fährt fort, um eine These zu entwickeln, die in seinem späteren Werk über Kunst nicht weiter prominent ist, eine These über den »Streit« zwischen Welt und Erde, zwischen Unverborgenheit und Verborgenheit, im Am-Werk-Sein der Wahrheit in jedem Kunstwerk. (Der Aspekt des »Streits« wird zwar nicht betont, doch das notwendige Zusammengehören von Enthüllen und Verbergen bleibt weiterhin ein fester Bestandteil, vielleicht der bestimmende Aspekt von Heideggers späterem Denken.)[35] Die Diskussion darüber konzentriert sich in

---

35 Vgl. zu diesem Punkt die Ansätze von Young, *Heidegger's Philosophy of Art* und Harries, »Art Matters«.

den Bemerkungen über den griechischen Tempel in Paestum (Abb. 4.1). Seine Formulierungen zu diesem Aspekt gehören zu den am schwersten verständlichen, doch in seinen Bemerkungen über den Stein des Tempels oder die Farbe der Malerei ist er nicht nur an dem interessiert, was oft als »Medium« des Werks bezeichnet wird. (Die Vorstellung, daß die Materialien des Mediums, kraft ihrer Begrenztheit, das vollkommene »Hervorbringen« einer Welt behindern oder verhindern oder verbergen, ist eine Version neuplatonischer Kunsttheorien und nicht das, was Heidegger im Sinn hatte.)[36] Eher geht es ihm um etwas Entscheidendes in jedem Enthüllen, jeder Weise der Wertschätzung und Anerkennung beim Verstehen der fundamentalsten und wichtigsten menschlichen Frage durch Kunstwerke – um die Bedeutung des Seins: daß die Unverborgenheit auch und notwendig ein Verdunkeln oder Verbergen ist.

Wie bereits bemerkt, ist Heideggers etwas mythische Sprache schwer faßbar und darauf angelegt, einfache Paraphrasen zu verhindern.

36 Heidegger macht deutlich, daß er nicht bloß über das Material des Mediums spricht, daß das griechische Äquivalent für diesen Begriff nicht *hyle*, sondern *physis* ist: »Dieses Herauskommen und Aufgehen selbst und im Ganzen nannten die Griechen frühzeitig die *physis*. Sie lichtet zugleich jenes, worauf und worin der Mensch sein Wohnen gründet. Wir nennen es die *Erde*.« »Der Ursprung des Kunstwerkes«, S. 31. Andererseits schildert er den Künstler, als führe oder steuere dieser die dem physischen Medium inhärenten Potentiale zum Ausdruck dessen, was in ihm eingeschlossen ist. Vgl. Böhm, »Im Horizont der Zeit«, S. 265 und auf S. 268: »Die Physis des Werkes ist etwas anderes als Stoff.« Cézannes Gärtner (siehe die abschließende Diskussion unten) entspricht etwa diesem Bild; er ist eher hegend und pflegend als erzeugend.

> Das Aufstellen einer Welt und das Herstellen der Erde sind zwei Wesenszüge im Werksein des Werkes. Sie gehören aber in der Einheit des Werkseins zusammen. Diese Einheit suchen wir, wenn wir das Insichstehen des Werkes bedenken und jene geschlossene einige Ruhe des Aufsichberuhens zu sagen versuchen.[37]

Dies alles ist derart schwer faßbar, daß man versucht ist, es so zu interpretieren, wie einige Kommentatoren es getan haben, nämlich in einer verwässerten Weise. Jede Enthüllung oder »Unverborgenheit« muß im Grunde partiell sein. Indem ein Aspekt der »Welt« oder »des Geschicks eines geschichtlichen Volks« enthüllt wird, zum Beispiel der Aspekt der theologischen Intelligibilität, der im Tempel von Paestum manifest ist, werden andere Aspekte dieser Seinsweise ausgeschlossen, ausgeblendet, vor uns verborgen, wie die Rückseite des Mondes verborgen ist, wenn wir seine Vorderseite sehen; in diesem Fall zum Beispiel die gesellschaftlichen Dimensionen der Religion, die viel eher in Festlichkeiten zu finden sind.[38]

Doch dies würde nicht dem entsprechen, was Heidegger sehr beharrlich vertritt, daß ein Kunstwerk, indem es etwas enthüllt, *gerade dadurch auch* das verbirgt, *was* es enthüllt, und keinen *anderen* Aspekt, der prinzipiell auch anders zugänglich ist. Das ist ein schwieriger Gedanke, doch was er sagt, ist weitaus stärker als die verwässerte Interpretation.

---

37 Heidegger, »Der Ursprung des Kunstwerkes«, S. 36 f.

38 Das ist die Interpretation von Julian Young (*Heidegger's Philosophy of Art*). Was Heidegger sagt, ist so dunkel, daß Young vielleicht recht hat, wenn er sagt, all dies sei ebenfalls mit eingeschlossen. Aber Heidegger sagt auch, daß das »Verbergen«, an dem er interessiert ist, »nicht erst und nur die jedesmalige Grenze der Erkenntnis« ist (»Der Ursprung des Kunstwerkes«, S. 42), das heißt er versteht unter Unwahrheit nicht die jetzt noch nicht bekannte Wahrheit.

> Offen gelichtet als sie selbst erscheint die Erde nur, wo sie als die *wesenhaft Unerschließbare* gewahrt und bewahrt wird, die vor *jeder* Erschließung zurückweicht und d.h. ständig sich verschlossen hält.[39]

In dieser nachdrücklichen Hervorhebung geht er sogar so weit zu sagen: »*Die Wahrheit ist in ihrem Wesen Un-wahrheit.*«[40] Damit liegt die Vermutung nahe, er meine mit dem, was unverborgen bleibt, nicht eine Grenze, jenseits deren eine Wahrheit liegt, die sich außerhalb unseres Zugriffs befindet, und auch nicht, es gebe immer mehr zu enthüllen, und gleichfalls nicht, das Medium verhindere ein vollkommenes »Welten«.

Was könnte das alles also bedeuten?

IV

Meiner Meinung nach geht es Heidegger um einen Aspekt seiner Vorstellung von der menschlichen Endlichkeit, der in seiner tiefen Unzufriedenheit mit der philosophischen Tradition und der abendländischen Moderne eine große Rolle spielt, ein Aspekt seines Denkens, um den sich in diesen politisch chaotischen Jahren und in seiner Begeisterung für die Kunst vieles dreht. Er vertritt die Meinung, daß die Unvermeidlichkeit einer gewissen Selbstbefragung kennzeichnend für die menschliche Seinsweise ist, und

39 Ebd., S. 36, meine Hervorhebungen.

40 Ebd., S. 43. Ich vermerke hier die Tatsache, daß Heidegger in den Anmerkungen zur Reclam-Edition von 1956 ein gewisses Bedauern über die Verwirrung ausdrückt, die seine Verwendung der Begriffe *Unverborgenheit* und *aletheia* als »die Wahrheit« ausgelöst hat, auch wenn er im »Ursprung«-Essay nichts Wesentliches zurücknimmt. Die eigentliche Frage lautet, sagt er, »*inwiefern es Anwesenheit als solche geben kann*«. Martin Heidegger, *Gesamtausgabe*, Bd. 5, Frankfurt/M. 1977, S. 1.

beharrt gleichzeitig ebenso hartnäckig darauf, daß die Befriedigung einer solchen unvermeidlichen Selbstbefragung im Grunde unmöglich ist. (Er ist eindeutig auch der Meinung, man habe es bisher nicht verstanden, diese Situation in angemessener Weise *anzuerkennen*, und sie erfordere einen ganz anderen Modus der Erkundung, den er häufig einfach als »Denken« bezeichnet.) Ganz besonders ist das in der Moderne der Fall, wo diese Frage angesichts der Arroganz des modernen technologischen Selbstverständnisses ständig in Gefahr steht, vergessen zu werden oder vielleicht auch vergessen würde, wäre da nicht die »bewahrende« Funktion der Kunst. Wie zuvor bereits bemerkt, ist darin ein wichtiger Ansatzpunkt eines Großteils des von Heidegger beeinflußten europäischen Denkens enthalten – ein Beharren auf der Unbestimmtheit, Unlösbarkeit, Opakheit aller Sprache und jeden Denkens und eine Anklage der »metaphysischen Tradition«, weil sie diese fundamentale Barriere für jedes völlig selbstreflexive und sich selbst rechtfertigende Denken (diesen Hegelschen Traum) unbeachtet läßt.

Die Atmosphäre von *Sein und Zeit* umgibt also auch seine Kunsttheorie. In diesem Werk entdeckt das »Dasein« – in etwa sein Begriff für das menschliche Sein –, während es »gerufen« wird, um hinsichtlich der Frage nach dem Grund seines Seins, nach der letzten Verantwortlichkeit für sich selbst, Rechenschaft abzulegen, daß dieser Grund ein »Nichts« ist, und es daher nur sein kann, was es wahrhaft ist, indem es »schuldig« ist, indem es *nicht* in irgendeiner substantiellen Art und Weise ist oder vorgibt, es sein zu können. Auch in seiner Kunsttheorie kann man beobachten, daß Heidegger es für einen großen Fehler hält, ja, in einem gewissen Sinn für den Sündenfall der westlichen Metaphysik oder der Philosophie nach Platon insgesamt, zu versuchen, »Welt« und »Erde«, wie er es hier nennt, zu trennen, um im Endeffekt die Materialität und Opakheit der »Erde«, den Körper und seine Leidenschaften, die Endlichkeit zu *korrigieren*, so daß die »Welt« oder die Ideen oder die Vernunft transparent sichtbar werden. Obwohl die Vorstellung von einem »Fehler« oder einem Entschluß aus Hybris, eine Entscheidung Platons, eine merkwürdige Vorstellung ist, wird Heideggers Annahme deutlich, das Beharren auf der »Zusammengehörigkeit von Welt und Erde« werde von der Philosophie nach der Sokratischen Aufklärung bis hin zur modernen wissenschaftlichen Aufklärung abgelehnt, mit dem Nihilismus als Konsequenz.

Man kann diesen Punkt anschaulich machen und zu einer bildhaften Schlußfolgerung führen, indem man sich auf einige kurze Bemerkungen Heideggers konzentriert, die seine tiefe Bewunderung für Paul Cézanne zum Ausdruck bringen. Die Bemerkungen finden sich, mit Ausnahme eines kleinen Textes, einer Art Gedicht oder eines »Gedachten«, wie er es nennt, zum Geburtstag von René Char, entweder in Briefen oder werden von anderen aus zweiter Hand berichtet, viele von H. W. Petzet; die von ihm mitgeteilten Äußerungen reichen von Gesprächen des Jahres 1947 bis zum Ende von Heideggers Leben. Dank Petzet verfügen wir auch über eine gute Vorstellung davon, welche Cézannes Heidegger wo gesehen hat und wie sehr er besonders die späten Bilder des Mt. Saint Victoire bewunderte.[41] Diese Äußerungen sind voller Lob: Heideggers Weg als Denker könne als Antwort eigener Art auf Cézannes Weg als Maler verstanden werden; so sagt er zum Beispiel über den Aufenthalt in Aix-en-Provence:

---

41 Vgl. Heinrich Wiegand Petzet, *Encounters and Dialogues with Martin Heidegger 1929-1976*, Chicago 1993.

»Diese Tage in der Heimat Cézannes wiegen eine ganze Bibliothek philosophischer Bücher auf. Wenn einer so unmittelbar denken könnte, wie Cézanne malte!«[42]

Überdies haben viele Neuerungen in der Malerei, die man heute mit Cézanne verbindet, bereits einen heideggerähnlichen Klang. Cézannes berühmte Bemerkung, er wolle den »Impressionismus zu etwas so Solidem und Dauerhaftem machen wie die Alten Meister«, verweist bereits auf die Unzufriedenheit mit der implizierten Verortung der sinnlichen Intelligibilität in den subjektiven Eindrücken von Licht und Farbe, die eigentlich eine Entsubstantialisierung des Objekts bedeuten.[43] (Laut Merleau-Ponty lehnte Cézanne mit Recht die Vorstellung ab, daß wir die Außenseite der Dinge, bloße »Hüllen«, wahrnehmen und dann auf das »Innere« zurückschließen. Er sagt: »Ich sehe ihn [den Raum] nicht nach seiner äußeren Hülle, ich erlebe ihn von innen, ich bin in ihn einbezogen. Schließlich ist die Welt um mich herum, nicht vor mir.«)[44]

---

42 Zit. nach Hartmut Buchner, »Fragmentarisches«, in: Günter Neske (Hg.), *Erinnerung an Martin Heidegger*, Pfullingen 1977, S. 47-51, hier S. 47.

43 Clement Greenbergs Zusammenfassung ist wohl als die beste und ökonomischste zu diesem Punkt anzusehen: Cézanne »wagte den ersten überlegten und bewußten Versuch, die Schlüsselprinzipien der abendländischen Malerei – ihr Bemühen um eine umfassende und getreue Wiedergabe des stereometrischen Raums – vor den Wirkungen der impressionistischen Farbe zu retten. [...] In dem Bemühen, auf neuen Wegen zu den alten Methoden zurückzukehren, veränderte er wie Manet die Richtung der Malerei.« Clement Greenberg, »Cézanne«, in: ders., *Art and Culture*, Boston 1971, S. 50-58, hier S. 50.

44 Maurice Merleau-Ponty, »Das Auge und der Geist«, in: ders., *Das Auge und der Geist*, Hamburg 2003, S. 300. Vgl. auch: »Die Malerei bringt nichts zum Bewußtsein und insbesondere nicht das Tastbare. Sie macht etwas ganz anderes, fast das Umgekehrte: Sie verleiht demjenigen sichtbare Existenz, was das profane Sehen für unsichtbar hält, sie bewirkt, daß wir keinen ›Muskelsinn‹ brauchen, um den Umfang der Welt zu

Die auffallende Abwesenheit von Menschen oder zumindest eines »subjektiv« menschlichen Bedeutungsrahmens in den Bildern,[45] das heißt, die große Stille der Szenen (kaum jemals Wind,[46] das Wasser immer unbewegt, nirgendwo eine glaubwürdige Bewegung), das Schwere und Feierliche der Inszenierung, die Neutralität des Lichts, die Dichte und Solidität der Objekte als Objekte, das alles zusammen ergibt eine Art heideggerschen Punkt hinsichtlich der brutalen »Anwesenheit« von »Seienden«, ein Thema, auf das wir noch zurückkommen werden (Abb. 4.4 und 4.5). Selbstverständlich ist diese Dichte und Solidität und die Wahrnehmung der sinnlichen Welt als »einer eigenen Welt«, sogar als einer fremden Welt in ihrer stummen Anwesenheit, die nicht bloßes »Material« für unsere visuelle Organisation ist, häufig in verstörender Weise auffällig, wenn wir sehen, was das bei menschlichen Figuren bedeutet, die objektähnlich erscheinen können, nur als »Seiende« gegenwärtig wie jedes andere Objekt auch (Abb. 4.6 und 4.7).[47]

---

erfassen. Dieses verschlingende Sehen öffnet sich über die ›visuellen Gegebenheiten‹ hinaus auf ein Gewebe des Seins, dessen vereinzelte sensorische Botschaften nur die Zeichensetzungen oder Zäsuren sind – und es bewohnt das Auge, wie der Mensch sein Haus.« (S. 284)

45 Vgl. Christoph Jamme, »The Loss of Things: Cézanne – Rilke – Heidegger«, in: *Kunst und Museumsjournal* 2, 1 (1990), S. 33-44: »Die Objekte (was ›anwesend‹ ist) sind in ihrer Bedeutung nicht mehr durch die Horizonte einer metaphysischen Weltsicht oder durch einen pragmatischen Bezugsrahmen (›Anwesenheit‹) fixiert. Objektsein ist auf die Basis reduziert, die sie ermöglicht, auf ihr ›Geben, Erzeugen und Vorhandensein‹.« Ebd., S. 40 f.

46 Eine spektakuläre Ausnahme: *Die große Kiefer* (1895-96, jetzt in São Paulo).

47 Einen Überblick über diese Merkmale von Cézannes Werk gibt Fritz Novotny, *Cézanne*, Wien, London 1937. Und zu den *Badenden* vgl. Böhm, »Im Horizont der Zeit«.

Doch diese Stille wird von einer ungewöhnlichen Vitalität oder einem Schwingen begleitet, ja einer Art Erschütterung oder pulsierendem Leben in den Objekten, etwas subtiler als bei van Gogh und deswegen um so kraftvoller. Niemand hat besser beschrieben, wie Cézanne das gelingt, als Clement Greenberg (Abb. 4.8):

> Jeder Pinselstrich, der einer fiktiven Ebene in eine fiktive Tiefe folgte, greift – infolge seines beständigen, unzweideutigen Charakters als durch den Pinsel gesetztes Zeichen – zurück auf die physikalische Tatsache des Mediums, und die Gestalt und die Plazierung des Zeichens erinnerten an die Gestalt und die Position des flachen Rechtecks, das mit dem in den Tuben enthaltenen Pigment bedeckt wurde. [...] Die Illusion von Tiefe wird lebhafter mit der Oberfläche konstruiert, obsessiver mit dem Geist. Die Facetten der Ebenen können zwischen der Oberfläche und den Bildern, die sie erzeugen, hin und her springen und sind doch eins mit Oberfläche und Bild. Unterschieden und doch zusammenwirkend zum Einsatz gebracht, vibrieren die viereckigen Farbkleckse und dehnen sich in einem Rhythmus aus, der ebenso die Illusion wie das flache Muster umfaßt.[48]

Für Philosophen wie Heidegger und Merleau-Ponty ist die Bedeutung dieser malerischen Wirkung, das »Vibrieren«, ein gewisser Hinweis auf die tatsächliche *Entstehung* des Objekts, auf seine »*Geburt*«, so als komponiere es sich selbst. Merleau-Ponty beschreibt das wie folgt:

48 Greenberg, »Cézanne«, S. 55. Vgl. eine gleichfalls fesselnde Passage mit etwa derselben Stoßrichtung (über die Beziehung zwischen der »Logik« des Bildes als Bild und dem, was es abbildet) bei Böhm, »Im Horizont der Zeit«, S. 274.

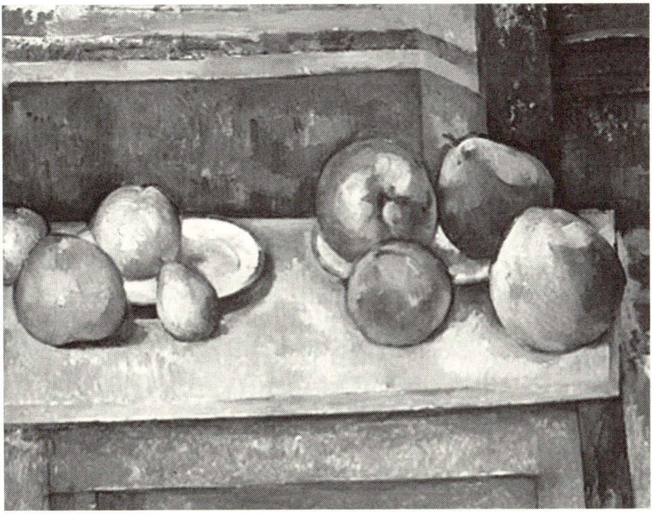

Abb. 4.4: Paul Cézanne, *Stilleben mit Äpfeln und Birnen* (ca. 1891-1892)

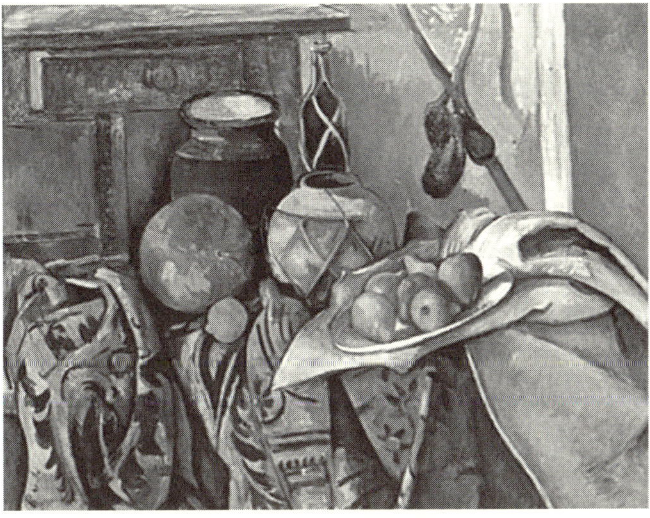

Abb. 4.5: Paul Cézanne, *Stilleben mit Ingwertopf und Auberginen* (1893-1894)

> Das Sehen des Malers ist nicht mehr ein Blick auf ein Äußeres, eine bloß ›physisch-optische‹ Beziehung zur Welt. Die Welt liegt nicht mehr durch eine Repräsentation vor ihm. Vielmehr ist es der Maler, der in den Dingen geboren wird wie durch eine Konzentration und ein Zu-sich-Kommen des Sichtbaren, und das Gemälde bezieht sich schließlich nur dann auf irgend etwas unter den empirischen Dingen, wenn es zunächst ›autofigurativ‹ ist; es ist nur insofern ein Schauspiel von irgend etwas, als es ein ›Schauspiel von nichts‹ ist, indem es ›die Schale der Dinge‹ aufsprengt, um zu zeigen, wie die Dinge zu Dingen werden und wie die Welt zu Welt wird.[49]

Und: »Er [Cézanne] will die Materie malen, wie sie im Begriff ist, sich eine Form zu geben, will die durch eine spontane Organisation entstehende Ordnung malen.«[50]

Gegenüber einer solchen Verwendung des Stoff-Form-Gefüges hat Heidegger schwerwiegende Vorbehalte, doch sicher klingt bei Merleau-Ponty an, was für Heidegger am Ereignis des Kunstwerks wichtig ist. Weder Cézanne noch Heidegger noch Merleau-Ponty glauben, daß Cézanne Objekte malt, die in einem buchstäblichen Sinn entstehen, als tauchten sie aus dem Nichts auf. Sie wollen sagen, daß es so ist, »als ob« alles, was für die *bloße* Intelligibilität des Objekts von Bedeutung ist, sein einfaches Dasein, sein Raum-Einnehmen, daß es uns mit einer Art stummer Gegenwart konfrontiert, irgendwie im Bild sichtbar gemacht werden kann, auf eine Weise, an der man nicht unmittelbar teilhaben kann, die aber trotzdem kraftvoll gegenwärtig ist.

Doch die tiefsten Verbindungen zwischen ihnen schei-

---

49 Maurice Merleau-Ponty, »Das Auge und der Geist«, in: ders., *Das Auge und der Geist*, Hamburg 2003, S. 305.

50 Merleau-Ponty, »Der Zweifel Cézannes«, S. 9-10.

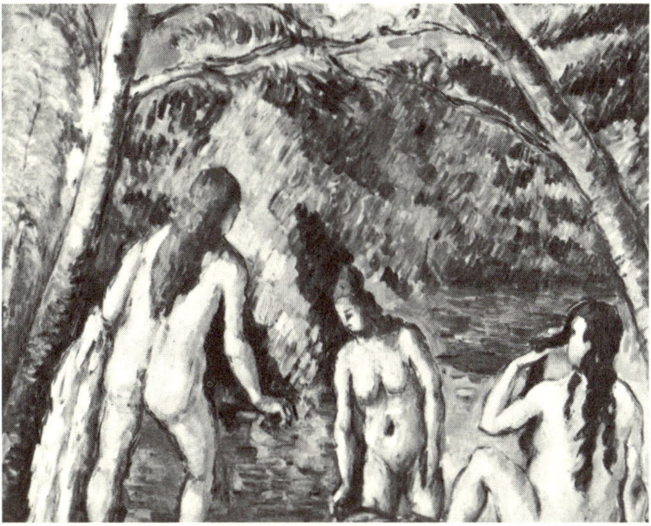

Abb. 4.6: Paul Cézanne, *Drei badende Frauen* (1879-1882)

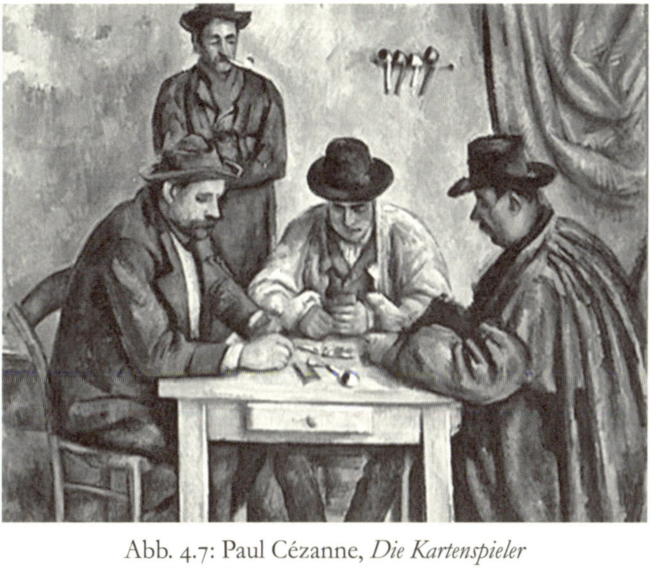

Abb. 4.7: Paul Cézanne, *Die Kartenspieler*
(»New Yorker Version«, 1890-1892)

nen in Heideggers Gedicht *Gedachtes* auf. Hier das Gedicht oder der gedichtähnliche Gedanke:

> Das nachdenksam Gelassene, das inständig
> Stille der Gestalt des alten Gärtners
> Vallier, der Unscheinbares pflegte am
> chemin des Lauves.
>
> Im Spätwerk des Malers ist die Zwiefalt
> von Anwesendem und Anwesenheit einfältig
> geworden, »realisiert« und verwunden zugleich,
> verwandelt in eine geheimnisvolle Identität.
>
> Zeigt sich hier ein Pfad, der in ein Zusam-
> mengehören des Dichtens und des Denkens
> führt?[51]

Jedes der späten Bilder Cézannes von dem Gärtner Vallier könnte das sein, das Heideggers besonderes Interesse erregte (Abb. 4.8 und 4.9). Für Heidegger ist offenkundig wichtig, daß Vallier ein Gärtner ist, jemand, der mit der natürlichen Welt arbeitet, der sie pflegt, aber nicht beherrscht. Doch das heißt wiederum auch, Heidegger läßt die Tatsache unausgesprochen, daß die Berufung auf eine solche Welt jetzt, in der Mitte des zwanzigsten Jahrhunderts, ein bloßer Ausdruck von Nostalgie ist, eine Art Relikt (oder noch schlimmer: ein Hobby). Der einzige Punkt, den Heidegger in seiner Hommage machen kann, ist eine metaphorische Geste gegenüber einer anderen, bescheideneren Seinsweise, die weniger räuberisch als die

---

51 Martin Heidegger, *Gesamtausgabe*, Bd. 13, Frankfurt/M. 1977, S. 223. Siehe die Erörterung bei Günter Seubold (»Der Pfad ins Selbe«), die in bezug auf dieses Gedicht ebenso hilfreich ist wie seine Diskussion der Beziehung zwischen Heidegger und Cézanne in seinem Buch *Kunst als Enteignis: Heideggers Weg zu einer nicht mehr metaphysischen Kunst*, Bonn 2005, S. 106-122.

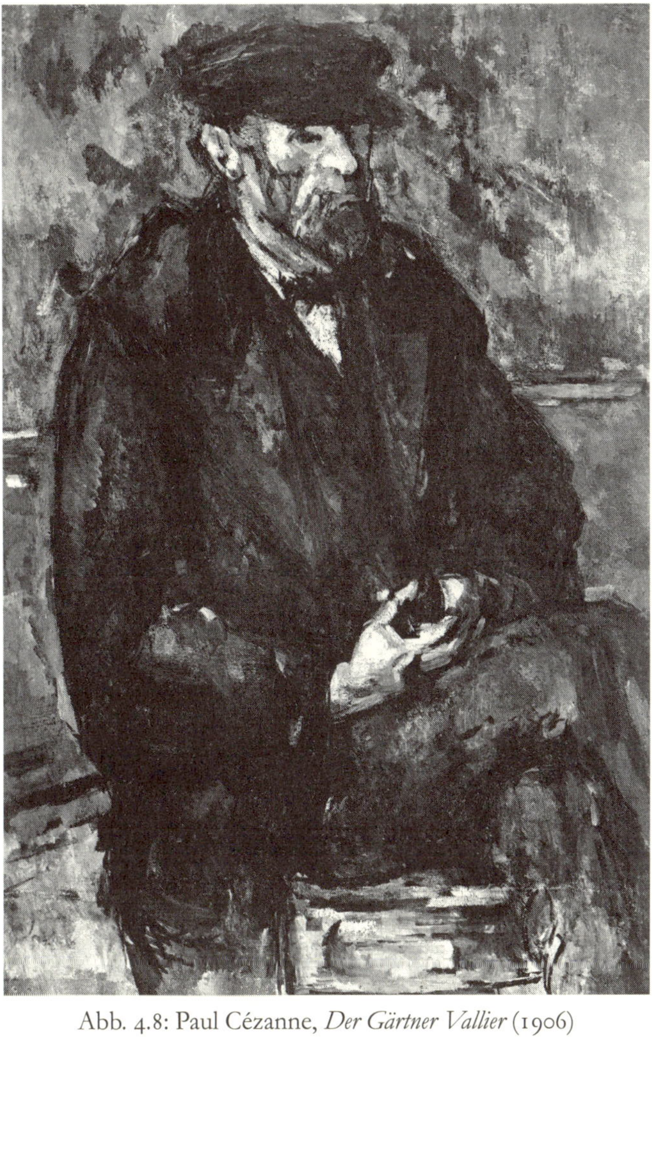

Abb. 4.8: Paul Cézanne, *Der Gärtner Vallier* (1906)

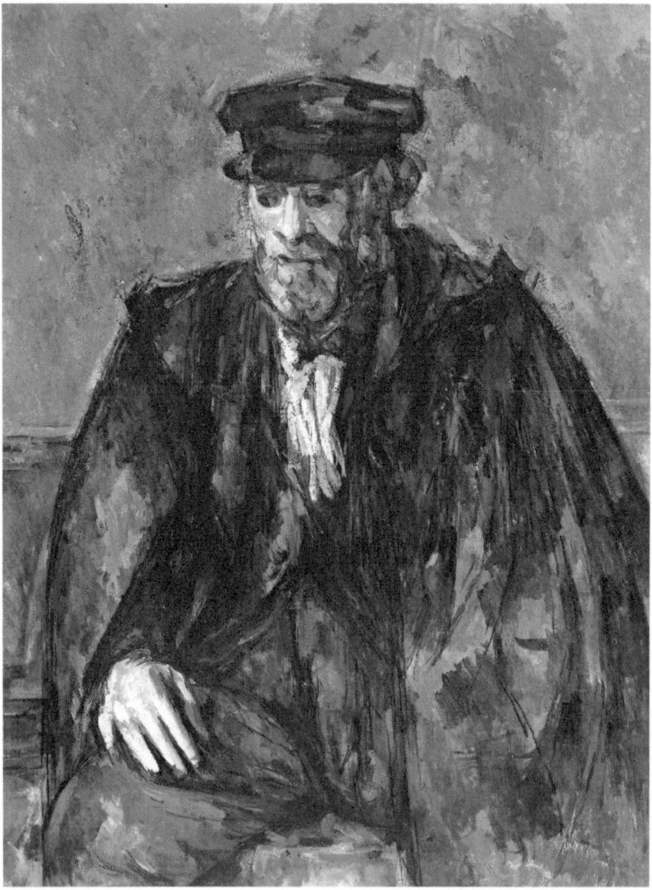

Abb. 4.9: Paul Cézanne, *Der Gärtner Vallier* (1902-1906)

Haltung der modernen Subjektivität ist, eben so wie die hegende und pflegende Beziehung eines Gärtners. Doch ich möchte betonen, daß nicht klar ist, ob das *Bild* wirklich eine solche Geste ist.

Der Begriff der »geheimnisvollen Identität« führt uns zu der Frage zurück, was Heidegger unter »Erde« versteht: In Kunstwerken ist damit die Inszenierung menschlicher Abhängigkeit von einer Quelle oder Bedingung von Bedeutsamkeit gemeint, die nicht enthüllt werden oder unverborgen sein kann, selbst wenn das *Am-Werk-Sein* enthüllt werden *kann*. Der Kern seiner Hommage an Cézanne findet sich in der zweiten Strophe.

> Im Spätwerk des Malers ist die Zwiefalt
> von Anwesendem und Anwesenheit einfältig
> geworden, »realisiert« und verwunden zugleich,
> verwandelt in eine geheimnisvolle Identität.

Anwesendes, das zur gleichen Zeit sichtbar ist wie das, was ein solches Anwesendes möglich macht – Anwesendmachen sozusagen und Anwesenheit, Zwiefalt von Anwesendem und Anwesenheit –, diese Dualität ist Heideggers Art und Weise, den Punkt zu machen, der oben von Merleau-Ponty über die »Geburt des Seins« gemacht wurde, daß Cézanne eine elementare, ja brutale, furchteinflößend stumme Ebene »reiner« Bedeutsamkeit andeuten kann, während er gleichzeitig etwas von der Bedingung ihrer Möglichkeit in der Bedeutung des Seins im allgemeinen zeigt, die »Verwirklichung« dieser Möglichkeit in verschiedenen Modalitäten, Stilleben, Landschaften, menschlichen Gestalten und Gebäuden.

Und es ist richtig, daß Cézannes Lieblingswort für sein Tun genau das ist, was Heidegger hier explizit anklingen läßt – »réaliser«, »verwirklichen« –, daß er die Natur nicht kopieren, sondern *im Bild verwirklichen* will. Allerdings ist ein Aspekt von Cézannes Projekt – daß *er* die Natur *in der Farbe* verwirklichen will – aus Heideggers Reformulierung herausgefallen.[52] Die Zwiefalt wird verwirklicht, verwirklicht sich selbst, und dies geschieht »im« Spätwerk des Malers, nicht durch ihn. Doch wie bei dem Bild van Goghs zeigt sich, daß Heidegger auch hier übersieht, daß die Elemente der Bedeutsamkeit in einem anderen Sinn »zweifach« sind; sie verfügen in der Farbe über eine eigene Logik, und die Spannung zwischen der Logik der malerischen Komposition (in den späten Landschaften im wesentlichen farbige Flächen) und dem dargestellten Bild (beim späten Cézanne mehr angedeutet als dargestellt) ist, wie Greenberg herausgestellt hat, das, was am späten Cézanne besonders auffällig ist. (Als träfe unser Versuch, Bedeutung zu schaffen, auf seine spezifisch modernen und daher immer weniger verfügbaren, vordiskursiven Bedingungen, könne sie aber nicht offenlegen.) Dies zeigt sich etwa an einem unheimlichen späten Bild des *Mt. St. Victoire* (Farbtafel 5).

Orientierte man sich an diesem Merkmal des Werks, dann müßte man sagen, der elementare oder fundamentale Charakter von Cézannes Gemälden, das Gefühl, das man von den auf das Wesentliche zurückgeführten Dingen erhält, sei eher ein Anzeichen dafür, daß diese ziemlich nackte Form von Bedeutsamkeit implizit *alles ist, was Cézanne erreichen kann*, ein Minimum, nicht die Heideggersche Fülle des Seins, und dies in einer Welt, in der die »Natur« (als

---

52 Cf. Gottfried Böhm, »A Paradise Created by Painting«, in: Mary Louise Krumrine (Hg.), *Paul Cézanne: The Bathers*, Basel 1989, S. 13-30. »Diese Versuche haben gemeinsam, daß sie Dinge nicht durch die Kunst darstellen, sondern das Wesen der Wirklichkeit durch die Kunst erhellen wollen.« Ebd., S. 26.

lebendige Quelle von Bedeutung), wenn überhaupt, dann nur in der Farbe wiederzugewinnen ist.

Es ist zunächst nicht ohne eine gewisse Ironie, so meine ich, daß *verwirklichen* einer der wichtigsten Begriffe Hegels ist und bei Cézanne Hegels Insistieren darauf anklingen läßt, daß jedes Erbe, egal wie »abhängig« es von einer zuvor gemeinsam geteilten »Gestalt des Geistes« ist, »herausgearbeitet« werden muß, und zwar in einer vorläufigen Weise und mit einer performativen Dimension, die auch seine mögliche Rezeption und Revision durch eine Öffentlichkeit von Betrachtern impliziert. Nichts davon »geschieht« einfach *im Werk*. Es geschieht in der Beziehung zwischen dem vom Künstler Angestrebten und der Antwort der Betrachter. Die Logik der ästhetischen Intelligibilität ist die Logik, die soziale Logik, einer *Tat*, nicht eines bloßen Ereignisses, schon gar nicht eines Ereignisses, in dem »die Wahrheit geschieht«. Das war Hegels Theorie der Bedeutung der Kunst, und sie ist sowohl für das Fehlen der Dualität von *Natur* und *Geist* bei Cézanne zentral als auch für deren notwendige Kooperation in der »Unverborgenheit« von Bedeutsamkeit in jedem Sinn.

Versteht man diesen Punkt richtig, dann führt man in Heideggers Diskussion überdies wieder eine konkretere historische Dimension ein. Sein Ansatz ist historisch insoweit, als er die Menschen der Abhängigkeit von einem historischen Geschick unterwirft, durch das die Dinge angesichts des einen oder anderen *Ereignisses* ihre jeweilige Bedeutung annehmen. Doch dieser Ansatz wird ganz bewußt als schwer faßbar geschildert, nur verfügbar in der Abwesenheit, wenn – für Heidegger – etwas fundamental Ontologisches auf dem Spiel steht. »Was« unverborgen ist, sofern eine solche Vorstellung bei Heidegger überhaupt einen festen Halt finden kann, ist der Ereignischarakter der

Wahrheit in seinem Sinn, daß sie nämlich überhaupt ein solches *Ereignis* ist. Das Zeugsein von van Goghs Schuhen »zeigt sich«, aber nicht in einer Weise, in der etwas weiteres über Schuhe oder Arbeit oder landwirtschaftliche Arbeit unter modernen Bedingungen, in einer Tauschwirtschaft usw. gesagt werden sollte oder könnte. (Noch ein Schritt weiter und wir würden die Dualität von *Welt* und *Erde*, den abgeschlossenen Charakter oder die Unverfügbarkeit der *Welt* als solche nicht mehr beachten.)

Die richtige Einschätzung dieses Punktes erlaubt uns auch, etwas zu bemerken, was Heidegger nicht erwähnt: das außergewöhnlich Seltsame einiger elementarer Aspekte der menschlichen Welt, wie es Cézanne erschienen sein mußte und wie es sich in der Welt entwickelt hatte, die Cézanne ablehnte. Dieses Seltsame ist bereits in den Bildern der Menschen angedeutet, die wir schon gesehen haben, in den Kartenspielern und auch in der ganz entpsychologisierten Figur von Vallier. Doch einen gänzlich verwirrenden Punkt erreicht diese Seltsamkeit in den drei großen Gemälden von *Badenden*, an denen Cézanne am Ende seines Lebens so lange arbeitete (Farbtafel 6, 7 und 8).

Man kann hier nur vermuten, daß die elementaren oder fremden, nackten, entweder völlig isolierten oder auf bizarre Weise zusammenfließenden (Abb. 4.10), kaum geschlechtlich gekennzeichneten Figuren,[53] Figuren, die fast keinen Raum einnehmen, sondern wie flach auf einer Ebene plaziert sind, und die wir in den drei großen Gemälden von *Badenden* sehen, keine Manifestation einer ontologischen Wahrheit sind, sondern einfach nur das sind,

---

53 Böhm, »A Paradise Created by Painting«: »Die Gliederung des Bildes ersetzt die des Körpers.« Ich würde sagen, daß die Gliederungen des Körpers einfach die Gliederungen des Körpers in der Vision Cézannes *sind*. Und ich würde das nicht als »Paradies« bezeichnen.

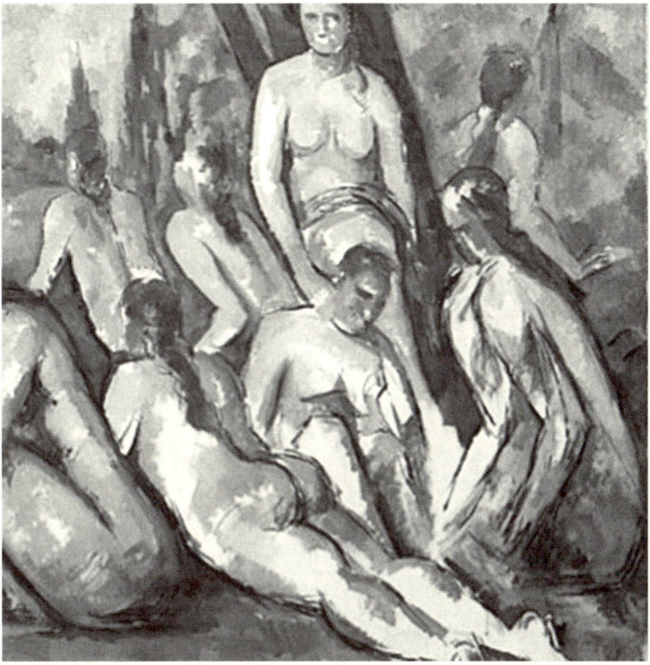

Abb. 4.10: Paul Cézanne, *Die großen Badenden*, Detail (1906)

»was übrigbleibt«, als eine mögliche Ebene gemeinsamer Intelligibilität in einer Situation von noch größerer »Weltlosigkeit« oder, wie Heidegger das formuliert, wenn er von Tieren spricht, als der *weltarme* Kontext einer solchen Kunst. Wir scheinen auf bloße Andeutungen einer Ebene der Materialität[54] und auf eine ziemlich fundamentale, aber

54 Clark entwickelt eine Interpretation der *Badenden* und der Materialität, die an Freud erinnert (»Es zeigt uns den Augenblick untröstlichen Festhaltens an infantiler Sexualität«, *Farewell to an Idea*, S. 149). Und das muß etwas zu bedeuten haben, besonders angesichts der ziemlich brutalen Sexualität der *Badenden* in der Barnes Foundation. Siehe in dieser Hinsicht auch Meyer Schapiros bekannten Text, »The Apples of

primitive gestische Bedeutung (die von einer Art ist, wie sie in der modernen Skulptur und späteren Experimenten in der Malerei immer sichtbarer werden wird) gestoßen zu werden, die zugleich verblüffend, erkennbar und furchteinflößend ist.

Unter Verwendung von Hegels Charakterisierung hatte ich im ersten Kapitel vorgeschlagen, die auffallenden Blicke in Manets Bildern aus den 1860er Jahren und später am besten als fragende Blicke zu verstehen. Sie stellen die Frage nach dem Standpunkt der modernen Staffeleimalerei und gleichzeitig nach der Möglichkeit gesellschaftlicher Beziehungen, die auf die in den Blicken ausgedrückte Herausforderung antworten. Eine Herausforderung, die hinsichtlich der möglichen Verkörperung von (wechselseitig erzeugter) Bedeutung in sinnlicher Materialität und für eine wechselseitige Intelligibilität von Handlung ebenso entscheidend ist wie für die Möglichkeit einer gelingenden Kunst in den entstehenden modernen, kapitalistischen Massenkonsumgesellschaften. Daß Manet die malerischen Details seines Werks in den Vordergrund rückt (die Aufgabe aller Regeln des bildlichen Illusionismus und seine Bereitschaft zuzugeben, daß es sich um ein flaches, rechteckiges, gerahmtes Objekt handelt), paßt in dieser hegelschen Perspektive zusammen damit, daß er die Herausforderung der Blicke ebenfalls in den Vordergrund rückt. Cézannes späte *Badende* kann man so verstehen, als drückten sie die immer begrenzteren Möglichkeiten aus, diese Fragen zu beantworten, oder vielleicht auch als Andeutungen der Vermutung, daß sie nicht beantwortet werden können. Trotz der Grenzen sind sie außergewöhnlich kraftvolle,

---

Cézanne: An Essay on the Meaning of Still Life«, in: ders., *Modern Art*, New York 1982, S. 1-38.

wirksame *Bilder*, weil Cézanne einen Weg gefunden hat, die Fragen lebendig zu erhalten und den Betrachter dadurch fortwährend »in« die Bilder und damit in die Fragen hineinzuziehen. Überdies strahlen alle Bilder, die Stilleben, die Landschaften und die Figurenbilder, ein solches immenses Selbstvertrauen hinsichtlich der Möglichkeit aus, Manets Fragen innerhalb eines noch weiter »reduzierten« oder engeren Rahmens weiterhin untersuchen zu können, wie auch hinsichtlich der fortbestehenden Eigenheit und Wichtigkeit dieser besonderen Form bildlicher Intelligibilität, daß das Geheimnisvolle der Bilder keinerlei Anzeichen von Skepsis oder Verzweiflung enthält.

Wie ich bereits bemerkt habe, sah Hegel die weitverbreitete Erfahrung immer größerer Weltlosigkeit nicht voraus, und dieses Versäumnis schränkt seine generelle Verwendbarkeit oder doch zumindest die Verwendbarkeit des historischen Hegel für eine Würdigung einer Kunst wie dieser ein. Doch ich habe auch versucht zu zeigen, warum es meiner Meinung nach nützlich sein kann, ihn in die Zukunft zu projizieren und seinen Ansatz als eine Art Kontrastfolie zu Heideggers Ansatz zu verwenden. Aufbauend auf unserer Diskussion ist ein eklatanter Gegensatz bereits in einer Bemerkung Hegels sichtbar, die sich auf Heideggers Berufung auf die *Erde* zu beziehen scheint:

> Was wir als Gegenstand durch die Kunst oder das Denken *so* vollständig vor unserem sinnlichen oder geistigen Auge haben, daß der Gehalt erschöpft, daß alles heraus ist und nichts Dunkles und Innerliches mehr übrigbleibt, daran verschwindet das absolute Interesse. Denn Interesse findet nur bei frischer Tätigkeit statt. Der Geist arbeitet sich nur so lange in den Gegenständen herum, solange noch ein Geheimes, Nichtoffenbares darin ist.[55]

---

55 Hegel, *Vorlesungen über die Ästhetik II*, S. 234.

(Das ist die perfekte Kontrastfolie für Heideggers Bemerkung über *»das Rätsel, das die Kunst selbst ist«*)[56].

Noch bemerkenswerter ist Hegels Bekräftigung, daß dies die Situation ist, in der wir uns befinden:

> Man kann wohl hoffen, daß die Kunst immer mehr steigen und sich vollenden werde, aber ihre Form hat aufgehört, das höchste Bedürfnis des Geistes zu sein. Mögen wir die griechischen Götterbilder noch so vortrefflich finden und Gottvater, Christus, Maria noch so würdig und vollendet dargestellt sehen – es hilft nichts, unser Knie beugen wir doch nicht mehr.[57]

Die Kunst, so habe ich behauptet, hat ohne Zweifel nicht aufgehört, ein höchstes Bedürfnis des Geistes zu sein, aber der Wert dieser Passage liegt darin, daß sie ein fast persönlicher oder gar bekenntnishafter Ausdruck der Unterschiede zwischen Hegel und Heidegger in bezug auf zahlreiche Fragen ist. Man kann Heideggers Bedenken gegenüber der *Hybris*, oder, wie er sagen würde, gegenüber dem Eigensinn dieser Formulierungen, die auf eine radikale Bekräftigung des grundlegenden Prinzips der abendländischen Philosophie seit der griechischen Metaphysik hinauslaufen, mühelos verstehen: zu sein heißt *intelligibel zu sein*; es kann nichts geben, was prinzipiell nicht gewußt werden kann. (Das Scheitern von Bedeutung ist deshalb für Hegel immer genau im Hinblick auf eine historische Gesellschaft, zu einer bestimmten Zeit, in einer bestimmten Beziehung zu ihrer eigenen Vergangenheit zu verstehen.) Vom Hegelschen Standpunkt aus ist es jedoch noch gefährlicher, auf solche Bedenken zu antworten, indem man dazu auffordert, »von neuem das Knie zu beugen«,

---

56 Heidegger, »Der Ursprung des Kunstwerkes«, S. 66.

57 Hegel, *Vorlesungen über die Ästhetik I*, S. 142.

wozu Heidegger uns aus dieser Perspektive gesehen ermutigt. Eine solche fromme Geste wäre auch falsch gegenüber einem Großteil des Geistes der modernen Kunst, die Heidegger, trotz aller Spannungen, bewunderte, weil er einen guten Geschmack hatte.

Kapitel 5

Abschließende Bemerkungen

> Kunst sollte man nicht überschätzen. Das fing im späten achtzehnten Jahrhundert an und bestimmte das ganze neunzehnte Jahrhundert. Die Deutschen waren die ersten, die den Wert einer Gesellschaft nach der Qualität der von ihr hervorgebrachten Kunst bemaßen. Doch die Qualität der Kunst in einer Gesellschaft spiegelt nicht notwendigerweise – oder vielleicht nur selten – das Maß des Wohlergehens ihrer Mitglieder wider. Und das Wohlergehen steht an erster Stelle. An erster Stelle steht das Wohl und Wehe der Menschen. Ich beklage die Tendenz, Kunst zu überschätzen.
>
> Clement Greenberg, 1969[1]

I

In der vorstehenden Diskussion ist die wichtigste Annahme zur Kunstgeschichte der Moderne einem weithin akzeptierten Narrativ entliehen worden: Blickt man auf die französische Malerei zur Zeit Manets zurück, dann hatten die ambitioniertesten Maler und auch manche Kritiker den Eindruck, daß die Fortsetzung eines bestimmten Stils oder einer bestimmten vormodernen Malschule offenbar keine zwingende Überzeugungskraft mehr besaß, keine Aufmerksamkeit mehr auf sich ziehen und ihre Glaubwürdigkeit nicht mehr aufrechterhalten konnte; für wache Künstler und Beobachter hörte die Malerei damit

1 Clement Greenberg, *The Collected Essays and Criticism*, Bd. 4: *Modernism with a Vengeance*, Chicago 1995, S. 314.

auf, »lebendig« oder »belebt« zu sein, wie Hegels umfassender Begriff lautet, und stand daher nicht länger als angemessenes Paradigma zur Verfügung. Würde man die gewohnte Abfolge von Kunststilen (ein Stil »wird schal« oder »manieriert«) in dieser Weise charakterisieren, so wäre das nicht falsch. Im Rückblick *kann* man auch erkennen, daß eine bestimmte Herangehensweise an die Malerei, und zwar in dieser wie in vielen anderen Epochen, eine Art organischen Kreislaufs zu durchlaufen schien, einen Zyklus aus Geburt, Reife und Tod oder Niedergang bis zur Bedeutungslosigkeit, nach dem ein neuer Kreislauf begann, der unmittelbar auf diesen Niedergang antwortete – herausfordernd und zunächst noch umstritten, dann schließlich entschiedener und mit immer größerem Einfluß auf die ambitioniertesten Künstler.

Eine retrospektive Periodisierung wie diese steckt immer voller Kontroversen und kann nicht leicht angemessen erklärt und verständlich gemacht werden. Dabei dreht es sich weitgehend um die Frage nach dem, was sich »als die entscheidende Antwort *erwiesen*« hat, und selbst solche post factum getroffenen Feststellungen sind häufig umstritten. (Schon den Versuch, in historischem Wandel einen entsprechenden Sinn zu sehen, hält so mancher für falsch. »Wunder an Originalität« ereignen sich eben einfach immer wieder aufs neue.) Doch bei einer Charakterisierung der Ursprünge der Moderne steht mehr auf dem Spiel, und deswegen reicht die genannte Charakterisierung nicht weit oder tief genug und entsprechend sind die Kontroversen weitaus komplizierter. Folgt man nun noch einmal den allgemeinen Umrissen eines weithin beschworenen Narrativs, dann scheint die *Malerei* (zusammen mit allen anderen Künsten), scheinen ihr Kern und ihre Bedeutung *für* das Malen, für bestimmte ambitionierte Künstler zu einem Problem geworden zu sein (wie es später schließlich die anderen Künste in unterschiedlicher, aber damit verbundener Weise auch für die anderen Künste waren); zu diesem Zeitpunkt in der französischen Malerei, in Manets Moment, erschien die Frage nach Kern und Bedeutung derselben manchen Künstlern und Kritikern und später vielen maßgeblichen Interpreten nicht mehr selbstverständlich, man mußte sie neu stellen, da ältere, seit langem vorausgesetzte Antworten keine rechte Macht mehr zu haben schienen. Anfänglich sah es für viele, selbst für kluge Wissenschaftler buchstäblich so aus, als würden ältere Bedeutungskonventionen einfach verneint oder ironisiert oder eher zitiert als aus Überzeugung verwendet. Doch immerhin zeigte sich am späteren Erfolg und Einfluß der Bilder, daß sie als Bilder in eben *der* Weise gelungen waren, in der sie in einem konventionellen Sinn zu scheitern schienen. Wenn man den früheren historischen Bedingungen für die Möglichkeit malerischen Gelingens aus bestimmten Gründen nicht mehr genügen konnte, dann *mußte* ein neues Selbstverständnis der Beziehung zwischen Maler und Betrachter und eine neue Verkörperung der Bedeutung und Ernsthaftigkeit dieser neuen Beziehung etabliert werden.

Die Verbindung zu der Frage, wie sich die Dinge später ausnehmen, wie (später) etwas so erscheint, als sei es eine Provokation gewesen und eine »erfolgreiche« Antwort, was die daran Beteiligten niemals so hätten formulieren können, führt uns direkt ins Herz von Hegels Unternehmen und macht uns mit den umstrittenen philosophischen Voraussetzungen bekannt, um die es geht, wenn man den Sinn normativen Wandels im allgemeinen erkennen will. Der dialektische Ansatz, um historische Intelligibilität zu erfassen, ist der kontroverseste Bestandteil seines Projekts, und in einer Zusammenfassung am Schluß werde ich darauf noch einmal zurückkommen. Doch es gibt noch weitere kontroverse Dimensionen, die ich an dieser Stelle ein letztes Mal hervorheben will.

Wie aus den vorangehenden Ausführungen klar geworden ist, bindet Hegel kunsthistorische Entwicklungen an einen viel umfassenderen Prozeß, den er meistens als »Verwirklichung« verschiedener nicht-ästhetischer Normen bezeichnet, die in ihrer Gesamtheit als »die Idee« bezeichnet werden. Oder er bindet Bedeutsamkeit und Signifikanz kunsthistorischer Entwicklungen sowohl an die Sozial- wie an die Philosophiegeschichte. Das soll jedoch ohne jede Reduzierung der ästhetischen Normen auf rein inhaltliche Fragen geschehen, aber die Reichweite und der Horizont von Hegels Anspruch bahnen den Weg für Betrachtungen darüber, was es *bedeutete* oder wie wichtig es ist, daß die Bilder nun so anders aussahen als jemals zuvor. (Ohne einen solchen Anspruch könnten letztlich alle Veränderungen in der Kunstpraxis wie Wechsel in der Mode erscheinen, die tatsächlich keine größere Bedeutung haben als die Saumlänge oder die Krawattenbreite.) Das allgemeine Narrativ soll die »Verwirklichung von Freiheit« betreffen, und die Rolle der Kunst ist in diesem Unternehmen die eines historisch sensiblen, sinnlich-affektiven Modus kollektiver Selbsterkenntnis, einer kollektiv verfügbaren, sinnlich vermittelten Selbsterkenntnis, die für ein gemeinsames freies Leben notwendig ist. Die Glaubwürdigkeit oder Überzeugungskraft einer sinnlichen Verkörperung eines solchen Selbstverständnisses (auch eines Selbstverständnisses, das nicht mehr glaubwürdig ist) in Manets Blicken oder Cézannes *Badenden* ist vielfältig interpretierbar, da es vorbegrifflich ist, und doch ist es auf seine Weise auch entschieden gehaltvoll und macht damit Interpretation erforderlich und möglich (und zwar eine echte im Gegensatz zu einer Scheininterpretation). In einer solchen Form des Ansprechens und einer solchen interpretierenden Antwort wird die Selbsterkenntnis »verwirklicht«.

Wie bereits bemerkt, glauben nur noch wenige Kunsthistoriker oder Philosophen, daß für die abendländische sozio-politische Geschichte oder die westliche Philosophie ein beherrschendes Narrativ vorhanden ist; wenn also der Sinn von Hegels Kunsttheorie von einer solchen Behauptung abhängt, dann scheint sie ein Blindgänger zu sein. Das alles hängt jedoch von einer Interpretation von Hegels Sicht des historischen Wandels und der modernen Welt ab, was wiederum von einer Interpretation von Hegels philosophischem Projekt insgesamt abhängig ist. Die meisten Einwände gegenüber beidem waren meiner Meinung nach gegen einen Strohmann gerichtet, der über Jahre hinweg durch lieblose und philosophisch stark vereinfachende Falschcharakterisierungen aufgebaut worden ist.[2] Das kann hier nicht im einzelnen gezeigt werden, doch ich will kurz die von den größten Zweifeln getragenen Bedenken ansprechen, die sich einer ernsthaften Auseinandersetzung mit Hegels Blick auf die moderne Kunst, seinem Begriff einer historischen Dialektik und dem Potential seiner Position, eine ernstzunehmende und für die Künste relevante Interpretation zur Bedeutung der Moderne zu liefern, in den Weg stellen.

Zunächst möchte ich die Zusammenfassung von Hegels Ansatz, wie er in der vorangehenden Darstellung entwickelt wurde, ergänzen. Es gehören noch zwei weitere, äußerst

---

2 Ein besonders frappierendes Beispiel für eine solche uninformierte und lieblose Interpretationsmethode: Beat Wyss, *Hegel's Art History and the Critique of Modernity*, Cambridge 1999.

ehrgeizige Elemente dazu. Das ist erstens Hegels Behauptung, die ich als Radikalisierung von Kants Ansatz aus der *Kritik der Urteilskraft* verstehen möchte, daß Kunstobjekte für uns einen besonderen Sinn haben und daß ästhetische Intelligibilität eine bestimmte sinnlich-affektive Modalität der Intelligibilität ist. Die am Anfang dieses Kapitels verwendeten Begriffe Glaubwürdigkeit, Überzeugungskraft und Überzeugung sind geeignete Ausgangspunkte für ein Verständnis dieser Modalität.[3] Eigentlich handelt es sich dabei um sinnlich-affektive Kennzeichen der Wahrheit oder zumindest der Wahrhaftigkeit, der Authentizität, in der Verkörperung einer konkreten Form eines Selbstverständnisses oder eines Selbstverständnisses unter einem bestimmten historischen Druck. Ich habe behauptet, daß ein solches Bild (das berühmteste Beispiel findet sich in Hegels Darstellung der tragischen Kunst) auch hinsichtlich einer möglichen oder »projizierten« Interpretation der späteren Moderne relevant ist und sowohl einen Widerhall in Frieds Bemühen findet, die zunehmende Schwierigkeit der »Kunst bei ihrer Vereitelung von Theatralität« nachzuvollziehen, wie auch in Clarks Vorstellung von einem »Test« durch die soziale Praxis und damit letztlich, wie er meint, des Scheiterns der Moderne, sowie in Heideggers Theorie der »Unverborgenheit« der »Welt« eines Werks. Das ist Heideggers Version der geschichtlichen Verwirk-

3 Meine Randbemerkung zu dem, was von einer traditionellen Ästhetik in Hegels Theorie der Kunst übriggeblieben ist, war: *Lebendigkeit*; das ist in der Tat alles, was bleibt. Die Abkehr vom Begriff des Wohlgefallens als zentralem Begriff bedeutet, daß Hegels spärliche Beschwörungen des »Schönen« eigentlich alle Verbindungen nicht nur zu rationalistischen und empiristischen Theorien verloren haben, sondern auch nur schwach mit der Idee bei Kant und Schiller verknüpft sind. Zur weiteren Diskussion dieser Frage vgl. Pippin, »The Absence of Aesthetics in Hegel's Aesthetics«.

lichung einer ontologischen Wahrheit für ein Gemeinwesen (für ihn: das *Volk*) zu einer bestimmten Zeit.

Zweitens baut Hegels Auffassung der Intelligibilität von Kunstwerken parasitär auf seiner allgemeinen Auffassung der gesellschaftlichen Intelligibilität auf, unserer Intelligibilität füreinander, und zwar besonders parasitär auf seinem Verständnis der Intelligibilität unserer körperlichen Bewegungen als Handlungen. Die allgemeinen Begriffe, die er in seiner Theorie über ihrer beider Möglichkeit verwendet, sind unglücklich idiosynkratisch, sie sind nicht Teil der *lingua franca* der philosophischen Tradition: die »spekulative Beziehung zwischen Innerem und Äußerem« (spekulativ deswegen, weil er Formulierungen liebt wie: »Das Innere ist das Äußere und umgekehrt«). Ich habe an anderer Stelle versucht, eine umfassende Interpretation seiner Position vorzulegen,[4] doch hoffe ich, hier hinreichend plausibel gemacht zu haben, daß darin ein fruchtbarer Ansatz für eine Annäherung an die ästhetische Intelligibilität und insbesondere an die Intentionalität von Kunstwerken liegt. Das wiederum schließt die gesellschaftliche Dynamik ein, die in Frieds Darstellung der Theatralität und noch deutlicher in den Annahmen Clarks über eine enge Beziehung zwischen Formen von Soziali-

4 Robert Pippin, *Hegel's Practical Philosophy: Rational Agency as Ethical Life*. Cambridge (2008). Es gibt bei anderen Philosophen weitere hilfreiche Analogien. Vgl. Stanley Cavell, *The Claim of Reason. Wittgenstein, Skepticism, Morality, and Tragedy*, Oxford 1999: »Ich möchte das so formulieren: Sich selbst zu kennen, ist das Vermögen, sich selbst in der Welt einzuordnen.« Ebd., S. 108. Cavell antwortet auf verschiedene Passagen bei Wittgenstein, zum Beispiel: »der menschliche Körper ist das beste Bild der menschlichen Seele«, und gibt ihnen eine eigene Nuance. Siehe auch die Verweise auf Anscombe bei Pippin (2008). Sie entwickelt auch die von Wittgenstein vorgenommene vielseitige Demontage des normalen Verständnisses der Innen-Außen-Dualität weiter.

tät und Formen von in Bildern dargestellter Gesinntheit vorausgesetzt wird (was ich zu zeigen versucht habe). Und ein weiteres Echo findet sich bei Heidegger (im allgemeinen Anticartesianismus seiner Position), wenn er über die Abhängigkeit der ästhetischen Bedeutung vom »Welten« einer gemeinsamen Welt spricht.

II

Hegels Auffassung der wesentlich historischen Natur der Kunst als einer von Normen geleiteten sozialen Praxis, die Teil seiner generellen Behandlung der Normen als wesentlich historisch gültig und untereinander zusammenhängend ist, erscheint, wie oben angemerkt, insgesamt plausibel, wenn man auf dieser Abstraktionsebene bleibt. Doch könnte ein vernünftiger Einwand folgendermaßen lauten: Das, was Hegel einer solchen Auffassung zufolge unter »Geschichte« zu verstehen hat (wenn wir glaubwürdig auf den historischen Hegel verweisen wollen), schließt ein »dialektisches« und progressives Narrativ ein, das heute als ein anachronistisches Produkt idealistischer, systematischer Ambitionen erscheint, die man nicht mehr ernst nehmen kann. Was könnte offenkundiger sein, als daß die Geschichte nicht teleologisch progressiv verläuft und daß man die moderne Welt nicht als »Verwirklichung der Freiheit« ansehen kann? Im Fall der Kunst scheint dieses Bild, daß sie im Lauf der Zeit wird, was sie implizit immer schon war, und sich schließlich in der Romantik selbst transzendiert (und wird, was sie nicht ist, nämlich Philosophie), den Entwicklungen in der Kunstgeschichte eine weitaus größere innere Teleologie zuzuschreiben, als man vernünftigerweise annehmen kann. Vielleicht, so würde der Einwand fortfahren, könnten manche Elemente in Hegels Verständnis eines historisch sensiblen und normativen Begriffs ästhetischer Intelligibilität plausibel dazu beitragen, einige Aspekte bei den Großvätern und Vätern der Moderne, Manet und Cézanne, zu erhellen, doch weiter reicht die Plausibilität nicht, und für die Annahme, daß dieser theoretische Rahmen weiter von Nutzen sein oder eine unabhängige Kraft entfalten könnte, gibt es keinen Grund.

Diese Einwände – gegenüber der Vorstellung einer Entwicklung der menschlichen Geschichte, die durch »Widersprüche« in den normativen Voraussetzungen »vorangetrieben« wird (»Tode« und »Geburten«), und gegenüber dem Status der Freiheit in der Hegelschen Theorie der Moderne – eignen sich offenkundig durchaus als Gegenstand ambitionierter, für sich stehender Untersuchungen. Doch ich möchte hier schließen, indem ich einige mögliche Reaktionen auf die genannten unbefriedigenden Punkte skizziere.

Zunächst muß man die Frage von Widerspruch und Dialektik in der Geschichte betrachten. Hegel war bekanntlich der Überzeugung, daß Gesellschaften tatsächlich und unvermeidlich eine Bindung an normative, einander widersprechende Prinzipien benötigen. Das war seiner Meinung nach der Fall am Ende der klassischen Periode in Athen. Nach seiner Interpretation von Sophokles' Drama *Antigone* sind die Positionen Kreons – die Forderung nach dem Vorrang des staatlichen Rechts – und Antigones – die Forderung nach dem Vorrang des göttlichen Rechts – nicht bloß verschiedene Seiten eines Arguments, was einen Kompromiß erlauben würde. Seiner vieldiskutierten Auffassung zufolge waren beide Forderungen gerechtfertigt und bindend, auch wenn sie beim Streit um Polyneikes'

Leichnam nicht beide erfüllt werden konnten; sie waren also »unvereinbar«. In diesem Sinn konnte man von der griechischen Gesellschaft der damaligen Zeit sagen, daß sie mit sich selbst in Widerspruch geraten war, daß sie in einem Zustand inneren Widerspruchs existierte. Die kontroverse Voraussetzung, die er seiner Analyse hinzufügen muß, lautet, daß Gesellschaften, die sich in solchen Situationen befinden, ihren Mitgliedern eine schmerzliche und motivierende Last aufbürden und daher eine Revision des Verständnisses der normativen Prinzipien fordern, um die Last aufzuheben. Das ist keine prognostische Feststellung, denn es ist sehr wohl möglich, daß Gesellschaften mit solchen Situationen für unbestimmte Zeit leben können, wie schmerzvoll und zerrüttend das auch sein mag. Hegel behauptet nur, falls und wenn diese umfassenden Neuformulierungen und Revisionen stattfinden, man sie als weitaus mehr als nur kontingente Ereignisse oder Zufallstreffer verstehen könne.

Man könnte daher den Eindruck haben, als stimme Hegel beispielsweise nicht mit Spinoza oder Kant oder anderen Rationalisten hinsichtlich deren Behauptung überein, daß selbst praktische Widersprüche immer nur scheinbar widersprüchlich sind und sein müssen und es »in Wirklichkeit« nicht sind. Doch das ist nicht der Fall, Hegel bleibt Rationalist. Obwohl der Widerspruch in einem bestimmten Sinn *real* ist – die Gesellschaft *hat* sich in eine Lage *gebracht*, in der sie angesichts ihres Selbstverständnisses beides verlangen mußte, nämlich das, was Kreon vertritt, genauso wie das, was Antigone vertritt, und damit steckte die Gesellschaft in einer Sackgasse –, war Hegel jedoch einer der ersten, die den zutiefst historischen Charakter normativer Prinzipien erkannten, daß nämlich jedes derartige Prinzip einer Gesellschaft, die in einer bestimmten Weise organisiert ist und ein bestimmtes Selbstverständnis hat, in einer bestimmten Zeit angemessen ist und daß die Bedingungen für die Angemessenheit von Prinzipien sich wandeln und häufig radikale Revisionen verlangen. Wie eben bemerkt, war er darüber hinaus sogar der Ansicht, daß Konflikte wie der zwischen Kreon und Antigone einen enormen Veränderungsdruck auf eine solche Gesellschaft ausüben und dadurch dazu beitragen könnten, unter diesem Druck ein komplexes und weithin implizites »Herausarbeiten« und Neubewerten zu erklären, das zu einer Revision führt, die auf die »Parteilichkeit« oder auf die zu dem ursprünglichen Widerspruch führende Einseitigkeit antwortet oder versucht, sie zu vermeiden. Betrachtet man die Struktur von Hegels Theorie großer, normativer geschichtlicher Veränderungen in dieser Weise, dann würde das bedeuten, daß sein Ansatz einfach danach bewertet werden könnte, ob er begründet, was er zu begründen versucht, und ob er diese Veränderungen verständlicher macht oder nicht. Und diese Fragen haben nichts mit einer apriorischen Theorie der historischen Notwendigkeit zu tun, sondern mit Einzelheiten, und zwar mit solchen Einzelheiten, wie sie von Clark und Fried in ihren Versuch, die Entwicklung verständlicher zu machen, einbezogen wurden.

Den historischen Wandel oder die ganze Vorstellung des historischen Wandels als Ergebnis *praktischer* Widersprüche betrachtet man am besten wie das abstrakte Bild der Entwicklung, das in Hobbes' Geschichte über den Naturzustand skizziert wird, indem man ihn mit Hilfe allgemeinerer Normen, nicht bloß Klugheitserwägungen, neu formuliert und als sich rational entwickelnd und effektiv selbst-bildend in eben dem Sinn versteht, den Hobbes' Darstellung seiner Meinung nach verlangt, ohne jede Theodizee. Ich will im folgenden erläutern, wie ich das verstehe, und erweitere deswegen den Begriff der Praxis und des praktischen Widerspruchs.

Einfach formuliert lautet die Behauptung, es sei für Gesellschaften möglich, faktisch in einem Selbstwiderspruch steckenzubleiben, so als seien sie selbst Subjekte. Wir können in einer Situation sein, wo das, was wir (jeder von uns in einem Gemeinwesen unter bestimmten Bedingungen zu einer bestimmten Zeit) tun müssen, um ein Ziel zu erreichen, ein von uns nicht gewünschtes Ergebnis faktisch wahrscheinlicher macht, und zwar einerlei was wir tun und einerlei wie vernünftig wir es tun, um das unerwünschte Ergebnis zu vermeiden. Was immer wir tun, wir »widersprechen« uns also »faktisch« selbst. Hobbes glaubte, so sei der Naturzustand. Das Vernünftigste, was man tun kann, um einen gewaltsamen Tod zu vermeiden, besteht darin, andere präventiv anzugreifen und zu eliminieren, ehe sie ihrerseits angreifen können. Doch jeder weiß das und handelt entsprechend, und das Ergebnis des vernünftigen Handelns (in diesem Sinn von vernünftig) ist der Krieg aller gegen alle, das schlimmstmögliche Ergebnis angesichts dessen, was man eigentlich vermeiden will. *Das* ist ein Widerspruch, der *tatsächlich* schmerzhaft ist, und deswegen ist es, angesichts der nach Hobbes wichtigsten Motivation im menschlichen Leben, der Furcht vor einem gewaltsamen Tod, für jeden das Vernünftigste, die Waffen niederzulegen und einem Ungeheuer, dem Staat des Leviathan, die Macht zu übertragen.

Folgt man einem ähnlichen Gedankengang, sagen wir der Annahme, daß Gesellschaften existieren, um die Produktion der Mittel für ihre Erhaltung zu organisieren, um dadurch größtmögliches Wohlergehen, größtmögliche Sicherheit und Bequemlichkeit mit dem geringsten Aufwand zu erzeugen, dann wäre es möglich, daß mit dem

Erreichen dieses Ziels in einem bestimmten Stadium oder auf einer bestimmten Ebene der Vervollkommnung eben dadurch auch ein höheres Stadium unmöglich gemacht wird, bei dem ein solches Ziel noch besser zu erreichen gewesen wäre. Dafür kann es ökonomische Gründe geben, die damit zu tun haben, in welchem Maß Arbeitsteilung und Klassenprivilegien zum Erreichen eines bestimmten Zustandes notwendig sind, die aber auch eine Entwicklung zu einem anderen, höheren, produktiveren Stadium blockieren können (das angesichts unserer allgemeinen anthropologischen Prämisse, so kann angenommen werden, jeder wünschen muß). Vielleicht wird dieser Widerspruch nicht nur ausgesprochen heftig (beim Streben nach einem besseren Leben verschlechtert sich faktisch die Lage der Menschen oder sie verelenden), sondern es könnte auch allgemein *bekannt* werden, daß genau das der Fall ist, und analog zur Waffenniederlegung bei Hobbes könnte eine Revolution ausbrechen.

Grob gesagt habe ich zu zeigen versucht, daß Hegel glaubt, Kunst sei in *diesem praktischen Sinn* ihrem Wesen nach innerlich widersprüchlich. Kunst ist der *Versuch* des *Geistes*, sich selbst mit Hilfe eines bestimmten (doch natürlich nicht ausschließlich) sinnlichen Modus der Intelligibilität zu verstehen. In Hegels Ansatz enthüllt schon der bloße *Versuch,* das zu tun, daß Geist *so nicht verstanden werden kann* und bei einer solchen Realisierung die Kunst ein Vergangenes werden muß, was ich zurückgewiesen habe. Das ist der äußerste »Widerspruch«, behauptet er, doch es geht in den verschiedenen praktischen Versuchen, die zu der angenommenen Transzendenz führen, gerade um die Möglichkeit der sinnlichen Verkörperung öffentlich geteilter Bedeutung. Mein Vorschlag lautete, wenn wir Kunst und Kunstgeschichte als Bestandteile eines kollektiven

Versuchs betrachten, gesellschaftliche Intelligibilität zu erreichen – wie wir versuchen, uns füreinander verständlich und ansprechbar zu machen – und dies in einer besonderen sinnlich-affektiven Modalität, dann werden der Erfolg und das Scheitern eines solchen Projekts in der Bildkunst und in anderen Künsten unausweichlich deutlich werden. Wiederum im Rückblick betrachtet und auf eine Weise, die davon abhängig ist, ob die erhellenden Details so angeordnet werden können, daß sie die Behauptungen eines partiellen Erfolgs und eines sich selbst unterminierenden »Scheiterns« unterstützen.

Das führt uns in einleuchtender Weise zum zweiten Problem: zum Status der Details, welche – wie ich oben sagte – die Grundlage jeder Bewertung von Hegels Theorie bilden sollten. Ich habe bereits dargelegt, daß Hegel kein überzeugendes Argument hatte, um die Behauptung zu stützen, der besondere Charakter der modernen (westlichen, jüdisch-christlichen, kapitalistischen, immer demokratischeren) Gesellschaften verkörpere eine Form des Selbstverständnisses und damit eine Form aktualisierter Freiheit, die die Kunst zu einem nur noch marginal wichtigen Vehikel des Selbstverständnisses machte, und daß seine Charakterisierung der Kunst als ein sinnlich-affektiver Modus der Intelligibilität, der durch die Leistungen der spekulativen Philosophie überflüssig geworden sei, eine Behauptung war, die sich mit den tieferen Einsichten seines eigenen Projekts ebensowenig verträgt wie mit der schlichten Tatsache, daß wir in der Moderne keineswegs weniger sinnliche, weniger endliche Geschöpfe geworden sind, als wir es immer waren.

Wo also befinden wir uns nun in Hinsicht auf die moderne Bildkunst? Ich habe angedeutet, wie hilfreich die umstrittensten Fragen in Hegels Narrativ zum Aufeinandertreffen und zur partiellen Überwindung praktischer Widersprüche im historischen Wandel sind. Erstens, wie überall in der modernen Kunst und nicht allein in der Malerei bezeugt wird, spiegelt die in den modernen Gesellschaften erreichte Logik der gesellschaftlichen Intelligibilität nicht die Art von gegenseitiger Anerkennung wider, die für Hegels Verständnis der »errungenen« Freiheit, der Überwindung von Beziehungen bloßer Abhängigkeit und Unabhängigkeit, entscheidend ist. Die Situation hat eine bestimmte ästhetische Modulation, wenn wir Hegels Theorie folgen, und diese Modulation wird von verschiedenen modernen Künstlern sehr verschieden verkörpert. Ich konnte nicht viel mehr sagen, als daß sich das in kunsthistorischen Darstellungen und theoretischen Ansätzen widerspiegelt, welche die Kunstgeschichte ernst nehmen, um die Moderne, insbesondere Manet, zu verstehen, und ich war nicht imstande darzulegen, wie die Implikationen eines solchen Ansatzes sich auf Interpretationen anderer Künstler wie Seurat, Pissarro oder Matisse usw. anwenden lassen. Doch von diesem Standpunkt aus ist jede moderne, in einem Kunstwerk verkörperte »Gesinntheit« oder Bedeutung in einen solchen Kampf verwickelt (Kommodifizierung ist nur eine Bezeichnung dafür), sowohl als Gegenstand wie als einer solchen Verdinglichung in vielfältiger Weise widerstrebend. In der Krise der Moderne wird besonders »sichtbar«, daß dieser Kampf ein solches Stadium an Neuheit und kritischer Masse erreicht hat, daß die herrschenden ästhetischen Normen für die Malerei (wie sich schließlich erwiesen hat) *keinerlei* glaubhafte Relevanz mehr besaßen, und ebenso, daß die erfolgreiche visuelle Verkörperung dieser Situation sicherstellt, daß die Situation dialektisch bleibt. Selbst unter einem solchem Druck hat sich eine *Form von Kunst*, eine sinnlich verkörperte und in der Gesellschaft öffentlich geteilte Bedeutung entwikkelt.

Und Hegels »amphibisches« Problem ist eindeutig nicht »transzendiert« worden, keinem »Leben in beiden Welten« ist in zufriedenstellender Weise eine glaubhafte sinnlich-ästhetische Bedeutung verliehen worden. Das ist auch dann so, um das noch einmal zu wiederholen, wenn das Scheitern einer solchen vermittelten Lösung noch ästhetisch kraftvoll sein kann, gerade als ein Scheitern, dessen verkörperte Bedeutung sich jeder Vorstellung von seiner Endlichkeit widersetzt – sogar wenn das Ergebnis, wie im Fall von Cézannes *Badenden*, ein ziemlich erschreckendes Scheitern ist.

Doch ich habe auch gezeigt, daß beide Probleme falsch verstanden werden, wenn man sie einfach als »ungelöste Probleme« ansieht (und so hatte Hegel das manchmal mißverstanden). Das »Problem«, die Theatralität zu vereiteln oder uns unter wechselnden sozialen und ökonomischen Bedingungen, die sämtlich partikulare Versionen des Ringens um Unabhängigkeit darstellen, füreinander intelligibel zu repräsentieren, oder auch das Problem, angemessen zu beurteilen, was durch die Kunst verfügbar und »unverborgen« gemacht werden könnte, selbst im »Zeitalter des Weltbildes«, sind beides keine Probleme, für die es sozialgeschichtlich erreichte, entscheidende, revolutionäre Lösungen gibt. Es gibt sie nicht, so wenig wie es für andere Probleme andere als vorläufige, immer revidierbare, dürftige und fragile »Lösungen« in historisch spezifischen Welten gibt, beispielsweise für den Versuch zu verstehen, unter welchen Bedingungen es möglich ist, einander zu vertrauen, oder wie man auf eine Selbstrepräsentation, die auf echter Selbsttäuschung beruht, reagiert, welche Bedeutung eine fehlende geschmackliche Übereinstimmung mit jemand anderem hat, mit dem das sonst nie der Fall gewesen war, oder wie die Nicht-Religiösen die Religiosität ihrer Freunde verstehen sollen. Dabei handelt es sich um »Probleme« wechselseitiger sozialer Intelligibilität, unter Bedingungen, unter denen geteilte Gemeinsamkeiten, Traditionen der vormodernen Welt, nicht mehr zur Verfügung stehen beziehungsweise nur noch als räumlich immer engere und daher wechselseitig exklusive Gemeinsamkeiten, mit schwindender, ungewisser Autorität, oder als kommerziell geschaffene Gemeinsamkeiten, deren Wirkung letztlich Zynismus und Paranoia sind. Liest man das alles mit Hilfe der in die Zukunft projizierten Annahmen Hegels, dann erscheint es angemessen zu sagen, daß das faszinierendste und auffallendste Merkmal von Manets inaugurierenden Blicken darin besteht, daß sie alle eine *Herausforderung* zu sein scheinen und keine Zurückweisung, kein Ausdruck von Indifferenz oder Verachtung, kein Zeichen von Unterdrückung oder Entfremdung. Im neuen Kontext schließt die angemessene gegenseitige Anerkennung in allen oben genannten Bestimmungen und in vielen anderen (und ich verstehe das Wort in der ganzen Schwere seiner Bedeutung, die Fried und Cavell ihm geben) unausweichlich eine ungewisse, instabile gesellschaftliche Aufgabe für die Zukunft ein,[5] ohne etwas, das die einmal aufgetretene Instabilität endgültig lösen könnte. Dieses Schicksal inszeniert oder verwirklicht die moderne Kunst.[6]

---

5 Siehe Cavells Diskussion der modernen Kunst, *The World Viewed*, S. 108-118, wo er Fried zur »Anerkennung« zitiert, und natürlich »Knowing and Acknowledging«, in: ders., *Must We Mean What We Say?*, Cambridge 1969, S. 238-266.

6 Das führt uns wieder zu Cavells Frage nach »Betrug« und Ehrlichkeit zurück und seiner häufig zitierten Zusammenfassung

Wie wir uns einander verständlich machen, ist bei Hegel unauflöslich damit verbunden, wie wir einander auch füreinander verantwortlich machen, und ein Hauch dieser Forderung liegt sicher in der von den Blicken verkörperten Herausforderung. Trotz aller Eingeschränktheit von Hegels Position gegenüber den schönen Künsten ist es doch die *Kunst*, die den unvermeidlich »amphibischen« Status des Menschen am besten manifestiert und daher, ihm zum Trotz, den Kampf um eine wechselseitige Intelligibilität und eine vereinbare Freiheit ohne Herren und Knechte, Experten und Patienten bezeugt. (Daß man der Herausforderung noch nicht gerecht geworden ist, daß wir die gesellschaftliche Welt, in der sie beantwortet werden könnte, noch nicht geschaffen haben, zeigt sich an den fast buchstäblich »amphibischen« großen Gemälden der *Badenden* Cézannes.)

Oder zumindest ist es die Kunst, die am besten manifestieren könnte, wie dieses jetzt unendliche »Problem« zu verstehen ist. Doch auch die Kunst ist selbstverständlich eine soziale Praxis, die dem historischen Wandel unterworfen ist. Und es ist möglich, in Hegels Brust zwei Seelen hinsichtlich seiner eigenen Position zu erkennen, besonders in seinen letzten Bemerkungen an seine Studenten am Ende einer Reise durch die Strukturen und die Geschichte der Kunst, die absolut ermüdend gewesen sein muß. Die

---

der Situation, die sich auf den Kritiker auswirkt: »Teilweise ist er Detektiv, teilweise Rechtsanwalt, teilweise Richter, in einem Land, in dem Verbrechen und Ruhmestaten gleich aussehen und in dem die Öffentlichkeit deshalb nicht nur das eine mit dem anderen verwechselt, sondern gar nicht weiß, daß das eine oder andere begangen worden ist.« »Music Discomposed«, in: ders., *Must We Mean What We Say?*, Cambridge 1969, S. 180-212, hier S. 191.

Siehe die hilfreiche Diskussion von *Manets Modernität* und weiteren Fragen bei Mulhall, »Crimes and Deeds of Glory«.

Rede (und das ist sie in ihrem rhetorischen Schwung tatsächlich) erinnert, meiner Meinung nach bewußt, an Prosperos Abschied von *seinen* »Künsten«, von seiner Magie am Ende des *Sturms*: »Hin sind meine Zauberein,/Was von Kraft mir bleibt, ist mein [...]. Kein Geist, der mein Gebot erkennt;/Verzweiflung ist mein Lebensend.«[7] Da ist zunächst ein entschlossen erscheinender Abschied von der Kunst und eine Erinnerung daran, was mit ihrem Verlust gewonnen ist, obwohl sich selbst hier Zweifel einzuschleichen scheinen. Er faßt das historische Narrativ zusammen und erinnert uns daran, daß wir bei dem Geist stehengeblieben sind, der sich selbst als absolute Subjektivität versteht, nur zufrieden in seiner eigenen Insichgekehrtheit.

> [Die absolute Subjektivität, die] in sich befriedigt, sich nicht mehr mit dem Objektiven und Besonderen einigt und sich das Negative dieser Auflösung in dem Humor der Komik zum Bewußtsein bringt. Doch auf diesem Gipfel führt die Komödie zugleich zur Auflösung der Kunst überhaupt.[8]

Aber das bedeutet, daß das Absolute – in diesem Kontext die absolute Verwirklichung der Freiheit und das richtige Selbstverständnis dieser Verwirklichung – einer sinnlichen Erscheinung, der Kunst, nicht mehr zugänglich ist.

> Stellt nun aber die Komödie diese Einheit nur in ihrer Selbstzerstörung dar, indem das Absolute, das sich zur Realität hervorbringen will, diese Verwirklichung selber durch die im Elemente der Wirklichkeit jetzt für sich frei gewordenen und nur auf das Zufällige und Subjektive gerichteten Interessen zernichtet sieht, so tritt die Gegenwart und Wirksamkeit des Absoluten nicht mehr in positi-

---

7 William Shakespeare, *Sämtliche Werke in vier Bänden*, aus dem Englischen von A. W. Schlegel, Dorothea Tieck und Wolf Graf Baudissin, München 1987, Bd. 1, S. 92 f.

8 Hegel, *Vorlesungen über die Ästhetik III*, S. 572.

ver Einigung mit den Charakteren und Zwecken des realen Daseins hervor, sondern macht sich nur in der negativen Form geltend, daß alles ihm nicht Entsprechende sich aufhebt und nur die Subjektivität als solche sich zugleich in dieser Auflösung als ihrer selbst gewiß und in sich gesichert zeigt.[9]

Das ist bemerkenswert für einen Philosophen mit einer Theorie des »objektiven Geistes«, für den Autor einer »Rechtsphilosophie«, für den Mann, der glaubt, das »Reale ist das Vernünftige«. Es verleiht seinen häufigen Bemerkungen über den »prosaischen« Charakter der Moderne einen anderen Ton und scheint einem Bedauern über die »kunstlose« neue Welt nahezukommen.

Doch dann scheint er sich zu erholen, und die komödiantische Negation der »realen Welt«, die als körperliches Vehikel für das Absolute ungeeignet ist, scheint in einer anderen Formulierung überwunden zu werden.

> Denn in der Kunst haben wir es mit keinem bloß angenehmen oder nützlichen Spielwerk, sondern mit der Befreiung des Geistes vom Gehalt und den Formen der Endlichkeit, mit der Präsenz und Versöhnung des Absoluten *im Sinnlichen und Erscheinenden*, mit einer Entfaltung der Wahrheit zu tun, die sich nicht als Naturgeschichte erschöpft, sondern in der Weltgeschichte offenbart [...].[10]

Sein letzter Abschiedsgruß verkörpert also beide Momente. Er scheint zu sagen, daß das Band, welches sie verbunden hat, zerrissen ist, nicht bloß, daß das Semester vorbei ist, sondern daß das Band, das die Kunst zwischen ihnen geknüpft hat, jetzt nicht mehr vorhanden ist. Und doch schließen die Vorlesungen mit einer schallenden

9 Ebd., S. 573.
10 Ebd., meine Hervorhebung.

*Neu*betonung des Bandes, nicht nur des Bandes zwischen »Schönheit und Wahrheit«, das die offizielle Botschaft der Vorlesungen als »überwunden« zeigen sollte, sondern, viel eindrucksvoller angesichts der These dieser Diskussion, des sozialen Bandes, das *eben dadurch* (in dem »unzerstörlichen Band der Idee des Schönen und Wahren«) zwischen *ihnen* auch erhalten bleibt. Da unser Prospero wieder zurückzufordern scheint, was er eben aufgegeben hat, ist es nur fair, Hegel das letzte Wort zu überlassen:

> Möge meine Darstellung Ihnen in Rücksicht auf den Hauptpunkt Genüge geleistet haben, und wenn sich das Band, das unter uns überhaupt und zu diesem gemeinsamen Zwecke geknüpft war, jetzt aufgelöst hat, so möge dafür, dies ist mein letzter Wunsch, eine höheres, unzerstörliches Band der Idee des Schönen und Wahren geknüpft sein und uns von nun an für immer fest vereinigt halten.[11]

11 Ebd., S. 573 f.

Danksagung

2011 wurde an der Johann Wolfgang Goethe-Universität in Frankfurt am Main im Rahmen der Adorno-Vorlesungen eine frühere Fassung der in diesem Buch enthaltenen Texte vorgetragen. Ich bin dem Institut für Sozialforschung, seinem Direktor Axel Honneth und dem Suhrkamp Verlag für die Einladung sehr dankbar. Die Vorträge, die ich über die Jahre in Frankfurt gehalten habe, waren stets Anlaß überaus ergiebiger und anregender Diskussionen, und das war auch in diesem Fall nicht anders. Aus den lebhaften Diskussionen nach jeder Vorlesung, besonders mit Axel Honneth, Christoph Menke und Martin Seel, habe ich überaus großen Gewinn gezogen und im Licht ihrer Fragen und ihrer Kritik das Manuskript beträchtlich verändert. Besonderen Dank möchte ich Sidonia Blättler vom Institut für Sozialforschung aussprechen für die Effizienz, mit der die Vorlesungen organisiert wurden, und für die herzliche Gastfreundschaft, die ich während meines Besuchs erfahren habe.

An verschiedenen Universitäten in den Vereinigten Staaten, Europa und Mexiko habe ich unterschiedliche Fassungen der Vorlesungen vorgetragen und erhielt von den jeweiligen Zuhörern vielfältige Anregungen und Kritik. Ebenfalls 2011 habe ich die komplette Vortragsreihe an der Johns Hopkins Universität als Associate Member des Humanities Center gehalten und konnte mit Hent de Vries, Paola Marrati, Yi-Ping Ong, Leonardo Lisi, Ruth Leys, Yitzhak Melamed, Neta Stahl und Michael Fried zahlreiche für mich sehr anregende Gespräche führen.

Mit Worten läßt sich kaum angemessen ausdrücken,

wie sehr ich insbesondere bei Michael Fried in der Schuld stehe. Während der vergangenen zehn Jahre, bei verschiedenen Konferenzen und zahllosen Besuchen in Museen und Galerien überall auf der Welt, konnte ich aus seiner Gelehrsamkeit, seinem synoptischen und tiefen Verständnis für die Entwicklung der modernen Kunst während der letzten fünfhundert Jahre großen Nutzen ziehen. Ohne seine Großzügigkeit und seine Belehrungen und ohne die Inspiration durch seine leidenschaftliche Hingabe an die singuläre Bedeutung der Bildkunst hätte ich das Schreiben eines solchen Buches gar nicht in Betracht ziehen können. Nur durch ihn wurde mir schließlich klar, warum Hegel zu der Auffassung gelangen konnte, daß die Kunst ein unverzichtbarer Bestandteil für das Verstehen des »Absoluten« sei.

Das Privileg, an einer großen Forschungsuniversität lehren zu können, und besonders das Privileg, Mitglied eines interdisziplinären Departments wie des Committee on Social Thought zu sein, hat mich in die Lage versetzt, die in diesem Buch erörterten Fragen mit Kollegen und Studenten diskutieren zu können. Das im folgenden dargestellte theoretische Material konnte ich insbesondere mit meinem Freund und Kollegen im Committee, David Wellbery, ausführlich erörtern, zunächst in zwei aufeinanderfolgenden Seminaren über »The Modern Regime in Art« und später erneut in einem sechswöchigen Intensivkurs an der Cornell School of Criticism and Theory. Auch in diesem Fall kann ich kaum angemessen ausdrücken, wie sehr ich David Wellbery verpflichtet bin, wieviel ich von ihm über die deutsche Tradition der Ästhetik gelernt habe und welchen Gewinn ich aus unseren zahlreichen Gesprächen über diese Fragen gezogen habe. Auch Jim Conant und Ralph Ubl sowie den außergewöhnlichen Studenten in beiden

Seminaren möchte ich an dieser Stelle für viele fruchtbare Gespräche Dank sagen.

Wiederum hatte ich das Glück, daß Wiebke Meier die Übersetzung übernommen hat, der ich für ihre Geduld mit den abstrakten und unnatürlichen philosophischen Wendungen danke und für ihr Geschick und ihre Sorgfalt, diese auf angemessene Art und Weise ins Deutsche zu übertragen.

Robert B. Pippin